유라시아와 알타이 인문학

아시아학술연구총서 11
알타이학시리즈 6

유라시아와 알타이 인문학

김선자, 귀수원, 메틴 투란,
쇼미르자 투르디모프, 아셀 이사예바, 소현설

역락

| 간행사 |

알타이에서 제주도까지, 샤머니즘과 영웅서사를 말하다

영웅서사는 언제나 우리의 가슴을 뛰게 합니다. 국가나 민족이 위기에 처했을 때, 뛰어난 지혜와 용기로 어려움을 극복해내고 사람들을 재앙에서 구해내는 영웅은 시간과 공간을 가로질러 우리 가슴속에 불을 지르지요. 그래서 게임이든 영화든, 영웅들의 서사는 여전히 매력적인 소재입니다. 그런데 4차 산업혁명 시대를 맞이한 지금, 우리는 이제 새로운 영웅들이 필요합니다. 수직적 위계질서에 익숙한 리더가 아니라 수평적인 사고방식을 가진 지혜로운 지도자, 미래를 내다볼 줄 알고 변화에 빠르게 적응하는 지도자가 필요한 시대이지요.

그런 지금, 우리는 '영웅'을 다시 생각해볼 필요가 있습니다. 특히 유라시아 대륙의 중심에 위치한 알타이를 중심으로, 아시아 지역의 신화나 서사시에 등장하는 영웅이 어떤 존재인지 아직은 그다지 많이 알려져 있지 않습니다. 우리가 일반적으로 알고 있는 영웅의 개념과 유형은 그리스로마 신화를 기본으로 하고 있습니다. 조지프 캠벨을 비롯해 서구의 학자들이 만들어 놓은 영웅의 유형이 있지요. 그리고 대부분의 경우, 그 유형에 맞춰 각 민족의 신화에 등장하는 영웅들을 분류하곤 했습니다. 그러나 생각해보면 그 유형에 맞지 않는 영웅들도 많습니다. 특히 중앙아시아에서부터 알타이를 거쳐 중국까지, 그 지역에는 수많은 민족이 살고 있습니다. 신화라는 것이 국가 단위로 전승되는 것이 아니라 민족 단위로 전승된다는 점에서 보면, 56개의 민족이 살고 있는 중국에는 적어도 56개의 영웅 이야기가 있겠지요. 물론 중국을 지나 제주도에까지 이르면 영웅의 유형은 더욱 다양해집니다. 그러니까 그런 영웅들의 이야기를 모조리 '기이한 탄생－버려짐－모험－귀환'이라는 유형으로 단순화할 수는 없습니다. 평범하게 탄생한 영웅도 있고, 버려지지 않은 영웅도 있으며, 어린 시절에 아무런 두각을 나타내지 못한 영웅도 있거든요. 귀환하지 못하고 스스로를 희생하는 영웅도 있습니다.

영웅의 특징 역시 마찬가지입니다. 알타이에서부터 시작하여 제주도에 이르기까지, 각 민족의 신화나 서사시에 등장하는 영웅의 성격은 그 지역의 종교나 역사 등과 깊은 관련성을 갖고 있습니다. 특히 중앙아시아에서부터 중국을 거쳐 한반도에 이르는 지역에 전승되는 영웅들의 서사에는 기본적으로 샤머니즘적 세계관이 들어가 있습니다. 천 년 이상 입에서 입으로 이어져 내려오면서 수십 만 행에 달하는 긴 서사시로 완성되어 가는 과정에 많은 새로운 이야기들이 덧붙여졌지만, 그 안에는 변치 않는 요소들이 있습니다. 그 바탕에 깔려있는 것이 바로 샤머니즘입니다. 키르기스스탄과 우즈베키스탄, 카자흐스탄 등이 이슬람권이 되고, 티베트와 몽골에 불교가 성행하며, 중국과 한국에 유교 이데올로기가 공고하게 작동했다고 해도, 민중 사이에서 구전을 통해 이어져 온 서사시의 바탕에는 샤머니즘적 세계관이 깔려 있습니다. 그래서 그들의 조상을 기리는 영웅서사를 구연하는 마당에는 여전히 샤머니즘과 관련된 민속이나 제의가 남아있는 것이지요.

키르기스스탄의 『마나스』, 우즈베키스탄의 『알파미시』, 몽골의 『장가르』, 티베트와 바이칼의 『게세르』는 틀이 잘 짜인 영웅서사입니다. 마나스치나 장가르치 등, 전문 연창자(演唱者)들이 그 서사시를 노래로 전승해왔지요. 영웅적 조상에 대한 노래를 부르는 그들은 물론 샤먼은 아니지만, 그들에게는 샤먼의 직능이 남아있었습니다. 그들은 원래 아무 때나 그 노래를 부르지 않았지요. 조상에게 바치는 제사를 지낼 때에 주로 불렀습니다. 때로 그 노래는 치유의 장에서 불리기도 했습니다. 민족의 조상에 관한 그 노래에는 그들을 풍요와 번영으로 이끌어주는 주술적 힘이 들어 있었습니다. 그래서 영웅서사는 샤머니즘적 제의나 습속과 깊은 관련성을 갖고 있지요. 그것은 터키에서부터 알타이를 거쳐 제주도에 이르는 모든 지역에 공통적으로 나타나는 현상입니다. 이 책의 내용들을 보시면 그러한 점에 동의하실 수 있을 것입니다.

터키의 메틴 투란(Metin Turan) 선생님은 「아나톨리아 문화의 바드 시가(Bard Poetry) 맥락 속에 살아 있는 샤머니즘」에서 '터키식 이슬람'이라는 용어에 남아있는 샤머니즘적 전통을 자신의 고향 마을 카르스의 동굴벽화와 관련지어 설명해주셨습니다. 또한, 카르스에서 태어난 바드의 시가를 소개하면서 아나톨리아 바드의 시작이 샤먼이라고 말씀하셨지요. 그리고 샤먼에 의해 음송된 서사시들이 지금까지 전승되는 것이라고 하셨습니다. 역시 서사시의 바탕에 오래된 샤머니즘적 세계관이 깔려있다는 점을 지적하신 것이지요. 한편 우즈베키스탄의 쇼미르자 투르디모프(Shomirza Turdimov) 선생님의 「영웅서사시와 샤머니즘」도 우즈베키스탄을 대표하는 영웅서사인 『구로글리』가 갖고 있는 샤머니즘적 특성에 대해 서술해주셨습니다.

키르기스스탄의 아셀 이사예바(Asel Isaeva) 선생님은 「키르기스 민간

전승의 샤머니즘적 유물」에서 키르기스스탄에 전승되는 『마나스』와 『코드조드자쉬』, 『에르 토쉬튜크』에 나타나는 텡그리 신앙과 샤머니즘적 요소에 대해 소개해주셨습니다. 키르기스스탄 사람들은 일찍부터 룬 문자를 통해 비문 등을 기록해왔지만, 그것과 다른 갈래로 구비전통이 존재했고, 무려 50만 행에 달하는 『마나스』를 전승해왔지요. 외적과의 싸움에서 민족을 지켜낸 마나스와 그의 아들, 손자에 관한 이 영웅서사는 키르기스스탄 사람들을 대표하는 작품입니다. 그런데 그 노래를 음송하는 마나스치에게는 고대 샤먼들의 직능 중 일부가 남아 있고, 서사시 안에는 신화적 동물들을 비롯해서 그들의 세계관의 바탕을 이루는 텡그리 신앙이 나타납니다. 이슬람의 전파와 더불어 사라진 듯이 보이지만 샤머니즘적 요소들은 마나스를 비롯한 서사시들 속에 굳건히 남아있는 것이지요.

그런가 하면 중국의 궈수윈(郭淑雲) 선생님은 「만주족 우쑤관씨(烏蘇關氏) 샤먼신령 체계 및 그 특징」에서 만주족 우쑤 관씨 집안에서 거행하는 제의에 등장하는 신들에 대해 소개했는데, 샤먼이 사라져가는 지금도 여전히 그들은 자신들의 신을 모십니다. 창세여신 압카허허(아부카허허)와 어둠의 신 예루리의 불꽃 튀는 싸움의 바탕에는 어둠과 빛의 대립이라는 가장 오래된 샤머니즘적 요소가 깔려있지요. 티베트에서부터 바이칼까지 분포되어 있는 게세르 서사시 역시 빛의 신과 어둠의 신의 대립구도를 보여주고 있습니다. 그러한 모티프는 만주나 동몽골 지역에도 많이 등장합니다.

한편 중국의 서남부 쓰촨성과 윈난성에 거주하는 소수민족인 이족 신화의 영웅 즈거아루는 알파미시나 마나스와 흡사한 모습을 보여줍니다. 초원지역 민족에게 전해지는 영웅서사의 주인공이 갖고 있는 특징들이 중국 서남부에 살고 있는 이족의 영웅 즈거아루에게도 똑같이 나타난다는 것은 매우 재미있는 현상이지요. 이족의 민족 이주과정에 대해서도 살펴볼 수 있는 기회를 제공하니까요. 그런데 독특한 점이 있습니다. 그것은 즈거아루가 하늘에 뜬 여러 개의 해를 쏜다는 점이지요. 김선자는 「중국 소수민족 신화 속 영웅의 형상 – 이족의 즈거아루를 중심으로」에서 즈거아루라는 이족의 영웅에 대해 소개했습니다. 만주와 몽골 지역 영웅서사에서 해를 쏘는 영웅인 메르겐은 마을에 닥친 재앙을 지혜와 용기로 제거합니다. 활시위를 당겨 지나치게 많이 떠오른 해나 달을 쏘아 떨어뜨리지요. 그러한 신화의 바탕에는 주술적 의미를 지닌 활쏘기라는 샤먼의 행위가 있습니다.

그런가 하면 조현설 선생님이 「말하는 영웅 - 제주 조상본풀이에 나타난 영웅의 죽음과 말을 중심으로 -」에서 소개하신 제주 신화의 '말하는 영웅'은 매우 독특합니다. 전쟁이 등장하는 영웅서사는 분명하지만, 그들은 말을 치달리며 활을 쏘고 칼을 휘두르는 영웅들이 아닙니다. 특히 그들은 고씨나 양씨 집안에서 모시는 조상신들이지요. 집안에서 모시는 조상신들에 관한 서사들은 만주 지역의 전승과도 닮아있습니다. 그것은 초원지역의 영웅서사처럼 수십 만 행에 달하는 긴 내용을 담고 있지는 않지만, 거기에는 제주도만의 독특한 점이 드러납니다. 득히 '영웅'은 과연 어떤 존재인가에 대해 다시 한 번 생각하게 해주는 글이지요.

이렇게 아나톨리아반도에서부터 알타이와 톈산산맥 자락의 키르기스스탄, 우즈베키스탄, 카자흐스탄을 지나 중국의 서남부 지역과 만주를 거쳐 제주에 이르기까지, 이 책에는 인류의 가장 오래된 종교 관념이라 할 수 있는 샤머니즘적 세계관에 바탕을 둔 다양한 영웅들의 이야기가 들어 있습니다. 흥미진진한 아시아 영웅들의 이야기를 찾아, 함께 떠나 보실까요? 그 길에 힘을 보태주신 한국가스공사와 가천대학교 아시아 문화연구소, 6년에 걸쳐 '알타이 언어문화 연구사업'의 결과물을 지속적으로 출판해주신 도서출판 역락에도 감사드립니다.

2017년 12월
저자들을 대신하여
김선자 삼가 씀

| 차례 |

중국 소수민족 신화 속 영웅의 형상
—이족의 즈거아루(支格阿魯)를 중심으로—

김선자

연세대학교 중국연구원 전문연구원

1. 들어가는 말

중국의 서남부 지역에 해당하는 쓰촨성 남부, 윈난성, 구이저우성 서부 지역에 거주하는 이족(彝族)에게 널리 전승되는 영웅서사의 주인공이 있다. 쓰촨성 남부의 량산(凉山) 이족자치주(북부 방언지역), 윈난성의 추슝(楚雄)을 비롯한 이족 거주 지역(중부 방언지역), 구이저우성의 서부 비제(畢節) 지역(동부 방언지역)에 거주하는 이족은 각각 '즈거아루(支格阿魯)', '아루쥐러(阿魯擧熱)', '즈가아루(支嘎阿龍)'라 불리는 영웅이 등장하는 서사시를 전승해왔다. 그는 오래된 문자와 지식 전통을 소유한 이족의 조상이며 영웅이고, 신이며 동시에 인간이다. 그는 천지를 측량하고 구분했으며, 하늘에 떠오른 여러 개의 해와 달을 쏘아 떨어뜨렸고, 천둥신과 요괴들을 제압했으며 거대한 구렁이와 파리, 모기의 크기를 작게 줄여버리는 등, 신격을 지닌 신으로 등장한다. 또한 그는 지도자였으며 종교적 사제인 '비모'였고, 문자를 만들었을 뿐 아니라 뛰어난 천문 역법

*구글 지도를 바탕으로 필자 작성

<즈거아루 신화 전승지역>

가이자 기상관측가로 등장하기도 한다. 윈난과 구이저우 지역의 전승에
의하면 그는 고대 이족 부락의 지도자로서, 스무 개가 넘는 부락을 통
일하여 지금의 윈난성 쿤밍(昆明)의 뎬츠(滇池) 일대에 고(古) 전왕국(滇王
國)을 세웠다고 하기도 한다. 심지어 구이저우 지역에서는『서남이지(西南
彝志)』나『이족원류(彝族源流)』등 문헌자료와 전승되는 족보 등을 근거
로 그가 실제인물이며, 그가 살았던 연대는 적어도 4천 여 년 전이라고
까지 말하고 있다.[1] 그의 한 몸에 신과 인간을 대표하는 영웅의 모든
특징이 부여된 셈이다. 현재 그는 이족 거주 지역에서 여섯 개 지파의
시조로 여겨지는 아푸두무보다 훨씬 이전의 원조(遠祖)로 생각되며, 민
족 집단의 기억이 투영된 이족의 대표적 인물이 되어 있다.

그러나 동일한 인물을 지역에 따라 '즈거아루'나 '아루쥐러', '즈가아루'

---

1) 阿洛興德,『支嘎阿鲁王』, 13쪽, 貴州民族出版社, 1994.

라고 부르는 것에서 알 수 있듯,[2] 쓰촨과 윈난, 구이저우 지역에 전승
되는 서사시 속에서 그의 형상은 조금씩 다르게 나타난다. 흥미로운 것
은 이러한 영웅의 서사를 전승하는 이족이 북부 칭하이성과 간쑤성 일
대에서부터 남쪽으로 이주해온 역사를 가진 고대 저강(氐羌) 계통의 민
족이라는 점이다. 소위 '장이주랑(藏彝走廊)'[3]을 통해 이주해온 민족들
은[4] 주로 티베트-버마어파(Tibeto-Burman languages)에 속하는 티베트,
이족, 바이족(白族), 나시족(納西族), 리쑤족(傈僳族), 푸미족(普米族) 등이
다. 티베트어군과 이어군에 속하는 이들 민족이 전승하는 서사시를 보
면 상당히 흡사한 신화적 모티프들을 발견할 수 있는데, 영웅서사 역시
마찬가지이다. 이들 민족의 영웅서사에 등장하는 주인공들은 대략 비슷
한 특징을 보여준다. 신이한 출생과 버려짐, 뛰어난 능력, 영웅적 모험,
귀환, 갑작스런 죽음 등이 그러하다. 무엇보다 흥미로운 것은 이러한

---

2) 즈거아루 관련 서사의 전승 과정과 분포 지역 등에 대해서는 洛邊木·羅文華·周維
   萍의 「彝族英雄支格阿魯流傳情況槪述」(『西昌師範高等專科學校學報』 第16卷 第3期,
   158- 160쪽, 2004.9) 참조. 雲南에서는 『萬物的起源』과 『阿魯擧熱』 등의 서사시 작
   品을, 貴州에서는 『西南彝志』와 『物始紀略』, 『彝族源流』 등의 역사문헌과 譜諜類, 『支
   嘎阿魯傳』, 『支嘎阿魯王』 등의 문학작품을, 四川에서는 서사시 『勒俄特依』와 비모들
   의 經典 등을 자료로 소개하고 있다.

3) 1978년 9월, 費孝通이 政協 全國委員會 民族組 회의에서 한족과 티베트족, 이족과
   티베트족이 접해서 살아가는 '走廊'에 氐, 羌, 戎 계통의 민족들이 활동했다고 하면
   서 "이 주랑은 이족과 티베트족 사이에 자리하며, 아직도 살아있는 많은 역사적
   잔존물들이 있다"라고 발언한 바 있다. 이어서 1982년 5월에 武漢의 회의에서 '藏
   彝走廊'이라는 용어를 사용했다.(費孝通, 「談深入開展民族調査問題」, 『中南民族學院學
   報』 1982年 第3期)

4) 이들이 이주해온 민족이라는 점에 대해서는 일찍이 童恩正, 汪寧生, 李昆聲 등의 학
   자들이 石棺墓 등의 출토 유물들을 바탕으로 여러 차례에 걸쳐 자세하게 논증한
   바 있다. 雲南의 石寨山文化가 그 대표적인 경우이다. "氐羌族群은 전국시대부터 진
   한 시대에 이르는 시기에 이미 滇池 지역에 정주했다. 그리고 그곳에서 다른 민족
   들과 함께 찬란한 石寨山文化를 만들어냈다."(申旭, 『雲南移民與古道硏究』, 17쪽, 雲
   南人民出版社, 2012)

특징들이 유라시아 대륙의 초원지역에 전해지는 영웅 서사의 주인공인 게세르(Geser), 마나스(Manas), 장가르(Jangar), 알마미시(Alpamish) 등과 여러 면에서 비슷한 요소를 공유한다는 점이다.

본 논문에서는 이족 영웅서사의 주인공인 즈거아루의 신화를 통해 그러한 영웅들의 특징을 살펴보고, 그것이 북방 초원민족의 영웅서사와 기본적으로 비슷한 구조를 갖고 있으면서 동시에 현지의 특징을 반영하고 있음을 살펴보기로 한다.

2. 이족 즈거아루 신화의 내용

앞에서 언급한 세 지역에서 '즈거아루'를 가리키는 호칭은 수십 가지가 넘을 정도로 다양하다. 그 중에서 대표적인 것이 쓰촨 지역의 '즈거아루', 윈난 지역의 '아루쥐러', 구이저우 지역의 '즈가아루'이다. 물론 그 이름이 가리키는 것은 동일한 인물로서, 최근에 이족 학자들을 중심으로 '즈거아루(支格阿魯)'로 통일해서 표기하자는 의견이 나오고 있다. 이름에 등장하는 '아'는 특별한 의미가 없이 이름 앞에 주로 붙는 접두사이고, '루(lu)'는 '용'5)을 가리킨다. 윈난성 지역에서는 '쥐'(혹은 '디')가 '매'를, '러'가 '아들'을 뜻하니, '아루쥐러'는 '용과 매의 아들'이라는 뜻이다. 쓰촨 지역에서는 '즈거'에 '거대하다' 혹은 '위대하다'라는 뜻이 들어있다

---

5) 여기 등장하는 '용'은 한족 신화에 등장하는 용과는 의미가 좀 다르다. 이족이나 나시족, 티베트족 등 고대 저강 계통 민족의 신화에 등장하는 '용'의 의미에 대해서는 김선자, 「중국 서남부 지역 강족(羌族) 계통 소수민족의 용(龍) 신화와 제의에 관한 연구」(『중국어문학논집』 제95호, 2015.12) 참조.

고 하니, '즈거아루'는 '위대한 루'라는 뜻이 된다. 구이저우 지역에서는 영웅의 출생지가 '즈가산(支嘎山)'이기에 '즈가'라고 부른다고 말하지만, 확실한 것은 아니다. 종합해보면, 이 이름에는 '매'와 '용'의 의미가 들어 있고 또한 '위대한 영웅'이라는 뜻이 포함되어 있다.

앞에서 언급했듯, 이족은 북부의 칭하이와 간쑤 지역에 거주하던 고대 저강 계통의 민족이 남쪽으로 이주를 시작하여 지금의 쓰촨성 량산 이족자치주 지역에 정착하고, 일부가 다시 남하하여 윈난성의 다야오(大姚)와 추슝, 쐉바이(雙柏), 구이저우의 비졔 지역으로 이주했다.6) 이족이 고대의 강 계통에 속한다는 것은 팡궈위(方國瑜)를 비롯하여 리사오밍(李紹明), 우헝(吳恒) 등이 일찍부터 주장했고,7) 퉁언정(童恩正)과 샹다(向達) 등도 그런 견해를 제시했는데, 샹다는 번작(樊綽)의 『만서(蠻書)』를 바탕으로 이렇게 잠정적으로 결론을 내린 바 있다.

"동찬오만(東爨烏蠻), 서찬백만(西爨白蠻), 육조(六詔), 그리고 청강(靑羌)과 검강(黔羌), 대강(大羌) 등은 윈난의 토착민이 아니라 원래 산시(陝西), 간쑤, 쓰촨, 시캉(西康) 등이 교차하는 룽산산맥(隴山山脈) 일대에 거주하다가 점차 남쪽을 향해 이주한 저족(氐族)과 강족(羌族)

---

6) 저강 계통의 민족이 남쪽으로 이주해온 노선은 대략 세 가지로 정리할 수 있다. 하나는 怒江, 瀾滄江, 金沙江 상류를 따라 내려오는, 소위 윈난 서북부의 '三江幷流' 노선이다. 이 노선을 따라 내려온 사람들이 지금의 윈난성 서부 지역에 거주한다. 둘째는 쓰촨의 雅礱江 하류, 金沙江 중류를 따라 윈난성의 楚雄과 大理 쪽으로 내려오는 노선이고, 세 번째가 쓰촨의 大渡河, 岷江, 金沙江 하류를 따라 윈난의 昭通, 曲靖, 昆明 등으로 내려오는 노선이다. 이 노선을 따라 내려온 사람들이 바로 이족, 바이족, 나시족 등등이다.(申旭, 『雲南移民與古道硏究』, 26-27쪽)

7) 方國瑜의 『彝族史稿』(四川民族出版社, 1984), 李紹明의 「關於涼山彝族來源問題」(『思想戰線』 1978年 第5期), 吳恒의 「略論彝族淵源問題」(『西南民族硏究』, 四川民族出版社, 1983) 참조.

이다. 저족과 강족의 일부가 청두(成都) 평원에 진입했고, 후에 민강 (岷江)을 따라 남하하여 쓰촨의 이빈(宜賓), 칭푸(慶符), 윈난의 자오퉁 (昭通)을 거쳐 안닝(安寧) 동쪽까지 오게 된 것이다. 이 일파를 찬족 (爨族)이라 한다. 일부가 민산산맥을 따라 서쪽으로 내려가 지금의 시 캉성(西康省) 경내로 들어갔고, 그들이 남천(南遷)하여 윈난의 다리(大 理) 일대에 이르러 육조가 된 것이다. 청강과 검강, 대강도 모두 이 일파에 속한다. 그들 모두는 저족과 강족에 속하지만, 동원이류(同源 異流)이다. 그래서 육조를 오만(烏蠻)이라 칭하며, 동서 이찬(二爨)에 속하는 것으로 여기지 않는 것이다."[8]

학자들마다 조금씩 다르긴 하지만 이처럼 장이주랑을 따라 저강 계 통의 민족이 북쪽에서 남쪽 방향으로 이주해 왔다는 점에 대해서는 대 부분 동의한다. 한편 그 이주의 원인은 전쟁과 자연환경의 변화 등을 꼽을 수 있다. 저강 계통 민족이 일찍부터 거주했던 칭하이, 간쑤성 일 대는 호한(胡漢) 간의 전쟁이 수시로 일어났던 곳이고, 흉노와 한족과의 사이에 거주했던 강족은 중원의 한족 정권에 의해 특히 많은 고통을 당 했다.[9] 그런 전쟁의 와중에서 살길을 찾아 많은 사람들이 쓰촨 서부 지 역에서 윈난 방향으로 남하한 것이다. 앞에서 언급한 샹다를 비롯해 많 은 학자들이 이러한 견해를 제시한 바 있다.[10] 한편 환경의 변화 역시 중요한 원인 중의 하나로 꼽힌다. 한랭한 기후가 강력하게 나타나던 시

---

8) 向達, 『唐代長安與西域文明』「南詔史略論」, 164-165쪽, 河北教育出版社, 2001.
9) 이 시기의 구체적 상황에 대해서는 『절반의 중국사』(가오훙레이 저, 김선자 옮김, 메디치미디어, 2017)의 「저」, 「강」 등을 참고하라.
10) 焦虎三은 羌族의 연표를 정리하면서 갑골문에도 나타난 '羌'이 周, 秦, 漢 시기에 서쪽으로 青藏高原으로 가고, 또 남쪽으로도 이주를 시작하여 岷江 상류를 거쳐 남쪽으로 내려온 것으로 파악하고 있다.(焦虎三, 『羊皮書-中國羌族的歷史與文化』, 9 쪽, 廣西師範大學出版社, 2013) 특히 護羌校尉를 설치했던 한나라를 비롯해 남북조 시대를 거치면서 대거 南遷한 것으로 보인다.

기에 저강 계통 민족의 상당수가 이미 윈난의 서북부에 거주했다는 보
고서도 있다.

　쓰촨의 민강(岷江), 다두하(大渡河) 등 강줄기를 따라 남쪽으로 내려오
던 그들이 쓰촨 남부와 윈난 지역으로 들어서면서 험하고 높은 산을 경
계로 각각의 지역에 정착해 살아가면서 지금의 여러 민족들이 형성된
것으로 본다. 이족이나 나시족, 푸미족 등 저강 계통의 민족들이 공통
된 신화 모티프들을 갖고 있는 것은 바로 그 때문이다. 뿐만 아니라 사
람이 죽었을 때, 망자의 영혼을 돌려보내는 경전인『지로경(指路經)』을
사제들이 낭송하는데, 영혼이 돌아가는 조상들의 땅은 언제나 '북쪽'에
있다.11) 이족이나 나시족, 하니족, 푸미족, 라후족 등에게 전승되는『지
로경』을 살펴보면 노선의 차이는 있지만 공통적으로 등장하는 방향은
'북쪽'이다. 그래서 스쉬(石碩)는 그 '북쪽'이라는 곳이 그들이 거주하는
윈난이나 쓰촨보다 '더욱 추운 곳'이며 또한 '강물이 북쪽에서 남쪽 방향
으로 흐르는 곳'이라고 하면서, 누강과 란창강, 진사강, 야룽강, 다두하,
민강 등 여섯 개의 강물을 따라 북에서 남으로 이주해왔을 것이라고 말
한 바 있다.12)

　한편 같은 민족이라고 해도 높은 산을 격해 오래 동안 거주하다보면
언어와 습속도 조금씩 달라지는데, 이족의 즈거아루에 관한 신화가 그
러한 특징을 보여준다. 쓰촨과 윈난, 구이저우의 즈거아루 서사가 공통
된 모티프도 있지만 서로 다른 특징적 요소들을 지니는 것은 바로 그
때문이다. 북에서 남으로 이주해온 저강 계통의 민족들이 가지고 온 신

---

11) 이족의『지로경』과 구체적 내용에 대해서는 김선자,「영혼의 길 밝혀주는 노래
　　『지로경』」(『아시아의 죽음문화』, 소나무, 2010) 참조.
12) 石碩,『藏彝走廊: 文明起源與民族源流』, 70쪽, 四川人民出版社, 2009.

화에 현지 토착민의 새로운 문화적 요소가 들어가면서 신화의 내용에 변화가 생기는 것이다. 그렇기에 이족의 초창기 정착지역인 쓰촨 지역의 즈거아루 서사에 신화적 요소가 좀 더 강하게 나타나는 것이고, 윈난성 남부로 내려올수록 현지의 특징적 요소가 두드러지게 나타나는 것이며, 가장 후대의 요소들이 많이 유입된 구이저우 지역의 서사에 현실적 요소가 강해지는 것이다. 각각의 버전과 구체적 내용을 본 논문에서 모두 언급할 수는 없지만, 중요한 모티프를 중심으로 간략하게 소개해 보면 다음과 같다.13)

2.1. 신성한 계보

"아루의 역사/ 아루의 영웅적 사적/ 비모가 그에 관한 이야기를 하려 하네/ 제사에서 그를 청하네/ 민간에서 그를 찬송하네./ 영웅적 아루/ 총명한 아루/ 선량한 아루/ 무엇이든 다 해냈고/ 무엇이든 다 할 줄 알았지/ 그의 영웅적 사적/ 이족 사람들은 누구나 말하지/ 이족 사람들은 누구나 노래하네/ 그대가 이야기하면 내가 듣고/ 내가 노래하면 그대가 듣네/ 고대로부터 대대로 이어져 내려와/ 지금까지 이야기하지/ 지금까지 노래하지."14)

서사시의 도입부에 이러한 프롤로그가 들어가고, 이어서 즈거아루의 계보가 등장한다. 그러나 일반적 영웅서사시와 달리, 여기 묘사된 것은 즈거아루 어머니의 계보이다. 아버지의 계보는 보이지 않는다. 즈거아

---

13) 구체적인 모티프와 유형에 대해서는 楊瓊艷, 『彝族"支嘎阿魯"史詩誕生母題硏究』(貴州民族大學 2016年 碩士硏究生 學位論文) 참조.
14) 楊甫旺・洛邊木果 主編, 『阿魯擧熱』(雲南), 1쪽, 雲南民族出版社, 2015.

루의 어머니 푸모레이 혹은 부무나이르가 베틀에 앉아 옷감을 짜고 있을 때 매들이 날아온다. 그리고 매가 떨어뜨린 세 방울의 피가 각각 머리카락과 망토, 치마 등에 스며들면서 임신을 하게 되고, 아홉 달과 9일이 지난 뒤 즈거아루를 낳는다.15)

쓰촨 량산이족자치주 지역에 전승되어 온 서사시『러어터이(勒俄特伊)』('러어터이'는 이족 말을 음사한 것으로, '역사의 진상'이라는 뜻이다)에서는 즈거아루의 탄생 이전에 먼저 용들의 계보가 나온다. 용들의 계보가 바로 즈거아루의 어머니인 푸모레이의 계보이다. 푸모레이는 3년 동안 베틀을 놓을 장소를 만들고, 석 달에 걸쳐 베틀을 설치한다. 그리고 처마 밑에 앉아 베를 짠다. 그때 하늘과 땅, 위쪽과 아래쪽에서 네 마리 매들이 날아오고, 삼나무 숲에서 네 마리 매들이 날아온다. 푸모레이는 매들과 어울린다. 그때 매가 피를 세 방울 떨어뜨리고, 핏방울이 몸에 스며들면서 임신을 한다. 푸모레이는 그것이 좋지 않은 징조라고 여겨 비모를 찾아갔지만 마을의 비모는 외출 중이었고, 비모의 제자인 샤샤가 대신

---

15) 윈난 지역에서 가장 먼저 출판된 즈거아루 관련 서사는『萬物的起源』(梁紅 譯注, 雲南民族出版社, 1988)이다. 물론 70년대에 채록된「阿魯擧熱」(雲南省楚雄文化局 編,『楚雄民族民間文學資料』第1集, 1979)가 '내부자료'로 나온 바 있다. 본 발표문에서는 가장 최근에 나온(2015)『阿魯擧熱』를 바탕으로 했으나 이전에 나온 단편적 자료들도 참고하였다.(앞의 '내부자료'는 祁樹·李世忠·毛中祥이 기록한 것인데,「阿魯擧熱」라는 제목으로 발표된 바 있다) 2015년에 나온『阿魯擧熱』는 학자들이 다양한 채록 자료들을 바탕으로 복원한 가장 완정한 판본이기는 하지만, 즈거아루 수집 프로젝트의 결과물(四川西昌學院의 洛邊木果가 2010년에 시작한 <中國彝族支格阿魯文化硏究>)로 나온 것이라서 원형을 그대로 간직한 판본이라고 보기는 어렵다. 물론 프로젝트에 참여한 학자들도 그러한 문제점을 알고 있기에 "아루쥐러의 神性이 약화되고 인간성이 두드러지게 나타난 내용은 변이가 너무 커서 영웅서사시에 넣기 어렵기에 정리, 편집 과정에서 수용하지 않았다"(楊甫旺,「彝族英雄史詩『阿魯擧熱』槪論」,『楚雄師範學院學報』第28卷 第7期, 70쪽, 2013.7.)라고 밝힌 바 있다.

점을 쳐준다. 샤샤는 경서를 펼쳐 보더니 크게 길할 것이라고 하며 '대신인(大神人)'을 낳을 것이라고 말해준다. 그러면서 생육의 경전을 읽으니, 오전에 하얀 안개가 피어오르면서 오후에 즈거아루가 태어났다.16)

윈난 지역에 전승되는 『아루쥐러(阿魯擧熱)』에도 부계의 계보가 아니라 모계의 계보가 나온다. 그런 후에 "딸 하나를 낳았네/ 이름을 부무나이르라 했지/ 부무나이르/ 머리카락이 검고/ 댕기 땋아 길었네/ 두 살이 되었을 때/ 눈이 반짝반짝/ 눈썹은 길고 검었지."라고 하면서 부무나이르가 어려서 양친을 잃은 고아였음을 말한다. 이어서 수매(雄鷹)가 날아와 세 바퀴를 돌다가 피를 세 방울 떨어뜨리는 대목이 나온다. "한 방울은 매 모양 모자(羅鍋帽)17) 위에 떨어져/ 아홉 겹 검은 머리댕기로 스며들었네/ 한 방울은 망토 위에 떨어져/ 아홉 겹 검은 망토에 스며들었네/ 한 방울은 주름치마에 떨어져/ 아홉 겹 주름치마에 스며들었네."라고 묘사하고 있다. 그리고 핏방울이 몸에 스며들자 부무나이르가 "온몸이 떨리더니/ 놀라서 떨었네/ 놀라서 멍해졌네/ 놀라서 바보가 된 듯했네/ 부무나이르/ 혼백이 나갔다가 돌아왔네."라고 한다. 쓰촨의 『러어터이』에서와 마찬가지로 부무나이르가 비모를 찾아갔으나 비모는 집에

---

16) 쓰촨 지역에 전승되는 즈거아루 신화의 가장 오래된 판본은 창세서사시 『勒俄特伊』에 들어있다.(馮元蔚 譯, 『勒俄特伊』, 47-52쪽, 四川民族出版社, 1986) 이 책은 원래 1981년에 초판본이 나왔다. 이후 1988년에 格爾給坡가 수집, 정리한 『支格阿魯』가 四川民族出版社에 나왔는데, 11,490행에 달하는 장편이다.

17) 이것은 량산이족자치주 여성들이 쓰는 검은색 모자인데, 주로 아이를 낳은 후에 쓴다. 연잎처럼 생겼다고 해서 지금은 '荷葉帽'라고 부르지만 사실 이족 말로 이것은 '어얼'이라고 한다. '어얼'은 '매가 날개를 펼친 모습'이라는 의미인데, 푸무례이가 매의 피에 감응하여 아이를 낳았다는 오래된 신화의 흔적이 남아 있는 모자이다. '荷葉帽'나 '羅鍋帽'라는 이름은 이족의 조상에 대한 기억을 삭제하는 이름이기에 '어얼'이라는 현지 발음으로 불러야 한다.

없었고, 비모의 제자인 비러가 대신 경전을 봐준다. 이때 비러는 "큰 길로 걸어가지 말고, 큰 강을 건너지 말라"는 금기를 주지만, 대범하고 활기찬[18] 성격의 부무나이르는 그 말을 무시하고 큰 길로 걸어가고 큰 강을 건넜다. 마침내 임신하여 아홉 달 9일이 지난 후 용의 날에 아들을 낳는데, 그가 바로 아루쥐러(즈거아루)이다.[19]

구이저우 지역의 경우, '천랑天郎' 헝자주와 '지녀地女' 츠아메이 사이에서 즈가아루(즈거아루)가 태어난다. 천랑은 '태양의 정령이며 백학의 화신'이고 지녀는 '달의 정령이며 두견의 화신'이다. 천랑과 지녀는 즈가산에서 출발하여 하늘과 땅을 다스린 후 다시 즈가산으로 돌아온다. 그들은 세상 최초의 연인들로, 9만 9천년 동안 사랑하여 아이를 낳는다. 그후 헝자주는 강건한 수매로 변하고 츠아메이는 무성한 마상수(馬桑樹)로 변한다. 고아가 된 아이를 사람들은 '바뤄'('버려진 아이'라는 뜻)라고 불렀는데, 낮에는 마상수가 젖을 먹였고 밤에는 수매가 덮어주었다.[20] 쓰촨과 윈난 지역에서 매와 용이 중시되는 것과 달리, 구이저우에서는 마상수라는 나무가 어머니로 등장하는 변이가 나타난다.

---

18) 비러가 경진을 빨리 살피지 않자 화가 난 부무나이르가 불같이 화를 내며 비러의 뺨을 때린다든가, 비러가 이상한 아들을 낳을 것이라고 예언을 하니 헛소리라고 소리치며 "너의 머리카락을 뽑아버릴 것"이라고 화를 내는 대목 등을 볼 때 부무나이르는 결코 우리가 일반적으로 알고 있는 전통 봉건시대 여성의 성격을 지닌 존재가 아니다.

19) 楊甫旺 · 洛邊木果 主編, 『阿魯擧熱』, 11-19쪽.

20) 阿洛興德 · 洛邊木果 主編, 『支嘎阿魯王』, 5-7쪽. 구이저우 지역에서는 즈거아루에 관한 신화가 일찍부터 문헌자료에 등장했다. 『西南彝志』(전 25권 중의 제6권, 貴州民族出版社, 1988), 『物始紀略』(제2집, 四川民族出版社, 1991), 『彝族源流』(전 25권 중의 제10권, 貴州民族出版社, 1992) 등이 바로 그러한 책들이다

2.2. 탄생과 버려짐

즈거아루는 태어난 후 버려진다. 버려지는 이유는 지역에 따라 다양하다. 쓰촨 지역의 경우, "즈거아루가/ 태어난 첫 날 밤에/ 어머니의 젖을 먹지 않았고/ 둘째 날 밤에/ 어머니와 함께 자려고 하지 않았으며/ 셋째 날 밤에/ 옷을 입으려 하지 않았다" 그래서 기이하다고 여겨 어머니가 바위에 내다버렸다. 그런데 바위는 용이 거주하는 곳이었다. 아루는 용의 말을 알아들었기에, "나는 용이야"라고 말했다. 그러면서 용의 밥을 먹고 용의 젖을 먹었으며 용의 옷을 입었다. 태어난 날도 용의 해, 용의 달, 용의 날이었기에 그는 '아루'라고 불렸다.[21]

윈난 지역의 채록본에서도 아루쥐러(즈거아루)는 어머니에 의해 버려진다. 하늘에서 날아온 매의 피에 감응하여 아루를 낳는데, 태어나서 1년이 되자 어머니의 젖을 먹지 않았고, 2년이 되자 어머니와 함께 잠을 자려 하지 않았으며, 3년이 되자 어머니의 말을 듣지 않았다. 어머니는 괴물이 태어났다고 여겨 산골짜기에 내다버렸다.[22]

구이저우 지역 '즈가아루'의 경우, "사제인 비모가 아이를 동굴에 넣어두라고 했다", "어머니가 아이를 괴물이라고 여겨 내다버렸다", "아이를 강하게 키우기 위해 일부러 돌 틈 사이에 두었다", "아이가 계속 울음을 그치지 않으니 요괴할미가 엄마와 아이를 함께 잡아갔다", "어머니가 아이를 매의 아들이라고 여겨 매에게 가져다주었다", "아버지 없는 아이라서 숲에 버렸다", "상서롭지 못한 아이라고 생각해 마상수 아래 버렸다", "아버지는 매가 되고 어머니는 마상수가 되었다"[23] 등등 다양

---

21) 馮元蔚 譯, 『勒俄特伊』, 52쪽. '루'는 '용'이라는 뜻이다.
22) 李子賢 編, 『雲南少數民族神話選』「支格阿龍」(比雀阿立 講述, 摩依 翻譯, 上元·鄭志誠 整理), 20쪽, 1990.

한 이유가 등장한다. 각 지역마다 조금씩 다르긴 하지만 대체로 태어난 후에 이상한 행동을 해서 버려진다는 공통점을 갖고 있다. 구체적 의미에 대해서는 뒤에서 살펴보기로 한다.

2.3. 성장과 모험

우선 버려진 즈거아루의 성장 과정을 보면, 버려진 후 어린 나이에 먼 곳으로 떠나거나 혹은 뱀들에 의해 키워지다가 어머니에게 돌아오기도 하고, 아버지에게 보내져 키워지기도 한다. 지역별로 전승되는 판본에 등장하는 즈거아루의 성장과정은 대략 다음과 같다.

쓰촨 지역의 경우, 버려진 후 한 살이 되었을 때 목동을 따라 돼지를 키웠고, 대나무로 활을 만들었다. 두 살이 되자 목동을 따라 양을 키웠으며, 대나무 활을 들고 다녔다. 세 살이 되자 나그네들을 따라 여행을 떠났으며, 나무 활을 들고 뒤에서 따라갔다. 칼 쓰는 법과 활 쏘는 법을 터득했으며, 너덧 살이 되었을 때에는 이미 하늘과 땅 끝까지 다녔다.24)

윈난 지역 채록본의 경우, 버려진 즈거아루는 산골짜기에서 뱀들과 함께 3년 동안 살다가 집으로 돌아오는데, 어머니가 자신의 아들이 분명한지 확인하기 위해 아들을 시험하는 대복이 나온다. "3,4탁(庹) 길이의 머리카락을 구해오면 내 아들로 인정하겠다"는 어머니의 말을 들은 아루는 긴 머리카락을 찾아 먼 길을 떠나는데, 도중에 한족(漢族)의 집

---

23) 이것은 楊瓊艷이 貴州 지역에 전승되는 각 편의 모티프를 정리한 자료에서 인용했다.(『彝族"支嘎阿魯"史詩誕生母題研究』, 31쪽, 貴州民族大學碩士學位論文, 2016.5.)
24) 馮元蔚 譯, 『勒俄特伊』, 53쪽.

에 머물게 된다. 그 사람이 집에서 기르던 수탉을 잡아 대접하려 하니, 즈거아루는 "나는 매의 아들이요, 날개 있는 것은 먹지 않소."라며 거부했다. 죽음의 위기를 넘긴 수탉이 즈거아루에게 보물 병을 주었고, 그 덕분에 머리카락이 하얀 노인을 만나 긴 머리카락을 하나 얻어 돌아오게 된다.[25] 한편 윈난 지역의 『아루쥐러』에 의하면, 어머니에 의해 버려진 후 비모의 점 덕분에 다시 어머니에게 돌아오지만 어머니는 결국 아루쥐러(즈거아루)를 아버지에게 보낸다. 어머니의 젖을 거부하는 아루쥐러에게 나무와 돌, 멧비둘기 등이 젖을 주었지만 아루쥐러는 모두 거부했다. 그러나 신성한 매에게 보냈더니 금방 눈물을 거두고 웃으며 젖을 먹고 옷도 입는 것이었다. 아루쥐러는 아버지인 신성한 매에게로 간 후 그곳에서 16년 동안 성장한다. 아버지는 아루쥐러에게 다양한 재주를 전수한다.[26]

구이저우 지역의 경우, 태어나면서부터 아버지는 매로 변하고 어머니는 마상수로 변하여 고아가 되어버리지만, 매와 마상수 덕분에 즈가아루(즈거아루)는 잘 성장한다. 이후 최고의 천신 처쥐주가 널리 지혜로운 자를 구할 때, 천신 눠러우쩌가 즈가아루를 천거하고, 천신의 사신들이 즈가아루를 찾아 데려간다. 천신 눠러우쩌는 바뭐(즈가아루의 아명)에게 이름을 지어주는데, "마상수가 젖을 먹여 키운 바뭐/ 수매가 기른 쓰눠/ 그를 즈가아루라 이름한다/ 이제부터/ 해가 서쪽에서 뜨고 호수물이 마를 때까지/ 아루의 이름은 영원히 사라지지 않으리라!"[27]라고 한다. 즉 쓰촨 지역에서는 버려졌던 즈거아루가 어려서부터 모험의 길

---

25) 李子賢 編, 『雲南少數民族神話選』「支格阿龍」(比雀阿立 講述, 摩依 翻譯, 上元・鄒志誠 整理), 21-22쪽.

26) 楊甫旺・洛邊木果 主編, 『阿魯擧熱』, 24-28쪽.

27) 阿洛興德・洛邊木果 主編, 『支嘎阿魯王』(貴州), 18-19쪽, 雲南民族出版社, 2015.

을 떠나고, 윈난 지역에서는 매 혹은 용에 의해 키워지다가 어머니에게로 돌아오며, 구이저우 지역에서는 매와 나무로 변한 부모가 함께 돌본다.

이런 성장과정을 거친 후 마침내 즈거아루는 모험의 길로 나선다. 즈거아루가 먼 곳으로 떠나 행하는 모험의 과정에는 사람 잡아먹는 요괴 제압하기, 천둥신 제압하기, 한꺼번에 떠오른 여러 개의 해와 달을 쏘아 떨어뜨리기, 거대한 동물들의 크기 줄이기, 요괴에게 잡혀간 어머니 찾아오기 등의 다양한 사건들이 등장한다. 각 지역별 판본에 등장하는 모험의 내용을 보면 대략 다음과 같다.

쓰촨성의 『러어터이』에서 즈거아루는 너덧 살이 되었을 때 천지를 돌아다녔고, 네 개의 신성한 활과 신성한 화살, 갑옷과 네 마리 사냥개를 거느렸다. 하늘과 땅을 측량했으며, 하늘에 떠오른 여섯 개의 해와 일곱 개의 달을 쏜다. 물론 단번에 해결한 것은 아니고 여러 차례의 실패 과정을 겪은 후 마침내 각각 하나씩만 남기고 다 쏘아 떨어뜨린다. 그런데 그때 인간들을 괴롭히는 구렁이와 두꺼비 등이 있었다. 즈거아루는 둔덕처럼 거대한 독사와 쌀뒤주만큼이나 큰 두꺼비, 비둘기만큼이나 큰 파리, 소처럼 큰 메뚜기, 토끼처럼 큰 개미 등을 모두 작게 만들어버린다.[28]

마창서우(馬長壽)가 수집한 쓰촨 량산 이족 지역의 뤄이(羅彝) 이눠구(宜諾區) 창세신화에서도 "여섯 개의 해와 일곱 개의 달이 있던 때/ 초목이 모두 말라 죽고/ 오직 나무 한 그루만 남았지/ 강물이 모두 말라버리고/ 호수 하나만 남았지/ 살아있는 것들이 모두 말라 죽고/ 고양이 한 마리만 남았지/ 아뤄(阿羅)가 태어나기 전/ 해는 여섯 개/ 달은 일곱

---

28) 馮元蔚 譯, 『勒俄特伊』, 57~59쪽.

개가 있었지/ 뱀은 밭 옆의 둔덕만큼 굵었고/ 개구리는 소처럼 컸지/ 파리는 메추리만큼 컸네."29)라고 한다. 그때 다행히 '니즈거아뤄(尼智哥 阿羅)',30) 혹은 '즈거아루(智哥阿磲)'라는 사람이 나타나 활을 당겨 다섯 개의 해를 쏘고 여섯 개의 달을 쏘아 한 개씩만 남겼다고 한다. 또한 현 지의 아루얼디가 구술한 내용에 따르면 "아루가 세 살이 되었을 때 돼 지를 기를 줄 알았고, 돼지를 몰아 밭 위로 갔으며, 대나무로 활을 만들 어, 새를 쏘면 맞히지 못하는 것이 없었다. 다섯 살 때 양을 길렀으며, 양을 몰고 산위로 갔다. 나무로 활을 만들어, 고라니를 쏘면 맞히지 못 하는 것이 없었다. 아홉 살 때 구리로 활을 만들고 쇠로 화살을 만들어, 하늘의 해와 달을 쏘았다."라는 내용도 전한다.

윈난 지역 판본에서는 아버지(신성한 매)에게서 성장한 아루쥐러(즈거 아루)가 16세가 되던 해에 어머니를 찾아 나선다. 어머니는 아루를 매에 게 맡기고 돌아가는 길에 요괴에게 잡혀가 요괴의 동굴에 갇혀 있었다. 아루는 어머니를 찾아가는 길에 여러 가지 모험의 과정을 겪는다. 배가 고파 르무라는 부자의 집에서 돼지를 치면서 살지만, 돼지가 도망치는 바람에 돼지를 쫓아가다가 한 남자를 만난다. 세 마리 거위를 기르고 있던 그 남자는 거위를 잡아 아루를 대접하려 했지만, 아루는 '날개달린 종족'은 먹지 않는다고 하며 그것을 거부한다. 아루 덕분에 살아난 거위 들은 아루를 돕겠다고 하고, 암거위가 깃털 하나를 뽑아준다. 그것이 바로 신성한 검이 되었고, 긴 실을 하나 주었는데 그것이 신성한 화살

---

29) 馬長壽 遺著, 李紹明·周偉洲 等 整理, 『涼山彝族考察報告』(上) 第2章 「羅彝之起源神話」, 122쪽, 巴蜀書社, 2006.

30) 馬長壽는 '니'에 대해 별다른 설명을 하지 않고, '니즈거아루'는 통칭 '즈거아루' 라고 한다고만 했다.(앞의 책, 150쪽)

이 되었다. 신성한 칼과 화살을 들고 아루는 르무에게 돌아갔고, 르무를 죽인 후 두 아내와 르무의 재산을 차지한다. 이후 아루는 거대한 구렁이도 물리치고, 사람을 잡아먹는 아들 삼형제를 거느린 요괴할미와도 싸운다. 일곱 개의 해와 여섯 개의 달도 쏘고, 쇠솥 등의 철기로 천둥신에게 대적하기도 한다.31) 그러나 쓰촨과 윈난 지역의 판본에는 구이저우본에서처럼 조왕(雕王)이나 호왕(虎王) 등 대군을 거느린 자들과 대규모 전쟁을 하는 대목은 보이지 않는다.

앞에서 소개한 윈난성의 『아루쥐러』와 달리, 1980년대에 채록된 판본에서는 즈거아루가 아버지에게로 가서 성장하는 대목은 나오지 않는다. 물론 '부자 르무'도, '한족 형님'도 등장하지 않는다. 어머니의 시험을 성공적으로 거친 아루는 말을 타고 쇠 지팡이를 들고 하늘과 땅이 연결된 지역을 찾아 먼 길을 떠난다. 가는 도중에 어떤 사람 집에 머물게 되었는데, 그 집의 주인이 거위를 잡아 아루를 대접하려 한다. 그러나 아루가 절대 먹지 않겠다고 했고, 덕분에 살아난 거위들은 아루가 가는 길목에 엄청난 어려움이 있을 것이라고 알려준다. 특히 타부아마라는 요괴는 긴 혀를 돌판 위에 얹어놓고서 오고가는 사람을 잡아먹는다고 했다. 그런데 거위가 날개에서 바늘을 하나 꺼내주고, 아루는 그 바늘로 요괴의 혀를 돌판 위에 찔러 넣어 요괴에게 다시는 사람을 잡아먹는 일을 하지 않겠다는 약속을 받아낸다. 다시 하늘과 땅이 붙은 곳을 향해 가다가 하얗고 긴 수염이 무릎까지 내려온 지혜로운 노인을 만나기도 하고, 네 필의 말을 타고 가 아홉 개의 달과 일곱 개의 해를 쏘기도 하며, 천둥신과 담판을 지어 사람에게 벼락을 떨어뜨리지 않고 나

---

31) 楊甫旺·洛邊木果 主編, 『阿魯擧熱』, 34-39쪽.

무에 떨어뜨리겠다는 약속도 받아낸다. 울퉁불퉁한 땅을 평평하게 펴기
도 하고, 동물과 말들을 길들이며 엄청나게 큰 모기와 청개구리, 뱀 등
의 크기를 줄인다.[32] 강술자들이 강술한 것을 채록하여 기록한 이 채록
본에서 즈거아루는 요괴도, 천둥신도, 구렁이도 죽이지 않는다. 그저
그들을 교화시키고 풀어줄 뿐이다.

구이저우 지역의 경우, '별보다 지혜롭고, 체의 구멍보다 많은 지혜를
가진'[33] 즈가아루(즈거아루)는 천신에게 발탁되어 하늘을 날아다니는 용
마(龍馬)를 타고 손에 하늘을 측량하는 지팡이와 땅을 측량하는 끈을 들
고 하늘과 땅의 크기를 재고, 천지를 구분했다.[34] 또한 일곱 개의 해와
일곱 개의 달이 한꺼번에 떠오르자 한 개 씩만 남기고 쏘아 떨어뜨린
다. 한편 어린 아이들을 제물로 받는 조왕(雕王) 다하이나와 전쟁을 벌
여 그를 제압했지만, 아름다운 딸 지나이루를 미끼로 한 호왕(虎王) 주
지나의 계책에 걸려들어 7층의 문이 있는 지하 궁전의 바닥에 갇힌다.
그때 즈가아루 앞에 나타난 지나이루는 자신이 주지나의 딸이 아니며,
원래는 백해(白海) 용왕의 딸이라고 하면서, 자신이 잡혀오게 된 과정을
설명한다. 그러면서 입에서 야광주를 토해내어 즈가아루의 길을 밝혀주
고, 매로 변한 즈가아루가 지나이루를 업고 탈출한다. 즈가아루는 두
눈에서 복수의 광선을 쏘고, 입에서 복수의 불을 내뿜어 호왕의 궁전을
모조리 태워버린다. 그 후에는 사람의 피와 살을 먹는 요괴 춰쭈아이를
제거하고, 머리에 신모(神帽)를 쓰고 신의(神衣)를 입으며, 손에 신통(神
筒)과 신선(神扇)을 든 비모의 모습으로 제사를 주재한다. 세상을 평정한

---

32) 李子賢 編, 『雲南少數民族神話選』「支格阿龍」(吉木吉哈 講述, 沈伍己 口譯, 蕭崇素 記
錄), 22-33쪽.
33) 阿洛興德 · 洛邊木果 主編, 『支嘎阿魯王』, 38쪽.
34) 阿洛興德 · 洛邊木果 主編, 『支嘎阿魯王』, 112쪽.

후에는 "매의 나라 백성을 이끌고/
대거 남쪽으로 이주했네/ 백학이
따르고 두견이 따랐네/ 넝미라는
곳을 개척하여/ 새로운 성을 재건
했네"35)라고 한다. 쓰촨이나 윈난
지역 판본의 즈거아루가 신적인
성격을 많이 가진 것에 비해 구이
저우 판본에서는 '백성을 이끌고
이주하는' 왕의 모습이 강하게 부
각되고 있다.36)

이처럼 즈거아루의 모험은 대부
분 어머니를 찾아가는 과정에서
일어난다. 하늘에 뜬 여러 개의 해
와 달을 쏘아 떨어뜨리고, 사람을
벼락으로 내려치는 천둥신을 제압
하며, 거위(오리 혹은 수탉)를 만나
화살과 줄을 언어 사람을 해치는
요괴를 제압한다. 그리고 마침내

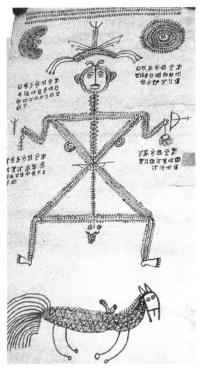

<이족의 사제 비모들의 그림에 등장하는 즈거
아루. 머리에는 투구를, 손에는 활을 들고 있
고, 머리 위에는 해와 달이 있다. 즈거아루의
아래쪽에는 날개 달린 말이 있다.>
(그림 출처. 『神圖與鬼板』(巴莫曲布嫫, 廣西人
民出版社, 2004)에서 인용.)

어머니를 잡아간 요마를 없애고 어머니를 찾는다. 그 과정에는 언제나

─────────

35) 阿洛興德·洛邊木果 主編, 『支嘎阿魯王』, 210쪽.
36) 이런 점은 『彝族源流』에 기록된 「支嘎阿魯源流」에도 명확하게 등장한다. 천신 처
   쥐주(策擧祖)가 하늘과 땅을 정확하게 측량한 즈가아루를 매우 아껴서, "천상의
   봉록과 지상의 조세租稅를 모두 즈가아루가 가질 수 있도록 해주었으며, 천지를
   다스릴 수 있게 해주었다."고 한다. 그래서 마침내 "지상의 천자가 되어, 천신을
   위해 중요한 업무들을 관리했다."라고 묘사하고 있다.(王明貴·王顯 編譯, 王繼超
   審定, 『彝族源流』 第10卷 「支嘎阿魯源流」, 110-111쪽, 民族出版社, 2005)

날개달린 말이 함께 한다. 아홉 겹의 날개를 가진 비마(飛馬)는 즈거아
루와 모험의 전체 과정을 함께 한다.

2.4. 귀환과 죽음

윈난 지역의 『아루쥐러』에서 아루는 마침내 어머니와 상봉하고, 어
머니는 여러 차례에 걸쳐 아들을 시험한다. 아들 아루는 어머니의 시험
과정을 무사히 마쳤고, 두 아내가 있는 덴푸쒀뤄로 돌아온다. 그리고
덴푸쒀뤄 호수를 가운데 두고 양쪽에서 살아가는 두 아내의 집을 오가
며 생활한다. 그러다가 작은 아내가 질투 때문에(혹은 복수심 때문에) 비
마의 날개를 몰래 잘라놓고, 그걸 모른 채 큰 아내를 찾아 말을 타고 날
아가던 아루는 날개가 부러져 힘이 다한 비마와 함께 호수에 빠져 죽음
을 맞이한다. 이야기가 절정에 달했을 때 갑작스럽게 파국으로 끝나는
것이다.

하지만 쓰촨본 『러어터이』에는 즈거아루와 두 아내의 혼인이야기는 등
장하지 않는다. 심지어 어떤 판본에서는 어머니 푸무레이 집안(용족)의 두
자매와 혼인한 즈거아루가 호수의 양쪽에 각각 거주하는 두 여성 사이를
오가면서 행복한 혼인생활을 영위하는 것으로 묘사되기도 한다.[37]

구이저우 지역의 판본에도 즈가아루가 아내에 의해 죽임을 당하는
대목은 나오지 않는다. 오히려 산신왕(용왕) 루이옌의 딸 루스아잉과 사
랑했으나 아잉이 아루를 도와 홍수를 다스리다가 아버지의 간산편(趕山

---

37) 이것은 楊正勇, 何剛의 『中國彝族支格阿龍故事精選』에 나오는 내용으로, 「彝族神話
英雄支格阿魯故事散論」(陳永香楊國才, 『楚雄師範學院學報』 第30卷 第7期, 70-71쪽,
2015.7.)에서 인용했다.

鞭)을 삼키고 죽는다는 대목만 나온다. 구이저우 지역의 판본에는 아루의 죽음에 대한 내용이 나오지 않고 그가 하늘로 갔다고만 묘사하고 있다. 즈가아루가 세상을 평정한 후 사람들을 이끌고 남쪽으로 이주했으며, 문자도 만들었고 '넝미를 통일하는 대업'을 완성했다고 한다. 그런후에 "아루는 하늘로 갔네/ 그의 사적은/ 영원히 사람들 마음속에 남아있네/ 하늘에서 가장 빛나는 별이/ 바로 즈거아루/ 그는 깊은 눈으로/ 자손들을 내려다보고 있네/ 자손들이 늘 발전하기를/ 자손들이 이루어내기를/ 자손들이 번성하기를/ 자손들이 영원히 강하기를/ 그는 자손들에게 당부했네/ 사악한 것을 몰아내고/ 언제나 정의롭기를/ 역사를 잊지 말고/ 조상을 욕되게 하지 말기를/ 게으르면 반드시 굶어죽을 것이고/ 탐욕은 징벌을 부를 것이네/ 아루의 사적/ 후손들에게 전하니/ 아루는 하늘에서/ 자손들의 일거수일투족을 살피고 있네/ 그 빛나는 별들은/ 즈가아루의/ 빛나는 눈이라네."[38]라고 마무리한다. 윈난 지역에서 아루가 여인에 의해 허무하게 죽는 것과 달리, 구이저우 지역에서는 하늘로 돌아가 별이 되어 조상들을 지켜주는 신이 되었다고 서술하고 있다.

3. 이족 영웅 즈거아루의 형상

본장에서는 앞에서 소개한 내용을 바탕으로 즈거아루라는 영웅의 형상이 어떠한 것인지 분석하고, 그것을 통해 즈거아루의 형상이 초원지

---

38) 阿洛興德・洛邊木果 主編, 『支嘎阿魯王』, 219쪽.

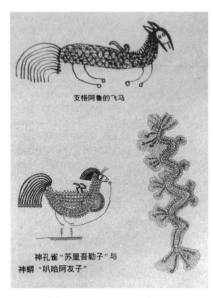

支格阿鲁的飞马

神孔雀 "苏里吾勒子" 与
神蜥 "叭哈阿友子"

<즈거아루를 돕는 조력자들. 위에는 날개달린 말이, 아래에는 신성한 공작과 거대한 뱀이 있다. 즈거아루의 어머니가 '용족'에 속한다는 것을 기억해볼 일이다.>
(그림 출처: 『神圖與鬼板』(巴莫曲布嫫, 廣西人民出版社, 2004)에서 인용.)

역의 특징과 전승되는 현지의 특징을 모두 지니고 있음을 살펴보고자 한다. 매의 혈통을 지녔다든가 예언에 의해 탄생한다는 것, 버려진다는 것, 말과 함께 하는 모험의 과정을 거쳐 귀환한다는 것 등은 초원민족이 전승하는 영웅의 특징과 같지만, 매의 혈통과 더불어 용의 혈통도 지닌다는 것, 아버지의 계보가 아닌 어머니의 계보에 속해있는 존재라는 것, 시험을 통해 혈통을 확인하는 존재가 아버지가 아닌 어머니라는 것, 여성이 조력자의 역할을 한다는 점 등등 현지의 특징도 나타나고 있음을 알 수 있다. 영웅의 형상을 알기 위해서는 내용 소개가 필수적이기에 앞에서 먼저 간략한 내용을 소개했는데, 형상 분석 과정에서 일부 내용이 중첩될 수 있음을 밝혀둔다.

3.1. 매와 용의 혈통을 지닌 신성 영웅

몽골 영웅서사의 주인공 장가르는 두 살 때 흉맹한 망가스에 의해 고향이 노략질 당하고 부모님도 세상을 떠난다. 그에게는 망아지 아란잘 제르테만 남아있다. 세 살 때 출정하여 승리했고, 다섯 살 때 식셰르게

에게 잡혀 포로가 되었을 때 식세르게의 아들인 붉은 홍고르가 도와주
어 살아난다. 이후 홍고르는 장가르의 가장 강력한 조력자가 된다. 일
곱 살 때에는 일곱 개 나라를 정복하여 봄바의 지도자가 된다.[39) 키르
기스 영웅서사의 주인공 마나스의 아버지 자콥은 아들이 없어 고민하다
가 당시 습속대로 아내인 치이르디를 숲으로 보내어 홀로 생활하게 한
다. 어느 날 치이르디가 잠을 자다가 품으로 '매'가 들어오는 꿈을 꾸고
임신을 하게 되는데, 아홉 달 동안 아프다가 진통 끝에 아이를 낳는다.
아이는 한 손에 핏덩어리를 쥐고 태어났으며 손바닥에 마나스라는 이름
이 있었다. 역시 세 살 때 힘이 장사였고 여섯 살 때 어른 같았으며, 아
홉 살에는 이미 산처럼 거대했다. 전쟁터에 나가면 언제나 승리했다.[40)
한편 몽골의 『게세르』에도 게세르의 어머니 아모르질라가 땔감을 주우
러 가다가 상체가 새의 몸이고 하체가 사람의 몸인 '매 같은 것'이 조심
스럽게 걸어가는 모습을 보는 장면이 나온다. 아모르질라가 불러서 물
으니 '매'가 "위에 있는 하늘에서 이제 인간 세상에 현신하여 태어나려고
훌륭한 아낙을 찾아다닌답니다."[41)라고 대답한다. 아모르질라의 몸을
빌려 태어난 게세르가 매의 후손임을 말하고 있는 것이다. 물론 게세르
역시 아기일 때 악마의 까마귀, 악마의 들쥐 등을 없애는 신통력을 보
여준다.[42)

그들과 마찬가지로 즈거아루 역시 어릴 때부터 이미 영웅적이었다.
태어난 지 사흘 만에 말을 했고, 이레 만에 걸었으며, 한 살이 되었을

---

39) 유원수 주해, 『장가르』1, 57-59쪽, 한길사, 2011.
40) 마나스에 관한 내용은 쥐수푸 마마이(居素普瑪依)가 연창한 『瑪納斯』 第1卷(新疆
人民出版社, 2013) 참조.
41) 유원수 옮김, 『게세르 칸』, 45쪽, 사계절, 2007.
42) 유원수 옮김, 『게세르 칸』, 56-57쪽.

(사진: 김선자 촬영)

<쓰촨 량산이족자치주에는 지금도 이러한 이족 전통 칠기를 만드는 장인들이 있다. 오른쪽은 매 발톱 칠기 술잔>

때 이미 아홉 살 된 아이처럼 컸고 활을 당겼다. 두 살 때에는 목동을 따라 대나무 활을 들고 갔으며, 전쟁을 할 때에도 나아갈 바와 물러날 바를 알았고, 활 쏘는 법도 잘 알았다. 너덧 살이 되자 하늘 끝, 땅 끝까지 다녔다. 그런 즈가아루는 치이르디가 매 꿈을 꾸고 마나스를 낳은 것처럼, 또한 아모르질라가 매의 모습을 보고 게세르를 낳은 것처럼, 매의 피에 감응한 어머니에게서 태어났다. 어린 나이에 이미 영웅적 행적을 보여주는 모습이 초원민족들의 영웅과 같은 맥락에 있는 즈거아루는 그의 혈통에 있어서도 초원민족과 흡사한 모습을 보여준다. '매'는 유라시아 초원을 관통하여 만주에 이르기까지, 유목과 수렵민족에게 있어서 천신과 연결되는 신성을 지닌, 가장 중요한 새이다. 즈거아루의 혈통에 '매'가 등장한다는 것은 그가 북방 민족과 혈통상의 연결 지점을 갖는다는 것을 보여주고 있다.

이족에게 있어서 매는 지금도 조상으로 여겨진다. "매는 조상신, 신

매(神鷹)가 자손을 보호하지"라는 말이 있을 정도로 이족에게 매는 조상과 연관된다. 홍하 지역의 이족 문헌인 『페뚸메이니(裴妥梅尼)-쑤모(蘇嫫)(祖神源流)』에는 "망자의 영혼이 신성한 매를 타고, 조상을 따라 가네"43)라고 노래하여 매가 영혼의 길을 안내하는 신성한 새로 여겨지고 있음을 보여준다. 그래서 사람이 죽은 뒤에 그 영혼이 매로 변하면 가장 좋은 것이라고 여긴다. 또한 이족의 비모들은 매가 사악한 것들을 쫓아내는 용맹스런 신조(神鳥)라고 생각한다. 그래서 이족 비모들은 법모(法帽)에 매의 발톱을 매달고, 법장(法杖)에도 매를 새기며, '체커'라고 불리는 비모의 신성한 부채에도 매를 그린다. 쓰촨 량산이족자치주와 윈난성 추슝 지역에서는 매 발톱으로 칠기 술잔을 만든다. 심지어 이족 사람들은 비모를 가리켜 '이족의 매'라고 부르기도 한다. 인명이나 지명에도 '매'라는 의미의 '디' 혹은 '쥐'라는 발음이 많이 들어간다.44) 비모들은 매가 사악한 것을 몰아내는 힘이 있다고 여기기 때문에 매의 후손인 즈거아루를 요괴들을 쫓아내는 역할을 하는 비모들의 수호신으로 삼는다. 량산 이족 지역에서는 특히 즈거아루가 해와 달을 쏘거나 요마를 퇴치하는 장면, 구리로 된 투구를 쓰고 쇠로 된 활을 든 즈거아루가 그의 조력자인 날개 달린 말, 공작 등과 함께 있는 장면을 그림으로 그려 경전에 삽입하기도 한다.45) 아주 오래 전부터 비모와 매가 깊은 관련성을 갖고 있다는 것에 대해『찬문총각(爨文叢刻)』「비모 헌조경(呗耆獻

---

43) 師有福阿者倮濮羅希吾戈 譯注, 雲南省少數民族古籍整理出版規劃辦公室 編,『裴妥梅妮-蘇嫫(祖神源流)』, 30쪽, 雲南民族出版社, 1991.

44) 구체적인 예에 대해서는 張澤洪·楊理解,「彝族神話史詩『支格阿龍』的宗教文化解讀」, 『西南民族大學學報』(人文社會科學版) 2016年 第6期, 54쪽 참조.

45) 자세한 상황은 巴莫曲布嫫,『神圖與鬼板-凉山彝族祝咒文學與宗教繪畫考察』(36-41쪽, 廣西人民出版社, 2004) 참조.

祖經)」에서는 이렇게 묘사하고 있다.

   "경전을 읽는 소리 낭랑한데/ 비모가 제사를 지내네/ 제사를 지낼
때에 희생제물이 없네/ 변화무쌍한 귀신을 잡아 제물로 바치지/ 제사
지내는 모든 행위는/ 홍수를 맑게 하기 위해서야/ 홍수는 뉘리 시대
에 맑아졌지/ 뉘리 시대에 신령스런 비모는 늘 커다란 신성한 매를
데리고 다녔지/ 예보 시대에 신령스런 비모는 매의 머리를 쓰고 다녔
지/ 처스 시대에 신령스런 비모는 은으로 만든 바구니를 갖고 다녔지
/ 커무 시대에 신령스런 비모는 회색 호랑이를 길렀지/ 어무 시대에
신령스런 비모는 큰 매를 길렀지/ 이제 그들에게 제사를 바치네/ 매
는 많기도 해서 사라지지 않고/ 매신(鷹神)은 사방에 퍼져있네/ 매에
게 제사를 지내는 것은/ 매신에게 제사를 바치는 것/ 매의 머리는 비
모의 방패/ 비모는 주문(呪文)의 방패/ 매의 날개는 비모의 날카로운
칼/ 비모는 주문의 칼/ 매의 눈은 비모의 눈을 밝게 해주지/ 비모는
주문의 눈/ 매의 가죽은 비모의 깔개/ 비모는 주문의 깔개/ 매는 매의
말을 하지/ 오늘 제사는 매의 말을 하는 신에게 바치는 것이지."46)

   여기 보이는 '뉘리', '예보', '처스', '커무', '어무'는 이족의 최초의 씨족
들을 의미하니,47) 최초의 비모들이 이미 매와 깊은 관련성을 맺고 있었
음을 알 수 있다.

   이처럼 즈거아루라는 이름의 절반에 초원민족의 기억인 '매'에 관한
정보가 들어있다면, 나머지 절반에는 윈난 토착 민족들이 오래 동안 전
승해온 '용'에 대한 기억이 들어있다. 이족이 이주해 와서 먼저 정착한
지역인 쓰촨 량산이족자치주는 고대에 '월휴강(越嶲羌)'의 거주 지역이었

---

46) 馬學良 主編, 羅國義 審訂, 『爨文叢刻』(下冊) 「唄耄獻祖經」, 1959-1964쪽, 四川民族出
    版社, 1986.
47) 구이저우 지역의 문헌자료에서는 각각 '尼能', '哎哺', '且舍', '考蒙', '鄂莫'라고 한다.

다. 월휴강은 북쪽에서 이주해 내려온 저강 계통 민족이 현지 민족과 합쳐져 형성된 것으로, 그들은 쓰촨 량산 일대와 윈난성 취징(曲靖)을 거쳐 현재 쿤밍의 덴츠 일대에 거주했다. 그 지역에는 저강 계통 민족뿐 아니라 수인(叟人), 복인(濮人)이 거주했는데, 여러 가지 자료들을 통해 볼 때 지금 쓰촨과 윈난 일대에 거주하는 이족은 저강 계통의 민족이 현지의 복인, 수인과 함께 거주하면서 형성된 것으로 보인다. 저강 계통 민족은 대부분 매를 중시한다. 물론 매는 초원민족 뿐 아니라 만주에 거주하는 수렵민족에게도 중요한 새로서, 천신의 사자 혹은 천신의 분신으로 여겨졌다. 그러니까 이주해온 저강 계통 민족(매)과 현지 토착민인 '푸'(복濮)집안의 딸(용)48)이 만나 즈거아루가 태어난 것으로 보는 것이 합리적이다.

윈난성에서도 특히 남부 방언지역에서는 용이 중시된다. 일찍이 『후한서』 「남만서남이열전」에도 애뢰산(哀牢山) 지역에 살던 애뢰이(哀牢夷)의 시조 신화를 기록하고 있는데, 사일(沙壹)이라는 여성이 물에 들어갔다가 나무로 변한 용에 감응하여 아들 열 명을 낳았다고 한다. 용이 모습을 드러내었을 때 아홉 명의 아들은 모두 무서워서 도망쳤지만 막내 아들인 '구륭(九隆)'만이 용을 두려워하지 않았고, 이에 용이 그를 어여삐 여겨 마침내 구륭이 왕이 되었다는 이야기가 전해진다. 이 신화는 지금도 윈난성 남부 지역에 광범위하게 퍼져있다. 애뢰산 지역에 거주했던 '이(夷)'가 지금의 이족의 조상이라고 볼 때49) 그 지역에 거주했던

---

48) 이 점에 대해서는 羅曲가 「"鷹"的隱喩」(『西南民族學院學報』(哲學社會科學版), 1989年 第2期, 51쪽)에서 언급한 바 있다.
49) 앞에서도 말했듯 지금의 이족은 북쪽에서 이주해온 저강 계통 민족이 현지의 수, 복인과 결합하면서 형성된 것으로 보이는데, 여기 언급한 애뢰이의 시조 신화에 등장하는 구륭의 후손이 '남중 곤명인'의 조상이라는 기록도 일찍이 문헌에 등장

주민들에게 일찍부터 용에 대한 신화나 신앙이 중요하게 여겨지고 있었음을 알 수 있다. 이족의 창세서사시『차무(査姆)』에서도 '용왕' 뤄아마, '수왕(水王)' 뤄타지는 인간의 창세 과정에서 중요한 역할을 담당하고 있다.

어떤 학자들은 지금의 다리(大理) 일대를 수백 년간 다스렸던 남조국(南詔國) 왕실도 이족의 조상이라고 하는데, 남조 왕실의 조상인 세노라(細奴邏)가 용의 자손이라고 말한다. 세노라의 어머니인 말리고(茉莉菇)가 용족(龍族)이라는 것이다. 지금도 윈난성의 서부 다리 지역에서 이족의 조상으로 성모 말리고를 숭배하는 습속이 있는 것이 그것 때문이라고 한다.50) 다리의 남조국과 대리국(大理國)은 바이족(白族)의 조상들이 세운 왕조인 것으로 여겨지지만, 남조국의 형성 자체가 얼하이(洱海) 인근에서 거주하던 여러 부락들을 통합하여 이루어진 것이기에 반드시 바이족의 조상만으로 이루어진 것은 아닐 터, 이러한 견해에도 일리는 있다. 샹다(向達)도 남조의 전신인 육조(六詔)는 오만(烏蠻)으로, 이족의 전신인 동찬이나 서찬과는 다른 계통이라고 주장했지만,51) 결국 동찬오만과 육조는 모두 강족 계통의 민족이라고 보았다.52) 설사 남조국이 이족의 왕실이 아니라 바이족의 왕실이라고 해도, 바이족의『창세기』에 역시 용왕이 등장하는 것을 보면 이 지역에 거주하던 민족들에게 용에 대한

했다.("九隆死, 世世相繼, 南中昆明祖之."(『華陽國志』「南中志」))

50) 張純德·龍倮貴·朱據元,『彝族原始宗教研究』, 49쪽, 雲南民族出版社, 2008.

51) 그는 "氐族과 羌族이 岷山山脈 동쪽에서 岷江을 따라 남하하여 雲南 경내로 들어와 兩爨 일파가 된 것으로, 지명의 연혁에 근거하여 그들 이주의 역사를 찾아볼 수 있다. 한편 다른 일파의 저족과 강족이 민산산맥의 서쪽 西康 지역에서 활동하다가 윈난으로 들어와 지금의 大理 주변에 거주하게 되었는데, 그들이 바로 六詔이다."라고 말했다.(向達,『唐代長安與西域文明』, 171쪽)

52) "(西爨)白蠻은 氐族에 속하고, 烏蠻과 六詔는 羌族에 속한다. 南詔는 烏蠻이니 강족이고, 大天興國의 趙氏, 大義寧國의 楊氏, 大理國의 段氏, 大中國의 高氏는 모두 白蠻이니, 저족이다"라고 했다.(向達, 앞의 책, 181쪽)

신앙이 널리 전승되고 있었음은 충분히 추정 가능한 일이다.

특히 윈난성의 남부 지역에서는 용과 관련된 '제룡(祭龍)'이라는 제의를 거행한다. 추슝 이족은 정월 초이튿날, 스핑(石屛) 이족은 봄과 가을에, 위안장(元江) 이족은 정월과 삼월에, 훙허(紅河)와 뤼춘(綠春) 이족은 정월과 삼월에 지낸다. 주로 윈난성 남부 지역에 거주하는 이족에게 전해지고 있는 습속임을 알 수 있다. 이것은 이족을 비롯한 하니족, 먀오족 등 인근 민족들에게도 전승되고 있는데, 여기 등장하는 '용'은 오조룡(五爪龍)으로 대표되는 한족의 용과는 그 형태나 성격이 좀 다르다. 물이 있는 숲(龍樹林)에서 거행되는 이 제사에서 용신은 뱀 꼬리를 가진 자연신의 형상으로 등장하는데, 이러한 용신에게 해마다 농사가 본격적으로 시작되는 음력 2월 초에 한 해의 풍요와 마을의 안녕을 기원하며 마을 단위의 제사를 지내는 것이다.

그런데 '용'에게 지내는 이러한 제사가 그들의 시조인 '즈거아루'에 대한 제사와 결합하는 형태를 보여주기도 한다. 윈난 남부 이족 니쑤인(尼蘇人)에게 전해지는 대표적 제의를 '미가하'라고 하는데, 이것은 그들의 조상인 아뤄(아루)에게 바쳐지는 제사이다. 지금 이 제사는 한자어로 '제룡'이라고 번역되어 알려져 있지만 사실 엄밀하게 말하면 '미가하' 제사의 대상은 용이 아니라 이족의 영웅인 즈거아루였다. 이 지역에 전승되는 '미가하'의 유래에 관한 신화를 보면, 모두가 요괴를 물리친 영웅 즈거아루와 관련되어 있다. 여기서 즈거아루는 쓰촨 지역과 비슷하게 요괴에게서 마을 사람들을 지켜주는 영웅으로 등장한다. 그러니까 '미가하'는 원래 "제룡절과 아무런 상관이 없는"[53] 제의였던 것이다.[54] 하지

---

53) 龍倮貴 · 黃世榮, 『彝族原始宗教初探』, 113쪽, 遠方出版社, 2002.
54) 李金髮 역시 '미가하'나 '더페하'를 '神獸인 龍'에게 바쳐지는 제사라고 해석하는

만 '아루(아뤄)'라는 이름과 발음이 비슷한 '용(중국어 발음은 '룽'이다)'에게
지내는 제사와 결합되는 형태로 변하게 된다. 물론 그것은 즈거아루의
이름 안에 들어있는 '루(용)'와도 관련이 있을 수 있다. 특히 스핑현 사
오충진(哨冲鎮) 수이과충촌(水瓜冲村)의 화야오이족(花腰彝族)에게만 전승
되는 제사인 '더페이하'가 그것을 잘 보여준다. 제사를 지낼 때 사용하
는 경전인 『미가하뉘이(祭猓經)』55)에 의하면, 그들의 조상인 아루(아룽,
즈거아루)가 용의 아들이라는 대목이 나온다. 지금도 일 년에 한 번 거행
되는 제사인 '미가하', 12년에 한번 열리는 제사인 '더페하'에서는 용신
의 성격을 지닌 그들의 조상신이자 마을의 수호신 즈거아루를 기리는
제사를 지낸다.56)

것은 '望文生義'이며, 사실은 이족의 위대한 영웅 즈거아루에게 바쳐지는 제사라
고 봐야한다고 주장했다.(李金髮, 「彝語南部方言區의 支格阿魯崇拜文化」, 『貴州工程應
用技術學院學報』 2016年 第6期 第34卷(總第185期), 23쪽.

55) 중국어로는 '미가하뉘이(咪嘎哈諾依)'라고 표기한다. '미가하'는 '마을의 수호신에
게 제사를 지낸다'는 뜻이고, '뉘이'는 '귀로 듣기에 좋다'라는 뜻이다. 『祭猓經』
이라는 제목으로 『滇南彝族原始宗敎祭辭』(龍猓貴·錢紅 編著, 1-5쪽, 雲南民族出版
社, 2004)에 수록되어 있다. 아득한 옛날, 인간과 귀신이 평화롭게 지내던 태평성
대에 대마왕 아녜(阿孽)가 나타나 생명이 있는 것들을 해치고 사람을 얼어 죽게
만들거나 불타 죽게 만들었다. 지모가 뛰어나고 용감하며 쇳물을 마시고 쇠 옷을
입은 즈거아루가 요괴의 동굴을 찾아가 대大 마왕을 쫓아낸다. 그러나 쫓겨난 대
마왕이 염라대왕에게 거짓말을 하는 바람에, 저승의 병사들이 아뤄(阿猓)의 심장
을 도려내고 사지를 잘라 여기저기 던진다. 잘려진 아뤄(즈거아루)의 몸이 숲이
되었으니 그것이 바로 지금 '미가하' 제사를 지내는 '미가림(咪嘎林)'이라는 내용
이 들어있다.

56) '제룽'과 즈거아루에게 지내는 '미가하'와 '더페이하'의 구체적 과정, 즈거아루와
관련된 신화 내용 등에 대해서는 김선자, 「중국 서남부 지역 강족羌族 계통 소수
민족의 용龍 신화와 제의에 관한 연구」(『중국어문학논집』 제95호, 2015.12) 참조.

3.2. 예언과 탄생, 버려짐

3.2.1. 예언에 의해 탄생한 어린 영웅

영웅이 태어나기 전, 혹은 태어난 후에는 종종 그가 위대한 영웅이 될 것이라는 예언의 말이 등장한다. 장가르의 경우에도 망가스 때문에 고아가 되었던 장가르가 다섯 살 때에 식셰게르에게 포로로 잡혀간다. 식셰게르는 장가르를 살피다가 "이 해 아래 있는 중생을 지배할 영예로운 큰 운명을 지닌 사람이 될 것"이라고 예언하며 장가르를 죽이려 한다. 그러나 장가르와 동갑인 자신의 다섯 살짜리 아들 올란 홍고르가 장가르 위에 쓰러져 장가르의 입에 독을 닿게 할 수가 없었다.57) 마나스의 경우에도 점복서에 "키르기스에서 마나스가 탄생할 것이다"라는 글자가 보였다고 한다.58) 그리고 그가 칼미크를 쫓아내고 그 일대를 통일할 것이라고 예언한다. 즈거아루의 경우에도 비모들이 그의 탄생을 예언하고 그가 '신인(神人)'이 될 것임을 예언하는 대목들이 보인다. 불교적 요소가 많이 들어간 몽골의 『게세르』에도 도입부에 "석가모니 부처님께서 열반하시기 전에, 코르모스타 하늘님이 참배를 드리러 갔다. 참배를 올리자 부처님께서 코르모스타 하늘님에게 특별히 당부하셨다."59)라고 하면서 5백 년 뒤에 세상이 혼돈에 빠지게 되는데, 코르모스타의 세 아들 중 하나를 인간 세상에 내려 보내어 그를 인간 세상의 왕이 되게 하라는 예언을 한다. 그 후 마침내 인간세상이 혼란에 빠졌을 때 사람과 동물 모두가 모여 회의를 했는데, 흰 하늘여신이 주관하는 회의에서 세 명의 인물들이 점을 치면서 예언을 하는 대목이 나온다.

---

57) 유원수 주해, 『장가르』1, 75쪽.
58) 居素普瑪瑪依 演唱, 『瑪納斯』第1卷, 35쪽, 新疆人民出版社, 2013.
59) 유원수 옮김, 『게세르 칸』, 31-32쪽, 사계절, 2007.

"가루다 새의 머리에, 황금빛 노란 갈기 머리털"을 갖고 있으며 "상체는 사람의 몸과 같고, 하체는 용왕들인 뱀의 몸과 같은" 60)영웅이 태어날 것이라고 예언하는 것이다. 이처럼 장가르와 마나스, 게세르 모두가 예언에 의해 태어나는 형태를 보여주고 있다.

쓰촨 지역의 『러어터이』에서는 비모의 제자 샤샤가 '금피서(金皮書)'를 꺼내어 경전을 들추면서 상서로운 징조인지 불길한 징조인지 찾아보는 대목이 나오고, 마침내 '대길조(大吉兆)'라는 것을 안 다음에 노란 암닭을 제물로 바치고 '쩌궈' 나뭇가지를 들고 생육경(生育經)을 낭송하며 '대신인(大神人)'이 태어날 것이라고 예언한다.61) 이러한 상면늘은 스서아투라는 '신인'이 이족의 사제인 비모들의 수호신이 된 연유를 설명해준다.

윈난 지역 아루쥐러(즈거아루)의 경우, 비모가 부모나이르에게 당신이 낳은 아이가 왕이라는 점괘를 내놓자 부모나이르는 이미 아이를 버렸다고 말한다. 점을 친 후 부모나이르가 찾아가보니 아이는 용담(龍潭) 가에서 쿨쿨 자고 있었고, 부모나이르는 아이를 다시 데려와 기른다. 그러나 "먹지도 마시지도 않고/ 옷을 입히면 우네/ 하루가 지나가니/ 어머니 젖을 먹지 않고/ 사흘이 지나가도/ 여전히/ 먹지 않고/ 옷을 입히면 울었네/ 아흐레가 지나갔지만/ 아루는 여전히 젖을 먹지 않네/ 옷을 입히면 마구 우네/ 부모나이르/ 마음이 조급해졌네/ 내가 정말 이상한 아들을 낳았구나."62) 그래서 나무와 돌, 멧비둘기에게 맡겨봤지만 여전히 젖도 안 먹고 잠도 안자고 옷도 입지 않으니, 결국 수매를 찾아가 아루를 맡긴다. 그리고 이제 아명이 아니라 '아루쥐러'라 불리게 된다.63)

---

60) 유원수 옮김, 『게세르 칸』, 39-41쪽.
61) 馮元蔚 譯, 『勒俄特伊』, 51쪽.
62) 楊甫旺・洛邊木果 主編, 『阿魯擧熱』, 23-24쪽.
63) 楊甫旺・洛邊木果 主編, 『阿魯擧熱』, 27-28쪽.

한편 여기서 즈거아루가 계속 울었다는 대목에 주목할 필요가 있다. 바이칼의 게세르도 태어나자마자 계속 땅이 울릴 정도로 울어대면서 집 안을 난장판으로 만들어 어머니에 의해 버려진다.

3.2.2. 어머니를 거부하여 버려지다

이족 신화에서 어머니가 즈거아루를 내다버린 이유는 이상한 생김새 때문이 아니었다. 알을 낳았다거나, 둥그런 살덩어리 같은 것을 낳았기 때문이 아니라 그 행동이 괴이했기 때문이었다. 바이칼의 게세르 역시 태어나자마자 집 안팎의 나무들을 다 뽑아버리고 집안을 엉망으로 만들어놓는 괴이한 행동들을 했다. 어머니 나란 고혼은 남편을 시켜 아이를 데리고 산으로 가서 산 중턱에 놓아두고, 아이가 지쳐서 잠이 들면 데리고 오라고 말한다. 큰 소리로 계속 울고 집안을 엉망으로 만들어버리는 행동 때문에 어머니가 산에 내다버리라고 한 것이다. 하지만 버려진 게세르는 울음을 그치고 말총으로 올가미를 만들어 거기에 걸려든 거대한 쥐와 말벌, 모기의 크기를 줄여버린다. 한 살 쯤 되었을 때에는 요람에서 혼자 일어나 어린 망아지를 타고 먼 길을 떠나 사악한 영들을 호수 속에 가두어놓고 돌아오곤 한다.64) 어린 나이에 이미 영웅적 행동들을 보여주고 있는 것이다.

그런데 즈거아루는 어머니를 거부했다. 위구르족의 영웅서사시에 등장하는 오구즈 칸 역시 태어난 후 어머니의 초유를 단 한 번 먹더니 그 다음부터 어머니의 젖을 먹지 않았고, 날고기와 술만 먹었으며, 금방 성장하여 40일이 지나자 걸을 줄 알게 되었다.65) 오구즈 칸이 초유(初

---

64) 일리야 N. 마다손 채록, 양민종 옮김, 『바이칼의 게세르 신화』, 90-103쪽, 솔, 2008.

乳)만 먹고 어머니의 젖을 거부했던 것처럼, 어린 나이에 이미 용사가된 즈거아루도 어머니의 젖을 거부한다. 그것은 어머니의 권위에 대한도전처럼 보인다. 초원 지역 영웅서사의 경우 괴이한 행동을 하여 어머니에 의해 버려지는 것이 영웅을 강하게 만드는 계기가 되기도 하지만, 오구즈 칸이나 즈거아루처럼 어머니의 젖을 거부한다는 것은 모계의 계보에서 부계의 계보로 넘어가는 과도기의 상징으로 볼 수 있다.66)

그리하여 어머니에 의해 버려진 즈거아루는 윈난 지역 판본에서처럼아버지에게 가서 성장한다. 하지만 쓰촨에서는 어머니의 종족인 용에의해 키워진다. 지금도 량산 이족 지역에는 "어머니가 위대하다"거나"살아있는 때에는 남자가 위대하지만, 죽은 후에는 여인이 위대하다"67)는 속담이 있다. 쓰촨 지역 판본에서는 어머니의 종족인 용에 의해 키워지고, 윈난 지역 판본에서는 버려진 후 아버지에 의해 키워지지만 결국 즈거아루는 다시 어머니에게로 돌아온다. 쓰촨 지역의 서사시『즈거아룽(支格阿龍)』에서는 어머니에 의해 버려진 영웅이 요괴에게 잡혀간어머니를 구해내면서 영웅으로 성장해가지만, 그 과정에서 어머니와 분리되는 영웅의 행적을 보여줄 뿐 아니라 어머니인 '푸모니이' 역시 수동적인 모습으로 묘사되곤 한다.68) 이런 점에서 볼 때 이 모티프는 모계

---

65) 楊亮才・陶立璠・鄧敏文 著,『中國少數民族文學』「維吾爾族的烏古斯汗」, 71쪽, 人民出版社, 1985.

66) 賀源도 어머니에 의해 버려진 즈거아루가 아버지에 의해 받아들여져 양육된다는것은 모계에서 부계로 넘어가는 흔적을 보여주고 있다고 했다. 하지만 나중에 즈거아루가 다시 어머니에게로 돌아온다는 점으로 볼 때 아직은 父權의 위치가 공고하지 못했다는 것을 보여준다고 말한 바 있다.(賀源,「彝族的太陽英雄」,『畢節學院學報』2013年 第11期 第31卷(總第160期), 26쪽.

67) 賀源, 앞의 논문, 26쪽.

68) 譚婷은 쓰촨에서 출판된『支格阿龍』에서는 "영웅적 남성 형상을 만들기 위하여의도적으로 여성의 능력과 지위를 낮췄다."라고까지 말하고 있다.(譚婷,「從史詩

에서 부계로 변화하는 과도기적 상황을 반영한 것으로 보이지만 아직 완벽한 부계사회로 진입하지는 못했음을 보여주는 흔적들이 곳곳에 등장한다.

3.2.3. 베를 짜는 어머니

윈난 지역 저강 계통 민족 영웅서사에 등장하는 어머니의 경우, 대부분 베를 짜고 있다. 푸무레이 역시 베를 짜다가 매에 감응했고, 푸미족의 영웅 즈싸자부의 어머니 역시 옷감을 짜고 있다. 옷감을 짠다는 것은 어머니가 속한 집단이 유목이 아닌 농경을 했다는 것을 보여주고 있는 것이라고 읽어낼 수 있겠다. 그러니까 '매'로 대표되는 유목집단과 '용'으로 대표되는 농경 집단이 결합한 것이라고 볼 수 있는 것이다. 어머니에 속하는 집단이 물이나 '루'(용)와 관련된다는 점에서 그러하고, 용이 강조되는 지역이 윈난 중에서도 남부, 즉 농사가 더 중시되는 지역이라는 점에서 더욱 그러하다. 그러나 신화적 상징성이라는 측면에서 본다면 '직조하는' 푸무레이는 생명을 탄생시키는 여신을 의미한다. 그것은 단순히 '전통적인 여성의 미덕'을 보여주는 장면이 아니다. 거미가 허공에 거미줄을 짜듯, 직조하는 여성이란 생명을 만들어내는 창세여신의 신성을 보여준다.[69]

즈거아루나 즈싸자부의 이야기에 아버지가 아닌 어머니를 찾아가는 이야기가 등장하는 것, 아들의 영웅적 능력을 시험하거나 지혜를 주어

『支格阿龍』看彝族女性的社會地位」, 『內蒙古民族大學學報』(社會科學版) 第42卷 第1期, 64쪽, 2016.1.)

69) 대표적인 것이 구이저우성 둥족(侗族)의 거미여신 싸텐바(薩天巴)이다.(김선자, 『중국소수민족신화기행』(73-77쪽, 안티쿠스) 참조)

요괴를 물리치게 하는 존재 역시 아버지가 아니라 어머니라는 점 등을 통해 볼 때 윈난 지역에 전승되는 영웅서사에는 모계사회와 독립적 창세여신의 오래된 흔적이 남아있다. 그것은 대부분의 즈거아루 판본 도입부에 어머니의 계보가 등장하는 것에서도 알 수 있다.

3.3. 말과 함께 하는 모험

3.3.1. 날개달린 말과 영웅

초원민족의 영웅서사에서 말의 중요성은 다시 언급할 필요도 없을 정도이다. 스타인(石泰安)은 티베트의 영웅서사시『게세르』에 대해 소개한 책에서 영웅의 특징에 관해 언급하면서 말과 영웅의 생김새나 성격상의 특징에 대해 설명하고 있다. 특히 말에 대해서는 영웅과 같은 혈통, 영웅과 비슷한 운명, 새의 특징을 가진 말(飛馬)[70], 지혜로움, 태어날 때 못생긴 모습 등을 꼽고 있는데, 즈거아루의 경우에도 날개 달린 말 스무두덴은 즈거아루와 운명을 같이 하여 함께 호수에 빠져 죽으며, 요괴를 물리칠 때에도 요괴의 약점 등을 즈거아루에게 알려주는 지혜로운 특징을 보여준다.

이족과 같은 저강 계통 민족에 속하는 푸미족에게도「즈싸자부(支薩甲布)」라는 영웅서사가 전승되는데, 여기에서도 말의 역할이 매우 중요하다. 요괴가 횡행하던 시절에 활 잘 쏘는 사냥꾼 즈싸가 사람 잡아먹는 괴물을 잡으러 갔다가 괴물의 뿔에 찔러 죽고, 즈싸의 아내 나무는 마

---

70) "토번, 인도에서부터 중앙아시아에 이르기까지 튀르크인에게 있어서 훌륭한 말들은 날아가는 새로 여겨진다. 그래서 늘 날개가 있는 것으로 묘사된다."(石泰安 著, 耿昇 譯, 陳慶英 校訂, 西藏史詩和說唱藝人, 585쪽, 中國藏學出版社, 2012)

왕에게 잡혀간다. 즈싸와 나무의 아들인 즈싸자부는 자신을 길러준 어머니에게서 이러한 이야기를 듣고 어머니를 찾아 떠난다. 아버지가 죽은 후 호수로 날아간 천마(天馬)를 불러낸 즈싸자부는 활과 독화살을 들고 마왕을 찾아 가는데, 말의 능력치가 아직 모자라서 패배하고 돌아온다. 그러나 즈싸자부는 열심히 천마를 훈련시켜 마침내 바람처럼 달리는 천마를 타고 가서 마왕을 없앤다.[71] 즈거아루 계열에 속하는 푸미족 서사시의 영웅 즈싸자부가 모험의 과정을 성공적으로 마치는데 있어서 천마는 둘도 없는 조력자의 역할을 해낸다. 이러한 구도는 초원민족의 영웅서사에 자주 등장하는 것으로서, 우즈베키스탄의 영웅서사인『알파미시』에도 흡사한 내용이 보인다.

3.3.2. 어머니의 시험-머리카락 찾기

즈거아루는 어머니를 찾아가는 과정에서 여러 가지 모험을 하는데, 어머니를 만난 후에 어머니가 아들을 시험하는 대목이 나온다. 물속에 들어가서 긴 머리카락을 찾아오라는 것인데, 그것을 찾으러 갔다가 두 아내를 만나기도 한다. 몇 가지 버전에서 '긴 머리카락'이 어머니의 시험을 통과하는 중요한 과정으로 등장한다. 이것과 비슷한 '검은 줄'이 티베트 게세르서사시에도 등장한다. 주술적 힘을 의미하는 것으로 '아홉 가지로 짠 줄(혹은 허리띠), 말꼬리로 짠 여섯 개의 매듭이 달린 신발 끈'이 나온다.[72] 요괴를 없애는 주술적 힘이 신발 끈이나 허리띠에서 나온다는 것인데, '검은 실로 짠 아홉 마디 허리띠와 여섯 마디 매듭이

---

71) 雲南少數民族古典史詩全集 編纂委員會 編,『雲南少數民族古典史詩全集』(下卷), 624-629쪽, 雲南教育出版社, 2009.
72) 石泰安, 앞의 책, 602쪽.

있는 말꼬리'가 바로 그것이다.[73] 1970년대에 채록된 판본에서는 거위
의 도움으로 얻게 된 '매 모양의 모자(羅鍋帽)' 속의 '구십구나장(九十九拿
丈)'의 머리카락으로 등장한다. 여성이 쓰는 모자 속에 들어있는 이 긴
머리카락이 바로 '신성한 줄'이 되는 것이다.[74] 이 머리카락은 나중에
해와 달을 쏘는 활을 만들 때 활시위로 쓰이기도 하고,[75] 어떤 판본에
서는 '태워서 먹으면 병을 낫게 하는'[76] 힘을 갖고 있는 것으로 등장하
기도 한다. 그것은 재앙을 제거하는 주술적 능력이 있는 '줄'인 것이다.
이처럼 신화 속에 등장하는 '줄'이라든가 '실'이라는 것은 만주와 윈난
지역을 막론하고 여성, 특히 자궁이나 탯줄과 깊은 관련성을 지닌다.[77]
어머니가 자신의 자식임을 확인하는 과정에서 '긴 머리카락'을 찾아오라
고 하는 행위가 분명 어머니의 주술적 힘과 관련되어 있는 것임을 추측
해볼 수 있다.

3.3.3 여성의 지혜로움

한편 이족의 서사시 「스얼어터(石爾俄特)」에는 흥미로운 대목이 나온
다. 아득한 옛날, 1대부터 8대에 이르도록 '아버지를 알 수 없었기에',
스얼어터가 아버지를 찾아가는 내용이 나온다. 스얼어터가 아버지를 찾

---

73) 石泰安, 앞의 책, 605쪽.
74) 肖開亮 唱, 黑朝亮 翻譯, 祁樹森·李世忠·毛中祥 記錄, 「阿魯擧熱」, 45쪽.
75) 앞의 책, 46쪽.
76) 楊正勇, 何剛이 主編한『中國彝族支格阿龍故事精選』에서는 푸무레이가 자신 때문에
   장가를 가지 않는 아들 즈거아루를 흑과 백의 경계에 있는 호수 밑에 사는 자신
   의 집안 두 자매에게 보내려 한다. 즈거아루를 떠나보내기 위해 자기가 병에 걸
   렸다고 거짓말을 하며 '九排九卡' 머리카락을 구해오라고 하는 대목이 나온다. 그
   머리타락을 태워 연기를 코로 들이마시면 병이 나을 것이라고 한 것이다.
77) 이 점에 대해서는 김선자, 「만주족 의례에 나타난 자손줄[子孫繩]과 여신, 그리고
   "탯줄상징"」(『중국어문학논집』 제86호, 2014.6.) 참조.

아 가다가, 길에서 베를 짜고 있는 츠니스써라는 여성을 만나게 된다. 츠니스써가 여러 가지 수수께끼를 내면서 스얼어터를 시험하는데, 답을 맞히면 아버지 찾아가는 방법을 알려주겠다고 한다. 하지만 스얼어터는 답을 알지 못했고, 결국 세 방울 눈물을 흘리며 여동생 스얼어뤄에게 가서 그 말을 전한다. 이에 여동생이 답을 알려주었고, 스얼어터는 답을 즈니스써에게 말한다. 이후 츠니스써는 "돌아가서 짝을 찾아 혼인해서, 아들을 낳으면 아버지를 보게 될 것"이라고 말한다. 우여곡절 끝에 스얼어터는 츠니스써와 혼인하여 세 아들을 낳았고, 스얼어터는 마침내 스스로 '아버지'가 된다.[78] 부계사회의 시작에 대한 메시지를 담고 있는 이 신화는 두 여인의 총명함과 지혜로움에 대해 말하고 있다. 어머니나 아내, 여동생이 총명하고 지혜로우며, 그녀들이 자신들의 아들이나 남편, 오빠를 시험하거나 도와주는 장면들이 곳곳에 등장한다. 기이하게 태어난 아들을 버려서 강인하게 만드는 것도 여성이다.

즈거아루의 '아버지'는 매의 형태로 잠시 등장할 뿐이며, 설사 아버지인 신성한 매에게 가서 성장하는 경우에도 구체적 내용은 등장하지 않는다. 즈거아루가 제압하는 요괴들도 대부분 여성으로 나타나며, 그 요괴에게는 남편이 아닌 아들들만 있을 뿐이다. 영웅의 어머니, 아들들을 거느린 요괴들이 모두 강력한 힘을 가진 존재들로 등장할 뿐, 강력한 권력을 가진 아버지, 남편의 존재는 거의 보이지 않는다. 쓰촨 지역의 『즈거아룽』에서는 즈거아루가 평범한 여성인 아가디뭐와 지혜를 겨루는 장면이 나오는데, 언제나 패배하는 것은 즈거아루이다. 그래서 즈거아루가 여성이 너무 총명해지는 것을 막기 위해 무거운 주름치마인 백습

군(百褶裙)을 입게 했다는 이야기도 등장한다.[79] 물론 이런 모티프가 소개된 판본은 2008년에 출판된 것이기에 이 모티프가 원래부터 있었던 것인지는 알 수 없다. 하지만 이족을 비롯하여 윈난 지역의 저강 계통 민족이 전승하는 거의 대부분의 서사시에서 지혜와 문자를 주관하는 신이 여신으로 등장하는 것을 보면, 즈거아루가 여성과 지혜 겨루기를 하여 매번 패했다는 것은 원래부터 존재했던 모티프일 가능성이 크다.

3.3.4. 생명을 함부로 죽이지 않는 영웅

즈거아루는 모험의 과정에서 해와 달을 쏘아 떨어뜨리고, 요괴와 천둥신을 제압하며, 해충의 크기를 줄인다. 특이한 점은 이러한 모험의 과정에서 즈거아루가 생명을 가진 존재들을 죽여 없애는 경우는 거의 보이지 않는다는 점이다. 이족 현지를 다스리던 '토사土司'와의 대립을 표현한 것으로 보이는 『아루쥐러』의 르무 이야기를 제외하면 대부분의 모험의 과정에서 즈거아루는 상대방을 제압하는 것에 그친다. 즉 즈거아루의 영웅적 모험의 과정은 장가르나 게세르 등과는 좀 다르다. 대규모 군대를 이끌고 전장을 휘젓는 것이 아니라 주로 사람들을 괴롭히는 요괴들을 제압한다. 크기가 너무 커서 사람들을 괴롭히는 구렁이나 모기, 파리 등도 줄여서 작게 만들 뿐,[80] 함부로 죽이지 않는다. 사람을 내려치는 천둥신도 혼을 내주어 다시는 그러지 않고 나무를 내려치겠다

---

79) 譚婷, 앞의 논문, 67쪽에서 인용함.
80) "즈거아루, 어느 날 뱀을 때렸네, 뱀을 때려서 손가락 굵기 정도로 만들어, 흙더미 아래 눌러놓았네. 어느 날엔 청개구리를 때렸네. 청개구리를 때려 손바닥 정도 크기로 만들어, 흙더미 아래 눌러놓았네. 파리 날개를 두드려 접어, 드넓은 들판에 눌러놓았네. 개미 허리를 잘라 진흙 속에 묻어놓았네. 메뚜기 다리를 구부려, 풀숲 속에 가둬두었네"(馮元蔚 譯, 『勒俄特依』).

는 약속을 받아내며, 사람을 잡아먹는 식인요괴 역시 혼내주어 다시는 잡아먹지 않겠다는 약속을 받아낸다. 그러니까 '악'으로 묘사되는 존재들이라고 해도 함부로 죽이지 않는 것이다. 해와 달을 쏘는 행위 역시 고통을 당하는 사람을 살리기 위해서이다. 이것은 동북아 지역의 활쏘기 영웅이 사람을 죽이고 제압하는 활쏘기가 아니라 사람을 살리는 활쏘기를 하는 것과 같은 맥락에 있다.[81] 그러니까 쓰촨과 윈난 지역 판본의 경우, 즈거아루는 '국가'나 '왕'의 권위를 가진 전쟁영웅이라기보다는 천둥신을 제압하고 인간을 괴롭히는 요괴를 제거하며 여러 개 떠오른 해와 달을 쏘아 떨어뜨리는 등, 인간을 재앙에서 구해주는 '재난영웅'의 성격을 지니고 있는 것이다.

3.4. 귀환과 죽음

쓰촨 지역의 『러어터이』에는 즈거아루의 죽음에 대한 내용이 보이지 않고 구이저우 판본에는 하늘로 돌아간다고 나오는데, 윈난 지역의 『아루쥐러』에서는 즈거아루가 아내에 의해 죽게 된다고 묘사하고 있다. 반인반신의 성격을 지닌 즈거아루가 기나긴 모험의 과정을 끝내고 두 아내에게 돌아오는데, 아내들 중의 한 명에 의해 갑작스런 죽음을 맞이하게 된다. 두 아내가 질투하여 사랑을 다투다가 즈거아루를 큰 아내에게 보내고 싶지 않았던 작은 아내가 즈거아루 비마의 날개를 미리 잘라두는 바람에 말에서 떨어져 호수에 빠져 죽었다고 한다. 모험의 과정을

---

81) 동아시아 활쏘기 신화에 등장하는 영웅의 성격에 대해서는 김선자, 「중국 소수민족 활쏘기 신화와 의례를 통해서 본 '샤먼영웅'」(이평래 등, 『동북아 활쏘기 신화와 중화주의 신화 비판』, 동북아역사재단, 2010) 참조

무사히 끝내고 귀환하는 과정에서 급작스런 파국이 온 것인데, 그것은 예상치 못한 터라 허무함과 비장미를 더해준다.

그러나 1970년대에 채록된 「아루쥐러」에서는 원래 르무의 아내였던 작은 아내가 르무의 원수를 갚기 위해 어머니를 찾아 멀리 떠나는 아루쥐러 말의 날개 세 겹을 잘라냈다고 한다.[82] 아루쥐러는 죽는 순간에 그 사실을 깨닫고 하늘에 날아오는 매들에게 "나는 매의 아들/ 나는 매의 후손/ 여인의 계책에 빠져/ 나는 이제 호수에 빠져/ 용이 나를 삼키려 한다/ 나를 위해 복수해다오."라고 말한다. 즈거아루는 결국 죽어가지만 매와 용의 승부는 끝나지 않는다. 이 부분을 여인들끼리의 질투 때문이라고 서술한 것은 후대의 시각이 들어간 것으로 보인다. 특히 쓰촨 지역의 『즈거아룽(支格阿龍)』(2008)에 의하면 즈거아루의 두 아내(紅綠仙子)는 어머니가 찾아오라고 한 머리카락을 찾기 위해 물 속에 들어갔다가 만난 '아름다운' 여인들인데, 그들은 즈거아루의 사촌 여동생들이었다. 이 장면에서 사촌누이들이 자신들을 "버리지 말고 거두어 달라"고 말하는 대목이 나오는데, 이런 장면은 다른 판본에서는 보이지 않는다. '선자仙子'라는 호칭만큼이나 후대의 인식이 개입된 것이고, 특히 '아름다운' 여인이 '질투' 때문에 '남편'을 해친다는 점에서 여성을 유혹자이며 남성을 해치는 존재로 인식했던 부권제 시대의 맥락이 반영되어 있다고 볼 수 있다.

물론 두 아내와의 혼인에 관한 이야기가 소위 '처자매혼(妻姊妹婚)'을 반영한 것인지, 아니면 지금도 윈난 일부 지역에 남아있는 '주혼(走婚)'의 반영인지 확실히 알 수는 없지만, 분명한 것은 이러한 혼인이 즈거

---

82) 肖開亮 唱, 黑朝亮 翻譯, 祁樹森・李世忠・毛中祥 記錄, 「阿魯擧熱」, 48쪽.

아루의 어머니인 푸무레이가 매의 피에 감응하여 즈거아루를 낳았던 때
와는 달라진 시대를 반영하고 있는 것은 분명하다.[83] 한족의 문헌 자료
에서도 순(舜)의 두 아내 이야기 뒤에 이어지는 우(禹)의 아들 계(啓)의
탄생에 관한 기이한 전설이 혼인형태의 변화와 부계제의 시작에 관한
정보를 담고 있다는 측면에서 보면 더욱 그러하다. 특히 즈거아루의 이
야기가 대부분 비모들의 경전을 통해 전승되었고, 비모는 남성의 계보
를 통해 이어진다는 점에 주의할 필요가 있다.

4. 나오는 말

이상으로 이족 영웅서사의 주인공인 즈거아루에 관한 신화를 소개하
고 그 특징을 개략적으로 살펴보았다. 즈거아루의 형상에는 초원민족들
의 영웅서사에 등장하는 중요한 특징들이 공통적으로 나타나는 한편 중
국 소수민족 지역 신화에 많이 나타나는 샤먼영웅의 특징 역시 나타나
는 것을 알 수 있다. 초원 영웅서사와 비슷한 점들은 이족이 북쪽에서
부터 쓰촨, 윈난을 거쳐 이주해온 민족이라는 것과 관련이 있다. 초원
영웅서사와 비슷한 점들은 그들이 이주의 과정에서 가져온 것으로 볼
수 있으며, 여성의 계보가 강조된다든가 용에 관한 신화들이 두드러지
게 나타난다는 것 등은 현지와의 결합 과정에서 나타난 것으로 보인다.

---

83) 趙婧 역시 이족의 『즈거아룽(支格阿龍)』 계열의 신화들이 모계사회의 쇠락을 명확
    하게 보여주고 있다고 말한 바 있다. 그는 즈거아루의 이야기가 반영하고 있는
    시대는 '모계사회 말기'라고 했다.(趙婧, 「從異族"支格阿龍"系列神話看母系社會的衰
    落」, 『昆明學院學報』 2013年 第1-2期, 116쪽.)

그러니까 쓰촨에서 윈난, 구이저우로 내려올수록 초원민족 영웅서사에
나타나는 특징들(매) 이외에 현지 영웅서사의 특징(용)이 현저하게 반영
되는 것이다.

또한 이족이 초기에 정착한 쓰촨 지역에서 즈거아루의 신화적 인물
로서의 형상이 두드러지게 나타난다면, 윈난 지역에서는 조금씩 현실적
인물로 변화하고, 구이저우 지역의 전승에 이르면 역사적 인물로서 자
리매김 되는 경향을 보여준다. 쓰촨 지역에 전승되는 즈거아루 신화가
주로 비모의 경전에 전승되었다는 것, 비모 경전에 들어있는 내용이 요
괴들을 물리치는 장면이 많다는 것에서 즈거아루가 신적인 성격을 많이
지닌다는 점을 알 수 있다. 즉 쓰촨 지역에서는 해를 쏘고 비를 내리게
하며 요괴나 천둥신과의 대립구도가 두드러지게 나타나는데 비해 윈난
지역에서는 부자 르무가 등장하여 현실적인 모습을 보여주고 있는 것이
다. 여기서 르무는 이족 사회를 지배했던 권력자 즉 후대의 '토사(土司)'
를 가리키는 것으로 볼 수 있으니, 후대의 요소가 들어간 것이라고 하
겠다. 특히 '한족 형님'이 나타난다는 점이 더욱 그러하다. 하지만 즈거
아루가 르무를 제압하는 과정에서 거위의 도움으로 얻게 된 신성한 줄
과 신성한 화살 등은 원래부터 전승되어온 모티프로 볼 수 있다. 한편
구이저우 지역에 전승되는 즈거아루 신화는 일찍부터 이족 관련 역사서
나 족보, 천문 역법 관련 서적 등에 풍부하게 기록되어 있기에 문학적
수식이 많아지며, 즈거아루의 형상 역시 역사적 인물로 등장하는 경향
성이 두드러진다. 이러한 현상은 이족의 이주 경로와 맞물려 즈거아루
의 형상이 변화해온 과정을 추적해볼 수 있게 해준다.

특히 초원지역의 영웅서사가 설창예인(說唱藝人)(장가르치, 마나스치)들
에 의해 불리면서 내용이 풍성해졌던 것과 달리 이족 지역에서 즈거아

루는 제의와 맞물린다. 위안머우(元謀)나 융런(永仁) 등 샤오량산(小涼山) 지역의 이족은 노인들이 돌아가시면 비모를 청하여 돌아가신 분을 둘러 싸고 즈거아루의 내력을 노래하는데, 이때 비모는 손에 큰 칼을 들고 술을 입에 머금고 뿜어내며 칼춤을 추어 신비로운 분위기를 자아낸 다.[84] 이들에게 있어서 즈거아루는 그들의 영웅적 조상이기에, 돌아가 신 분이 조상들의 땅으로 돌아가는 장례에서 즈거아루에 관한 노래를 부르는 것이다. 이것은 즈거아루 신화가 오락적 기능보다는 제의적 목 적을 가진 것이었음을 보여준다.

일찍이 1980년대에 『서남이지』에 묘사된 즈거아루의 내용을 분석한 학자들은 이족의 즈거아루는 '영웅서사시'가 아니라 '영웅서사시의 초기 단계'라고 말한 바 있다. 이러한 견해가 당시 즈거아루의 다양한 판본에 대한 자료가 없었기 때문이라고 설명한 왕밍구이(王明貴)와 리핑판(李平 凡)은 이족의 영웅 즈거아루의 '성장사(成長史)'에 대해 언급하면서, 즈거 아루라는 영웅이 쓰촨과 윈난, 구이저우 지역에서 어떻게 '왕(王)'으로 '성장'해왔는가에 대해 설명한 바 있다.[85] 그러나 영웅이 반드시 '왕'이 되어야만 하는 것은 아니다. '영웅'이 부락을 통합한 왕, 군대를 거느린 지도자라야 한다는 것은 우리가 갖고 있는 '영웅'에 대한 선입견이다. 한 민족에게 있어서 '영웅'이 어떤 형상을 갖고 있는가 하는 것은 그 지 역, 그 민족에게 전승되어온 영웅서사의 내용을 정밀하게 분석한 뒤에 결론을 내릴 수 있는 것이다. 영웅은 굳이 '왕'이 아니어도, 수평적 사회 의 '수장首長'으로서도 충분히 완성된 존재가 될 수 있다. 영웅의 '성장'

---

84) 楊甫旺, 「彝族英雄史詩『阿魯擧熱』槪論」, 『楚雄師範學院學報』 第28卷 第7期, 68쪽, 2013.7.
85) 王明貴・李平凡, 「彝族英雄神王支嘎阿魯"成長"史(上)」, 『烏蒙論壇』 2008年 第1期, 61쪽.

은 '왕'의 권력 여부로 완성되는 것이 아니기 때문이며, 거대한 전쟁 서
사가 등장해야만 영웅이라고 말할 수 있는 것은 아니기 때문이다. 구이
저우 지역에 전해지는 즈거아루 이야기를『즈가아루왕』이라는 제목의
책으로 묶어낸 것도 어쩌면 영웅은 '왕'이 되어야만 그 성장이 완성된다
고 믿는 학자들의 초조함이 만들어낸 결과물이 아닐까. 동아시아 지역
신화 속의 영웅은 전쟁을 통해 적들을 죽이고 민족을 통합하는 존재라
기보다는 자기희생적인 덕목을 갖고 있으며 수평적 질서에 속한 지혜롭
고 용기 있는 지도자로서 마을공동체를 위험에서 구해내는 존재인 경우
가 많다는 점을 알아야 한다.

앞에서 본 것처럼 즈거아루라는 이족 영웅서사의 주인공은 쓰촨, 윈
난, 구이저우 지역의 전승과정에서 기본적인 구조에 지역적 특색이 가
미되면서 조금씩 다른 형상을 갖게 된다. 최근에 와서 그 각각의 지역

(사진: 김선자 촬영)

<이족의 영웅 즈거아루가 해를 향해
화살을 날리는 장면>

적 특성을 보여주는 판본들을 종합
하여 지역마다 한 권씩 집대성하는
작업이 이루어져 각 지역의 특징을
보여주는 즈거아루 서사를 접할 수
있게 되었다. 그것은 관련 연구자들
이 많은 노력을 기울여 이루어낸 괄
목할만한 성과이지만, 그것에서 나
아가 세 지역의 즈거아루 서사(『格』,
『舉』, 『嘎』)를 하나로 합하여 통일된
판본을 만들어 '이족의 정체성을 보
여주는 민족영웅이자 이족 민족정신
의 표지'로 만들어야 한다는 주장[86)

이 나오는 것은 우려할만한 현상이다. 즈거아루 서사가 소중한 것은 각각의 다른 판본들 자체가 이족이 이주해온 과정을 고스란히 보여주고 있기 때문이며, 그 과정에서 생겨난 지역적 특성들을 제대로 반영하고 있기 때문이다. 그것을 하나로 합해서 통일된 판본을 만든다는 것은 새로운 하나의 '문학작품'을 창작하는 것일 뿐, '활태성(活態性)'을 지닌 서사로서의 생명은 끝나는 것이다. 즈거아루가 '왕'이어야 영웅으로서의 성장이 완성된다고 보는 것이나, 하나의 완정한 텍스트가 있어야 이족의 정체성이 확립되고 민족 집단의 기억으로서 기능할 수 있다고 믿는 것은 같은 맥락에 있다. 중요한 것은, 그 안에 내재해 있는 '문화적 얽힘'을 제대로 읽어내는 것에 있음을 기억해야 할 것이다.

---

86) 洛邊木果・麥吉木呷, 「彝族史詩『支格阿魯』整合之硏究」, 『西昌學院學報』(社會科學版) 第28卷 第3期, 2쪽, 2016.9.

🗗 참고문헌

1. 원문자료

雲南省楚雄文化局 編, 「阿魯擧熱」, 『楚雄民族民間文學資料』 第1集, 1979.

陶立璠・鄧敏文 著, 『中國少數民族文學』 「維吾爾族的烏古斯汗」, 人民出版社, 1985.

馮元蔚 譯, 『勒俄特伊』, 四川民族出版社, 1986.

馬學良 主編, 羅國義 審訂, 『彝文叢刻』(下冊) 「唄耄獻祖經」, 四川民族出版社, 1986.

王運權・王仕擧, 『西南彝志』(第1-2卷), 貴州民族出版社, 1988.

梁紅 譯注, 『萬物的起源』, 雲南民族出版社, 1988.

李子賢 編, 『雲南少數民族神話選』 「支格阿龍」(比雀阿立 講述, 摩依 翻譯, 上元・鄒志誠
          整理), 1990.

師有福・阿者倮濮・羅希吾戈 譯注, 雲南省少數民族古籍整理出版規劃辦公室 編, 『裒安
          梅妮-蘇嫫(祖神源流)』, 雲南民族出版社, 1991.

王明貴・王顯 編譯, 王繼超 審定, 『彝族源流』 第10卷 「支嘎阿魯源流」, 民族出版社, 2005.

雲南少數民族古典史詩全集 編纂委員會 編, 『雲南少數民族古典史詩全集』(下卷), 雲南教
          育出版社, 2009.

居素普瑪瑪依 演唱, 『瑪納斯』 第1卷, 新疆人民出版社, 2013.

楊甫旺・洛邊木果 主編, 『阿魯擧熱』(雲南), 雲南民族出版社, 2015.

阿洛興德・洛邊木果 主編, 『支嘎阿魯王』(貴州), 雲南民族出版社, 2015.

유원수 옮김, 『게세르 칸』, 사계절, 2007.

일리야 N. 마다손 채록, 양민종 옮김, 『바이칼의 게세르 신화』, 솔, 2008.

유원수 주해, 『장가르』 1, 한길사, 2011.

2. 연구서와 논문자료

李紹明, 「關於涼山彝族來源問題」, 『思想戰線』 1978年 第5期.

方國瑜, 『彝族史稿』, 四川民族出版社, 1984.

費孝通, 「談深入開展民族調查問題」, 『中南民族學院學報』 1982年 第3期.

羅曲, 「"鷹"的隱喩」, 『西南民族學院學報』(哲學社會科學版), 1989年 第2期.

巴莫曲布嫫, 『神圖與鬼板-涼山彝族祝咒文學與宗教繪畫考察』, 廣西人民出版社, 2004.

向達, 『唐代長安與西域文明』 「南詔史略論」, 河北教育出版社, 2001.

龍倮貴・黃世榮, 『彝族原始宗教初探』, 遠方出版社, 2002.

龍倮貴・錢紅 編著, 『滇南彝族原始宗教祭辭』, 雲南民族出版社, 2004.

洛邊木・羅文華・周維萍, 「彝族英雄支格阿魯流傳情況槪述」, 『西昌師範高等專科學校學報』 第16卷 第3期, 2004.9.

馬長壽 遺著, 李紹明・周偉洲 等 整理, 『涼山彝族考察報告』(上) 第2章 「羅彝之起源神話」, 巴蜀書社, 2006.

張純德・龍倮貴・朱據元, 『彝族原始宗教硏究』, 雲南民族出版社, 2008.

王明貴・李平凡, 「彝族英雄神王支嘎阿魯"成長"史(上)」, 『烏蒙論壇』 2008年 第1期.

石碩, 『藏彝走廊: 文明起源與民族源流』, 四川人民出版社, 2009.

申旭, 『雲南移民與古道硏究』, 雲南人民出版社, 2012.

石泰安 著, 耿昇 譯, 陳慶英 校訂, 西藏史詩和說唱藝人, 中國藏學出版社, 2012.

焦虎三, 『羊皮書-中國羌族的歷史與文化』, 廣西師範大學出版社, 2013.

趙婧, 「從異族"支格阿龍"系列神話看母系社會的衰落」, 『昆明學院學報』 2013年 第1-2期.

楊甫旺, 「彝族英雄史詩『阿魯擧熱』槪論」, 『楚雄師範學院學報』 第28卷 第7期, 2013.7.

賀源, 「彝族的太陽英雄」, 『畢節學院學報』 2013年 第11期 第31卷.

陳永香・楊國才, 「彝族神話英雄支格阿魯故事散論」, 『楚雄師範學院學報』 第30卷 第7期, 2015.7.

譚婷, 「從史詩『支格阿龍』看彝族女性的社會地位」, 『內蒙古民族大學學報』(社會科學版) 第42卷 第1期, 2016.1.

楊瓊艷, 『彝族"支嘎阿魯"史詩誕生母題硏究』, 貴州民族大學碩士學位論文, 2016.5.

張澤洪・楊理解, 「彝族神話史詩『支格阿龍』的宗教文化解讀」, 『西南民族大學學報』(人文社會科學版) 2016年 第6期.

李金髮, 「彝族南部方言區的支格阿龍崇拜文化」, 『貴州工程應用技術學院學報』 2016年 第6期 第34卷(總第185期).

洛邊木果・麥吉木呷, 「彝族史詩『支格阿魯』整合之硏究」, 『西昌學院學報』(社會科學版) 第28卷 第3期, 2016.9.

김선자, 「영혼의 길 밝혀주는 노래 『지로경』」, 『아시아의 죽음문화』, 소나무, 2010.

김선자, 「중국 서남부 지역 강족羌族 계통 소수민족의 용龍 신화와 제의에 관한 연구」, 『중국어문학논집』 제95호, 2015.12.

이평래 등, 『동북아 활쏘기 신화와 중화주의 신화 비판』, 동북아역사재단, 2010.

가오훙레이 지음, 김선자 옮김, 『절반의 중국사』, 메디치미디어, 2017.

만주족 우쑤관씨(烏蘇關氏) 샤먼신령 체계 및 그 특징

궈수윈

중국 다롄민족대학 샤먼문화연구소장

모든 종교에서 신령이 숭배의 대상이 된다면 이는 그 종교 체계에서 핵심 부분이 된다. 이 때문에 연구자들은 종교를 연구할 때 이것을 가장 기본 요소이자 본질적 특징의 하나로 여긴다. 서구 종교학의 창시자인 막스 밀러는 이렇게 말했다. "일반 언어에서 우리가 지칭하는 종교라는 단어는 적어도 세 가지 측면의 의미가 있다. 첫째, 신앙의 대상을 지칭하는 것. 둘째, 신앙의 역량을 의미하는 것, 셋째는 신앙의 표현을 지칭한다는 것이다. 이는 바로 숭배의 행위 혹은 경건한 행위 속에서 나타나는 표현을 지칭하는 것이다."(1989.6) 밀러는 "신앙의 대상"을 종교의 세 가지 의미 중 가장 우선으로 생각하였는데, 여기에는 깊은 연원이 있다. 신령은 사람들이 믿는 신앙의 정신적 핵심이 응결된 것으로 종교의식의 전제가 되며 또한 신앙을 믿는 사람들의 종교적 경험과 체험의 출발점이기도 하다. 이 때문에 신령 체험에 대한 연구는 종교학 연구에서 중요한 위치를 차지한다고 볼 수 있다. 그러므로 신령체계와 개별 민족의 역사와 문화는 깊은 연관성을 가지며 개별 민족의 역사와 사회생활상을 반영하고 있다. 또한 신령체계는 한 민족 전통문화의 구성성분이자 자연에 대한 사회적 인식을 표현하고 있다.

중국의 역사에서 만주족은 매우 특수한 발전의 길을 걸어왔다. 만주족과 그들 조상은 역사적으로 세 번 굴기하였다. 즉 이들은 역사적으로 세 차례에 걸쳐 국가를 설립하였는데 바로 발해, 금나라, 청나라이다. (이들의) 정치와 군사, 번영과 실패는 중국 역사 속에서 깊은 발자취를 남겼으며, 이러한 점은 만주족이 그들만의 문화적 특색을 갖출 수 있는 기본적 요소가 되었다. 이와 같은 특수한 역사적 사실은 만주족에게 샤먼교 및 그 특징을 형성하는데 적지 않은 영향을 미쳤다.

만주족 샤먼교의 신령 체계는 다원적이면서 복잡하게 교차하는 형태로 나타난다. 즉 만주족 모든 씨족이 공통으로 믿는 자연신(神祇)[1]이 있는 반면에 각 씨족이 독립적으로 믿는 신의 계보가 존재한다. 또한, 원시시대 초기 인류가 신봉하였던 오래된 신령과 함께 불교, 도교에서 비롯한 여러 신을 함께 흡수하였다. 신령의 성별과 신격 또한 많은 변이를 거쳤다.

만주 우쑤관씨 샤먼의 신령체계는 비교적 완전하게 갖추어져 있으며 신령의 유형 또한 전면적이어서 그 속에 내포된 의미 또한 풍부하다. 이렇듯 (우쑤관씨 샤먼의 신령체계는) 만주족 샤먼교의 전형적 특징과 고유한 특색을 잘 드러내고 있는데 이는 종교학과 신화학의 여러 이론을 펼치는 데 있어서 아주 중요한 학술 가치를 지닌다.

---

1) 자연신 중 최고신. 일반적으로 구체적인 형상이 없다고 믿고 있으며 자연보다 한 단계 위에서 자연을 주재하는 신을 의미한다. (역자주)

1. 우쑤관씨 샤먼문본(薩滿文本)

우쑤관씨는 구만주(佛滿洲)[2] 정남기(正藍旗)에 속한다. 원래 이들의 조상은 우쑤리강 유역에서 거주하였다. 청나라 중엽 이후 이들은 점진적으로 이주하여 타성우라(打牲烏拉)[3]에 자리를 잡았다. 우쑤관씨는 청대에 타성우라 지역에서도 비교적 작은 단위의 가족으로 번성한 다른 가족들에 비해 가세와 구성원의 숫자 모두 비교적 평범한 수준이었다. 우쑤관씨 가족의 노인들이 전하는 바에 의하면 그들의 조상은 군대에서 천총(千總)[4]이라는 직책을 맡았으며 우라협령아문(烏拉協領衙門)[5]에서 근무하였다고 한다.

1940년에 수정된 『관씨족보(關氏家普)』의 기록에 따르면 우쑤관씨 가족이 이주한 경로와 마지막 정착지에 대한 기록이 있다.

원래 선조들은 우쑤리(烏蘇里) 지방에 살고 있었는데 후일 우쑤리에서 타투쿠(他圖庫)로 이주하였다. 다시 타투쿠에서 수이편(綏芬)으로 이주하여 그곳에서 거주하다가 수이편에서 또 다시 비러등(必勒登)으로 옮겨 거주하였다. 비러등에서 다시 황마산(黃馬山) 남쪽으로 이동하여 어러하(額勒哈)의 황무지에 경주하였다. 또 (이들은) 어러

---

2) 누르하치 시절 팔기군에 편입된 만주족을 佛滿洲라고 한다. 이는 舊滿洲를 의미한다. 이에 반해 순치 원년 청군이 산해관으로 입관한 후 팔기에 편입된 만주족을 伊徹滿洲라 하였으며 新滿洲라는 뜻을 가지고 있다. (역자주)
3) 海西女眞의 烏拉部에 속한 지역, 현재의 吉林市 서북부 烏拉街이다. (역자주)
4) 千總: 청대 綠營의 전문 관직. 儒所千總, 門千總, 營千總, 衛千總 등의 직분이 있으며, 이들은 각 從五品, 正六品, 從六品이 있다. 그 외 청나라 초기 衛所와 京城의 각문, 東北邊門의 臺站에 천총을 두었다. 우쑤관씨의 선조는 틀림없이 東北邊門臺站의 천총이었을 것이다. 關福榮, 關文賢의 구술에 따르면 이들 선인은 바로 關文賢의 증조부였다. 비록 관직은 높지 않지만 후세에게 많은 영향을 끼쳤다.
5) 烏拉協領衙門은 청나라 건륭5년(1740)에 지린시 烏拉街에 설치한 군사, 행정기구이다.

하의 황무지에서 내려와 라파(拉法)로 진입하였으며 후이파(輝發)에서 거주하였다. (선조들은) 다시 후이파에서 나인(納殷) 지역으로 옮겨 타란메이펀(塔蘭眉芬)에서 살았다. (그리고) 타란메이펀에서 다시 내려와 나단포러(納丹佛勒)로 옮겼으며 나단포러에서 다시 이동하여 포아린(佛阿林)에 정주하다가 또 다시 모얼근(莫爾根)으로 이주하여 부터하우라(布特哈烏拉)로 와서 정주하였다.6)

역사 사료에서 이들의 가족사에 대해서 자세히 기록하고 있지 않은 관계로, 이들이 이주를 감행한 구체적 시기에 대해서 정확하게 고증하기는 어렵다. 하지만 가족 구성원의 구술 자료에 따르면 이들 가족은 청나라 말기에 이르러서야 지린성 용지현(永吉縣) 양무향(楊木鄉) 산자락에 위치한 둔(屯)7)에 정착하였으며, 그곳에서 이미 삼대 째 거주하고 있다고 한다. 이곳은 청나라의 타성우라총관아문(打牲烏拉總管衙門)이 관할하던 지역의 동쪽 경계로 오늘날의 우라제(烏拉街)에서 약 삼십 화리(華里)8) 떨어져 있다. 후일 가족 중 일부 구성원들이 다시 양무향 송둔촌(宋屯村)으로 이주하였다.9) 가족구성원이 많아지고 생활환경이 변화하면서 쑹둔에 거주하는 가족 중 일부는 다시 다른 지방으로 옮겨갔다.

---

6) 이 족보는 滿文으로 기록되었다. 1990년 6월 26일 중앙민족대학의 민족학학원 사회학학원의 趙展 교수가 장춘으로 와서 조사한 것으로 이때 지린성민족연구소의 郭淑雲이 이들과 함께 永吉縣 소재의 口前鎭으로 가서 알게 되었다. 이때 永吉縣 文管所 所長 尹鬱山 선생이 있는 곳에서 『관씨족보』를 발견하였으며 만문으로 기록된 연원을 초록하여 번역한 것이다. 이 족보는 족보의 증보를 주관한 두 세대의 穆昆達(씨족의 대표)에 대해 명확하게 표시하고 있다. 즉 帝國洪憲元年(1926)의 祿山 穆昆達, 海亮穆昆達, 魁林穆昆達과 康德7年의 福林穆昆達, 群有穆昆達이다.

7) 중국 동북 지역에서 둔전제의 영향을 받은 屯이라는 명칭이 자주 쓰이는데 촌락이나 마을의 단위 정도로 이해된다. (역자주)

8) 一華里는 500m. (역자주)

9) 關文超, 男, 지린시 九站鄉 七家子村에 거주함. 조사 당시의 나이는 69세였다. 郭淑雲은 1995년 10월 2일에 방문하여 채록했다.

우쑤관씨 샤먼문본 및 관련 유물은 중국 동북 만주족 거주 지역에서 발견된 진귀한 샤먼의 문물 중 하나로 학술적으로 매우 중요한 가치를 지닌다.10) 필자는 1990년 4월, 1995년 9월, 10월, 세 차례에 걸쳐 지린성(吉林省) 용지현(永吉縣) 양무향(楊木鄉) 지우짠(九站) 치즈자향(七子家鄉) 등의 지역을 방문하였으며, 우쑤관씨의 샤먼 문화 유물의 현지 상황에 대해 조사를 실시하였다. 이 가족에게는 이미 샤먼이 사라진 상태라 제의의 명맥이 끊어졌지만 이전에는 만주족 샤먼교의 전통과 형태를 비교적 온전하게 보존하고 있었다는 것을 알 수 있었다. 특히 우쑤관씨의 샤먼문본은 아주 중요한 학술적 가치를 지닌다.11)

샤먼문본은 신유(神諭)라고도 하며 만주어로는 "언두리비터허(恩都立畢特赫)" 혹은 "특러비터허(特勒畢特赫)"이라고도 하는데 그 뜻은 "신서(神書)" 혹은 "위의 책(上邊的書)"을 의미하며 속칭 "신본자(神本子)"라고도 한다. 샤먼문본의 내용에는 샤먼이 신에게 제사 지낼 때 노래하는 신가(神歌)와 신령의 명칭, 신화, 금기, 제사에 사용되는 전문 어휘(속칭하여 雜語) 등을 포함하고 있으며, 이를 필사하여 전하고 있다. 샤먼문본에서 가장 중심이 되는 부분은 샤먼이 제사에서 부르는 신가이다. 따라서 샤먼문본은 만주족 샤먼신가의 보존과 저승의 중요한 체재(載體)이다.

만주족의 샤먼문본에서 사용한 언어는 형성과 변화의 과정이 동일하다. 중국 동북지역에 거주하는 만주족 여러 가족의 샤먼이 남긴 샤먼문본의 전체적 상황을 고려해 볼 때, 그 언어형식은 대략 세 가지 종류로 나눌 수 있다. 즉 만주어로 표기된 것, 만주어와 한자를 병기(倂記)한

---

10) 富育光・王宏剛・尹鬱山과 郭淑雲이 가장 초기 조사에 참가하였다.
11) 지면과 자수의 한계로 인하여 이 가족의 역사와 조사 상황에 대해서는 宋和平・郭淑雲의 『滿洲烏蘇關氏薩滿文本硏究』를 참고하기 바람. 출판예정.

것, 그리고 한자로 만주어를 음차(音差)한 것이다. 여기에서 말하는 세 가지 형식의 변화는 만주족의 샤먼문본이 역사적으로 변화하는 과정을 보여주고 있는데, 즉 샤먼문본의 세 가지 언어 형식은 서로 다른 역사적 시기의 생존 형태를 보여주고 있음을 의미한다.

우쑤관씨 샤먼문본은 대신문본(大神文本)과 가신문본(家神文本) 두 가지로 분류한다. 이중 대신문본은 도광(道光) 십사 년(1834)에 완성되었고, 가신문본은 광서(光緖) 십일 년(1885)에 기록된 것으로, 약 일세기 전에 기록된 오래된 자료이다. 이 두 문본은 오십일 년의 시간차를 두고 필사되었다. 비록 한 사람에 의해 기록 된 것은 아니지만 두 문본 모두 만주어로 기록되어 있다. 우쑤관씨 문본은 기록의 방법에 있어서 만주족의 가장 오래된 전통을 보존하고 있을 뿐 아니라 그 내용이 풍부하여 여러 가지 측면에서 높은 가치를 지닌다. 특히 전형적인 샤먼교의 관념과 형태를 보존하고 있어서 샤먼교를 연구하는 데 있어 매우 중요한 가치를 지닌다.

본고에서는 우쑤관씨의 샤먼 신령체계를 논의 하고자 하며, 이는 주로 이들 가족이 보유하고 있는 대신문본에 의거한다.

2. 신령의 유형

신령(神靈)의 분류에 관한 문제는 국내외 학자들이 여러 가지 이견을 제시하고 있다. 뤼다지(呂大吉)는 신령의 유형을 자연신(自然神), 씨족신(氏族神), 직능신(職能神), 고위신(高位神) 혹은 지상신(至上神), 절대적 유일신의 다섯 가지로 분류하였다.(1998:158~181) 이는 종교의 일반적인 의미에 따라 분류한 것이다. 서인(色音)은 동북아시아 제민족의 샤먼교 신령체계를 자연신(自然神), 사회신(社會神), 생물신(生物神) 등 세 가지 유형으로 분류 하였다.(1998:34~45) 왕서우언(王守恩)은 민간신앙의 신령을 지리환경신(地理環境神), 인구보장신(人口保障神), 개인운명신(個人運命神), 무리보호신(群體保護神) 그리고 종합신(綜合神)의 다섯 가지로 분류하였다. 필자는 우쑤관씨 샤먼문본의 내용을 토대로 신령의 역할에 따라 아래의 여덟 가지 유형으로 분류하였는데 이는 한 가족의 개별적 사례를 통하여 샤먼교의 신령체계에 대한 사고와 인식을 풍부하게 하고자 함이다.

2.1. 창세신

만주족의 창세신화는 매우 풍부하고 다양하다. 우쑤관씨 가족의 창세신인 두 명의 폐일신(蔽日神)은 가장 독특한 형상을 하고 있다. 이들 중 서러타이바투루(色勒泰巴圖魯 seletai baturu)는 용사신(勇士神)인데 신력이 높고 강인하다. (그는) "사자와 씨름"하며 "긴 꽃무늬 비단 수건으로 필요 없는 여덟 개 태양의 얼굴을 가려" 사람들이 정상적인 생활을 할 수 있게 하였다. 더얼쑤란더더(德爾蘇蘭德德 dersulandede)는 서러타이바투루와 비슷한데 그녀도 필요 없는 여덟 개 태양의 입을 길고 아름다운 꽃무늬 수건으로 가렸다. 이 두신은 원래 영웅적 신격을 가지고 있는데 한 사람은 남신이고 한 사람은 여신이다. 그들은 하늘에 떠있는 여덟 개의 태양을 정복하여 전체 우주가 오늘날의 구조를 형성하는데 공을 세웠으며, 인류와 만물이 생존 할 수 있는 환경을 조성하였다.

이 창세신화에서 두 신이 인류에게 기여한 공헌는 "예사십일(羿射十

日"의 신화에 등장하는 후예와 함께 논의 되고 있는데, 이들 영웅이 인류에게 기여한 공헌은 비록 그 방법은 다르지만 같은 결과를 도출하였다고 볼 수 있다. 서로 다른 점은 예(羿)는 뛰어난 궁술을 발휘하여 활로 아홉 개의 태양을 떨어뜨렸으나, 우쑤관씨의 문본에서는 태양을 정복한 두 신은 아름다운 비단 수건으로 태양을 가리는 방법을 택했다. 이런 온화하고 흥미로운 방법은 이들이 매우 풍부한 상상력을 지니고 있음을 나타낸다. 하지만 이 두 신화가 반영하는 주제는 일치하고 있으며 이는 인류가 역사의 발전 과정에서 무수히 많은 재난을 겪었고 고대 선민들은 그들의 지혜와 용기를 바탕으로 자연과의 투쟁에서 일련의 승리를 거두었다는 것을 표현하고 있다.

2.2. 자연신

자연숭배와 자연신은 샤먼교의 관념체계에서 매우 중요한 위치를 차지한다. 우쑤관씨의 자연신은 주로 세 가지 측면에 집중하고 있는데, 바로 하늘과 천상의 제신(諸神), 땅의 제신(諸神), 그리고 불의 신이다.

2.2.1. 천신과 천상의 제신(諸神)

『천궁대전(天宮大戰)』은 만주족의 천궁신화(天穹神話) 중 가장 대표적인 것인데 이를 통해 만주족의 신화는 뛰어난 성과를 나타내고 있다. 또한 『천궁대전』의 주신(主神)인 천모(天母) 아부카허허(阿布卡赫赫 abka hehe)는 만주족 여러 가족의 신봉을 받고 있으며 만주족 신화와 샤먼교의 양대 체계에서 공통으로 모시고 있는 신령이 되었다. 만주족의 후기 신화에서 여신 아부카허허는 점차 아부카언두리(阿布卡恩都立 abka enduri)

라는 남성 천신으로 변모하였고, 이에 상응하여 만주족 샤먼교 제사의 식에서도 남성 천신 아부카언두리가 점차적으로 제천의식의 주신으로 변모하였다. 근대 이후 만주족의 여러 가족 샤먼들이 가제(家祭)를 지내는 과정에서 제천의식(일반적으로 "게이와이터우(給外頭)"라 부른다.)의 대상이 바로 이 천신 아부카언두리이다. 천신의 성별이 여성에서 남성으로, 전모(天母)에서 전부(天父)로 변화한 것은 사회적 변천에 따른 것으로 만주족 샤먼교의 신령체계 내에서 발생한 변화의 결과이다.

만주족 샤먼교의 신령체계에서 천신은 만주족 여러 씨족이 보편적으로 모시고 있는 신령인데 오랜 세월에 거쳐 이 신령에게 큰 제사를 지냈다. 그렇지만 만주족의 각 가족이 지내는 제사에서의 나타나는 천신의 이름과 역할이 완벽하게 일치하지는 않는다. 우쑤관씨 샤먼문본에는 모두 여섯 위(位)의 천신이 있다. 아부카(阿布卡)는 자연신의 속성을 가진 천신이다. 그외 천자신(天子神)인 아부카주서(阿布卡朱色 abka juse), 천상(天上)의 신인 언두리더얼게이(恩都立德爾給 enduri dergi), 천궁의 노인인 아부카아구라이(阿布卡阿古賚 abka agulai), 노을 천녀신인 아부카거허아커찬(阿布卡格赫阿克纏 abkai gethe akcan), 그리고 하늘의 귀신인 아부카아리(阿布卡阿立 abka i ari)가 있다. 이 천신들은 명확한 특색을 지닌다. 우선 천신에 대한 표현은 매우 다양한데, 만주어(滿語)로 (천신에 대해) 풍부한 표현을 구사 하는 동시에 하늘에 대한 다양한 인식을 표현하고 있다. 둘째 인격화된 천신은 윤리적인 색채를 가지고 있다. 셋째, 천신은 다원적인 기능을 가지고 있는데 즉 자연신의 성격을 가지는 동시에 사회신적인 성격을 모두 가지고 있다는 점이다. 이는 천신의 기능을 더욱 확대한 것이라 볼 수 있다.

한편 우쑤관씨는 여러 자연신을 모시고 있다. 예를 들어 흰 구름신인

사옌마파(沙延瑪法 sayan mafa), 구름의 신인 상지옌마파(尙堅瑪法 šanggiyan mafa), 하얀 안개의 신인 상지옌타만(尙堅他㬪 šanggiyani talman), 이슬의 신인 주루서우바오(朱錄碩包 juru sobao), 눈(雪)의 신인 상지옌니마지(尙堅 尼瑪齊 šanggiyan nimaci), 싸리눈 이모님 싸주란더더(薩朱蘭德德 sajulan dede) 등이 있는데 여기에서 보는 것처럼 이들 또한 매우 명확한 특색을 가지고 있다. 한 가지 더 흥미로운 것은 자연신 중에는 푸얼지옌아리이 바간(富爾尖阿裡依巴干 fulaiyan ari ibagan)이란 신이 있는데, (그는) 구름, 안개, 눈, 노을 등의 자연 현상을 모두 포함하는 신격을 가지고 있다. 이러한 자연신의 신격으로 볼 때 일반적인 자연신이 있는 반면에 조상 신으로 추존된 인격화된 신도 있다. 남성신이 있는 반면 여성신도 있다. 우쑤관씨의 독특하고 풍부한 자연신의 계보는 만주족 다른 가족의 샤먼 문본에서는 드물게 나타나는 현상이다. 이는 만주족 선민(先民)의 풍부 한 상상력과 자연 현상에 대한 독특한 인식을 드러낸 것으로 이로써 만 주족 샤먼문화의 의미를 더욱 풍부하게 하고 있다.

2.2.2. 지상의 제신(諸神)

만주족의 샤먼문화와 민간 문학에서는 대지를 관장하는 신에 대해서 풍부한 표현 양식과 특별한 신령의 형상을 부여하고 있다. 우쑤관씨의 바나어전(巴納額貞 ba an ejen)은 직역하면 "토지의 주인"이란 의미를 지니 는데 이는 바로 토지의 신을 의미한다. 그리고 이것이 자연신의 신격에 속한 것임을 알 수 있다. 지린(吉林) 지우타이(九臺) 만주족 석씨 가족 제 사의 바나어전(巴那額貞)은 원래 가지고 있던 토지신적 신격의 바탕 위 에서 변화가 발생하였다. 현재 이들이 신봉하는 (바나어전)은 가족 수호 신적인 성격을 띤다. 석씨 가족의 샤먼문본에 의하면 이 신은 "태양과 달을 사이를 돌아다니며 하늘과 땅 사이를 오간다."고 한다.(宋和平 1993. 247) 이 신은 석씨 가족의 주신인 장백산 신의 시종으로, 목각 인형으로 만들어져 장백산 신 형상 옆에 세워놓았으며 석씨 가족의 조상신이자 보호신이 되었다. 이 두 가족의 토지신을 비교해 볼 때, 우쑤관씨의 "바나어전"은 더욱 원시적인 형태를 보유하고 있음을 알 수 있다.

2.2.3. 불의 신

인류가 가장 먼저 정복한 자연의 능력이 바로 불이다. 그렇기 때문에 불의 신은 세계 여러 민족에게 끊임없이 섬김을 받았다. 우쑤관씨에게는 불의 신이 셋 있는데 첫 번 째 신은 불의 조상인 퉈와마파(托瓦瑪法 tuwai mafa)이다. 두 번째 신은 퉈와이아리(托瓦衣阿立 tuwai i ari)인데 비록 그 이름에서는 불의 귀신이란 뜻을 사용하고 있지만, 사실은 불씨를 보호하고, 이 가족의 (번성에) 기여하는 신이다. 그는 사람들에게 부유함을 가져다주는 좋은 신이다. 만주족 이야기꾼 푸잉런(傳英仁) 선생이 구술한 신화 "퉈아언두리(托阿恩都立 tuwai enduri)"에서 이 신에 대한 기능과 신격이 잘 드러나 있다. "퉈아언두리"는 주인공 퉈아가 사람들을 위하여 복을 가져다주는 이야기이다. 그는 원래 하늘에서 불의 창고를 관리하던 신령이었다. (그는) 사람들이 불을 마음껏 사용하여 추위에 떨고 날것을 먹는 생활에서 벗어나게 하고자 하였다. 까치와 무쇠 소의 도움을 받아 여러 가지 어려움을 극복한 후 하늘에서 불을 훔쳐 와 사람들에게 선물한다. 그리고 사람들에게 불을 사용하는 방법과 (이를 이용하여) 음식을 하는 기술을 가르쳤다. (퉈와는) 사람들에게는 불을 가져다주었지만 자신은 하늘에서 벌을 받게 된다. 그렇기 때문에 그는 불의 신인 "퉈아언두리"로 모셔졌고, 봄과 가을 두 번에 걸쳐 제사를 지낸다.

(傅英仁. 2014. 218~222).

우쑤관씨의 조상은 과거 우쑤리강 유역에서 거주하였다. 그들은 동해어진의 후예이며 오랫동안 깊은 산중에서 생활하였다. 따라서 그들은 대자연과 밀접한 관계를 맺어 왔는데 이것이 이들 가족이 자연신에 대한 숭배가 비교적 많은 이유 중 하나가 되었다.

2.3. 동물신

샤먼교의 전형적인 형태는 어로와 수렵, 그리고 유목민속의 생활에서 기원하였다. (따라서) 이들 민족의 생산과 생활의 흔적이 샤먼교의 여러 방면에 걸쳐 남아 있을 수밖에 없다. 동식물에 대한 숭배는 어로와 수렵, 그리고 목축을 하는 민족들이 동물에 대한 생각과 정감을 드러내고 있다. (또한) 이러한 동물숭배는 원시 선민들이 동식물에 대해 끊임없는 탐색하고 인식하는 기초위에 성립된 것이다. 샤먼교의 세계에서는 동식물을 신격화하였고 이들 모두 독특한 신성과 신격을 부여받았는데 이는 동물의 습성 및 그 특징과 관계가 있다. 또한 북방 선민의 동물 세계에 대한 인식을 반영한 것이다.

만주족 우쑤관씨는 역사적으로 수렵을 경제생활의 본위로 삼았다. 이처럼 특정한 생태환경과 생산방식 때문에 그들은 동물 세계와 긴밀한 관계를 맺을 수밖에 없었다. 그들은 주변 동물의 생활규칙과 습성에 대해 매우 잘 알고 있었으며 (또한 그들이 모시는 신령의 체계에서) 동물 신령의 종류가 가장 많다. 통계에 따르면 우쑤관씨는 백 육십 삼 위의 대신(大神)이 있는데 이 중 삼십여 위의 동물신이 있다. 이들은 각종 신령의 우두머리를 차지하고 있다. 동시에 다른 만주족 가족들의 샤먼문본에도

동물신이 가장 많은 부분을 차지하고 있다. 동물신은 조신(鳥神)과 수신
(獸神) 그리고 파충류신 등의 유형이 있다.

2.3.1. 조신(鳥神)

우쑤관씨의 조신은 맹금(猛禽)류와 영금(靈禽)류 두 종류가 있다. 맹금
류 신은 매(鷹)와 독수리(雕)가 대표적이다. 매의 신(鷹神)은 샤먼교의 동
물신 중에서 수위(首位)를 차지하는 신이다. (이 신은) 만주족 선민의 존
경과 섬김을 받았다. 또한 용감하고 두려움 없는 수렵민족의 정신적 상
징이 되었다. 샤먼교의 관념 중에서 매의 신은 샤먼교의 시조이자 화신
이다. 만주족 동해칠성(東海七姓) 샤먼의 신유(神諭)에서 전하는 바에 의
하면 대홍수 시대에 작은 바다표범이 한 쌍의 남녀를 구조했다고 한다.
이들이 딸을 낳았는데 아부카허허는 매의 머리, 여자의 몸을 한 응신거
거(鷹神格格)에게 명하여 그녀를 키우게 했고 이 여자아이는 후일 첫 번
째 여사샤먼이 되었다고 전한다.(富育光 1990:62). 샤먼교의 관념에서 응
신은 여러 가지 신격을 부여받고 있는데, 우쑤관씨에게는 서로 다른 신
격을 지닌 일곱 위의 응조신(鷹雕神)[12]이 있다. 이는 만주족의 응신숭배
(鷹神崇拜)에 대한 의미와 성격을 분명하게 표현하고 있다. 이들은 신격
과 신성이 서로 달라 이름을 붙이는 방식 또한 각자의 특색에 따라 달
리 표현한다. 다이펑가스하(代鵬嘎思哈 daipen gasha[13]), 부란타이가스하
(布蘭泰嘎思哈 purantai gasha), 안무바가스하(按木巴嘎思哈 amba gasha)의 세
신령은 "가스하(嘎思哈)"라는 명칭을 사용한다. 주루다이민언두리(朱錄代
敏恩都立 juru daimin enduri), 안추라다이민(安楚拉代敏 ancula daimin), 모구

---

12) 매 혹은 독수리 형상을 한 신. (역자주)
13) 만주어로 "gasha"는 새를 의미한다. (역자주)

러커쿠러다라하다이민(莫古勒克庫勒達拉哈代敏 mengule kekule dalaha daimin)
의 세 신령은 "다이민(代敏)14)"이란 단어를 직접 사용하였고, 자훈언두리
(佳渾恩都立 giyahun enduri) 또한 "자훈(佳渾)"15)이라는 단어를 이름에 직
접적으로 사용하고 있다.

신의 성격으로 본다면 이들 응조신(鷹雕神)은 서로 다른 속성을 가지
고 있는데 이중 일부 응조신은 매나 독수리의 자연적 속성을 그대로 지
니고 있다. 예를 들어 부란타이가스하는 "날개를 펼치면 하늘과 부딪히
고, 꼬리를 세우면 별과 달을 가린다."라고 표현하고 있다. 이는 응조(鷹
雕)류의 신을 총칭하는 말일 것이다. 모구러커쿠러다라하다이민의 의미
는 수조신(首雕神)을 뜻하는데, 이는 동물신 계통의 지위를 보여주고 있
다. 신가에서 사용하는 의성어는 독수리 울음소리를 표현하고 있으며
이로써 독수리 신의 풍모를 드러낸다. 자훈언두리는 만주족 여러 가족
이 보편적으로 섬기는 응신(鷹神)이다. 한편 응조신은 샤먼을 수호하는
신격을 부여받았는데 매우 독특한 능력을 가지고 있다. 예를 들어 "삶과
죽음의 세계를 드나들 수 있는" 안무바가스하는 샤먼의 사자로 수명이
다한 자에게 목숨을 가져 오거나 수명을 늘리는 능력이 있다. 이와 같은
응신(鷹神)의 능력은 샤먼교의 세계에서 이들의 지위를 잘 드러내고 있
다. "응신(鷹神)은 샤먼이 죽음의 세계로 들어갈 때의 길잡이 역할을 하
는 신이다."(莊吉發 1992:217) 이는 샤먼이 죽음의 세계로 영혼을 쫓아가
는 신성한 직책을 실현하는데 있어서 매우 중요한 조력자임을 의미한다.

만약 안무바가스하가 샤먼이 영혼을 쫓아 저승으로 가는 길을 수호
하는 신이라면, 안추라다이민은 "집집마다 돌아다니며 순시한다."고 전

---

14) "daimin"은 만주어로 "雕" 즉 독수리를 의미한다. (역자주)
15) "giyahun"은 만주어로 "鷹" 즉 매를 의미한다. (역자주)

한다. 그는 인간 세계의 수호신인데 자신의 지역에서 사람들이 안녕을 누릴 수 있도록 보호해 준다.

우쑤관씨에게는 여러 응조신 출현하였다는 것은 만주족 선민이 동물에 대한 섬세한 관찰과 함께 인격화된 특징을 부여하고 있으며 이를 통하여 응조류의 신령이 샤먼교의 신령체계에 있어 매우 중요한 위치에 있음을 의미한다.

응조신(鷹雕神)이 샤먼교의 신령체계에서 중요한 위치를 차지하고 있는데 조신(雕神)이나 응신(鷹神)을 거느릴 자격이 되는 샤먼은 신력이 높은 샤먼임을 의미한다. 우쑤관씨 샤먼 문본에 기록된 주루쿠얼지엔(朱錄庫爾尖)과 주루찬니(朱錄産尼) 두 샤먼은 수조신(首雕神)을 그들의 수호신으로 삼았으며 가족에게서 명망이 높았다.

영금류(靈禽類) 신은 그 종류가 매우 다양한데 이는 샤먼교 신령 체계(神系)에서 두드러지는 특징 중 하나이다. 영금류가 샤먼교 신단의 반열에 올라 선 것은 이들이 인류에게 내린 은혜와 도움 덕분이다. 이러한 도움은 여러 가지 측면에서 나타나는데, 특히 깊은 산속에 사는 사람들에게 길을 인도하는 새들은 인간에게 가장 큰 공을 세웠다. 만주족의 민속과 생활에서 사냥꾼이 숲속에서 흰 새똥을 발견하게 되다면 매우 좋은 징조로 여겼으며, 숲속에서 곤경에 빠지지 않을 징조로 해석했다. 흰 새똥과 나무에 찍힌 흰색 표시는 모두 길을 가리키는 표식이라고 여겼고 이를 작서(雀書)라고 불렀다.(富育光 1990:65) 그렇기 때문에 북방의 여러 민족은 원시 종교와 신화 속에서 조류를 신격화하여 숭배하였다. 계절에 따라 움직이는 철새는 시간을 알리는 역할을 한다. 예를 들어 뻐꾸기는 울음소리로 봄이 오는 것을 알렸으며, 이를 통해 사람들은 계절의 변화에 따른 생산과 생활에 대한 준비를 하였다.

우쑤관씨에게는 다양한 영금류 신이 있는데 예를 들어 반문조(斑紋鳥), 금비조(金鼻鳥), 은비조(銀鼻鳥), 안초하노괄조(安楚河老鴰鳥), 금척령(金鶺鴒), 금다색조(金茶色鳥), 은다색조(銀茶色鳥), 대조(大鳥), 대공작조(大孔雀鳥), 두견조(杜鵑鳥) 등이 있다. 우쑤관씨의 문본에서는 이들 조신(鳥神)에 대한 서술과 함께 외부적 특징을 중점적으로 묘사하고 있는데 대표적인 예로 얼룩무니(斑紋)가 있는 새의 신인 "쿠리가스하(庫立嘎思哈)", 긴 금색 코를 가진 새의 신인 아이신워포뤄가스하(愛新倭佛羅嘎思哈), 긴 은색 코를 가진 새의 신인 멍원워포뤄가스하(蒙文倭佛羅嘎思哈)가 있다. 혹은 새가 가진 신력에 따라 영적 특징을 표현하고 있는데 예를 들어 "금색다색(金色茶色)"과 "은색다색(銀色茶色)" 두 신은 "하늘을 움직일 만한" 신력을 가지고 있다.

샤먼교의 세계에서 동식물의 신이 부여받은 신성과 신격은 종종 그 습성과 특징에 연관된 경우가 많은데, 이는 북방 선민의 생물 세계에 대한 인식을 반영하고 있다. 이러한 점은 우쑤관씨의 영금류 조신(鳥神)을 통해 추측할 수 있다. 예를 들어 우쑤관씨의 척령새 신은 하늘을 날아다니면서 천하를 주유하는 가족들을 보호하는 신격을 부여받았다. 그 이유는 바로 척령새가 놀라면 경고음을 내며 무리지어 다니기를 좋아하는 습성을 가지고 있기 때문이다. 두견새신은 종자를 퍼트리는 것과 씨족을 위하여 이주에 필요한 새로운 거주지를 찾는 신격을 가지고 있다. 이는 만주족 선민이 이 철새가 계절을 알리는 능력이 있다고 믿었기 때문이다. 그들은 계절에 따라 나타나고 사라진다. 그리고 인간의 동반자가 되어 서로 떨어지지 않는다. 그렇기 때문에 만주족 여러 가족들은 (이 새를) 신으로 삼고 공경하였다.

2.3.2. 짐승신(獸神)

샤먼교 신령의 체계 중에서 짐승신(獸神)은 크게 두 가지 종류로 나눈다. 하나는 맹수(猛獸)이고 다른 하나는 영수(靈獸 영적 동물: 역자주)이다. 맹수에 대한 숭배는 이들이 수렵민족에게 중요한 먹거리와 입을 거리를 제공한 데서 비롯하였다. 또 다른 관점에서 본다면 인류는 이들 동물이 가진 비범한 능력에 도달하기 어려웠기에 이것은 선민들이 이 동물들을 신격화 하여 (숭배하는) 중요한 원인이 되었다.

우쑤관씨가 신봉하는 수신(獸神)은 맹수가 많은데 특히 숲속의 제왕인 호랑이에 대한 숭배가 많다. 이 가족이 숭배하는 여섯 호랑이 신은 자연의 속성을 그대로 가지고 있다. 하지만 문본에서 여섯 호랑을 묘사할 때 (각 호랑이 신들에 대한 묘사의) 중점이 모두 다르게 나타난다. 예를 들어 탕게이리타쓰하(當給里他思哈 tang kiri tasha)는 와호신(臥虎神 누워있는 호랑이신: 역자 주)이며 이는 형태를 중심으로 표현하고 있다. 무한타쓰하(穆罕他斯哈 muhan tasha)은 공호신(公虎神 숫호랑이신: 역자 주)이며 성별을 강조한다. 아얼하타쓰하(阿爾哈他斯哈 alha tasha)는 화호신(花虎神 꽃무늬 호랑이신: 역자 주), 쿠리타쓰하(庫立他思哈 kuri tasha)는 반문호신(斑紋虎神 얼룩무늬 호랑이신: 역자 주)이며, 아시타쓰하(愛新他思哈 aisin tasha)는 금호신(金虎神)이다. 이들 호랑이는 털의 색깔과 무늬를 강조하고 있다. 타리쿠타쓰하(他利庫他斯哈 talikū tasha)는 비호신(飛虎神)인데 이는 달려가는 속도를 중점적으로 표현하고 있다.

곰 또한 매우 중요한 동물 중 하나이다. (곰은) 힘이 세서 숲속에서 두려울 것 없는 존재이다. 따라서 대력신(大力神)으로 모신다. 우쑤관씨의 웅신(熊神)은 두 가지가 있는데 하나는 덩치가 아주 큰 웅신(熊神)인 러얼치러푸(勒爾其勒夫 lergiyen lefu)이다. 다른 하나는 건장한 웅신(熊神)이

니서러푸(尼舍勒夫 nisa lafu)이다. 이들이 가지고 있는 신격은 모두 곰이 가진 건장함과 강인함에서 나온 것이다.

늑대에 대한 숭배 또한 샤먼교에서 나타나는 오래된 전통 중 하나이다. 특히 늑대는 돌궐어 계통의 민족들에게 가장 두드러지게 나타나는데 그들은 늑대를 조상이자 자신들의 보호신으로 믿고 있다. 우쑤관씨의 샤먼문본에 나오는 니주니허(尼朱女赫 ninju niohe)는 육십 마리로 이루어진 늑대신인데 이들은 니모추커산(尼莫楚克山)에 거주하는 군신(群神)16)이다. 늑대는 우수한 자질을 많이 겸비하고 있는데, 우쑤관씨가 늑대 군신(群神)을 만들어 낸 것은 이들이 가진 군집성과 강력한 종족 집단 관념과 밀접한 관계가 있다. 늑대는 무리지어 생활 하는데 만약 늑대무리 중 한 마리가 맹수나 사냥꾼에 의해 곤경에 빠진다면, 곤경에 빠진 늑대의 울음소리를 들은 다른 동료들은 곧바로 달려와 도와준다. 그리고 사냥한 먹이를 나눌 때에도 서로 양보하며 싸우지 않는다. 집단 속에서 어린 늑대가 성장할 때에는 비단 어미가 어린 늑대를 보호하고 아낄 뿐 아니라 다른 구성원들도 함께 이를 아끼고 보호한다. (이와 같은) 늑대 습성은 늑대를 군신(群神)으로 받아들이게 된 인식의 바탕과 심리적 근원을 제공하였을 것이다.

수달은 반수서(半水棲) 동물인데 이것의 서식지는 물가이다. 수달은 수영에 능숙하고 물고기를 잘 잡는다. 수달 또한 샤먼의 신령 중 하나인데 수달신이 신당에 강림할 때 샤먼은 도구를 이용하여 물고랑을 만든다. 이는 수달신의 습성을 표현한 것이다. 우쑤관씨의 하이룬구얼구(海倫古爾古 hailun gurgu)는 바로 수달신이다.

---

16) 여러 개체가 하나의 신으로 받들어짐. 원문에서는 "群體神"이라고 사용하고 있음. (역자 주)

2.3.3. 파충류신

샤먼교에서는 파충류를 숭배하는데 이 중 가장 높이 추존되는 것은 뱀이다. 뱀은 구멍이 없으면 들어가지 않는데 동굴이나 나무 구멍, 돌 틈이나 석혈과 같은 곳을 자유자재로 돌아다닌다. 그래서 (뱀은) 샤먼이 땅의 세계를 탐험할 때 조력신으로서 존경받는다.

만-퉁구스어 민족에게 뱀신은 여러 가지 의미를 지닌다. 뱀신은 샤먼이 부리는 신이다. 예를 들어 에벤키 샤먼 아오윈화얼(奧雲花爾)이 거느린 신들은 조상신 외에 뱀신이 있다. 허저, 에벤키, 오로첸 등 민족의 샤먼 복장에는 여러 가지 모양으로 만들어진 서로 다른 크기의 밧줄 형태를 한 장식물이 매달려 있는데 이는 모두 뱀을 상징한다.

구렁이는 만주족의 여러 씨족들이 좋아하는 신인데, 구렁이신은 만주족 샤먼교의 신들 중에서 매우 중요한 구성원이다. 지우타이(九台)의 석씨(石氏)와 양씨(楊氏) 가족은 지금도 야신제사(野神祭祀)를 지내는데, 이 두 가족에게는 모두 구렁이신에게 제사 지내는 풍습이 있다. 구렁이신이 내리면 샤먼은 뱀이 움직이는 것과 같은 동작을 하면서 춤을 추는데, (샤먼은) 땅에 누워 꿈틀거리면서 앞으로 나간다. 우쑤관씨의 샤먼 문본에는 구렁이신에 대해 전문적으로 기술한 부분이 있는데, 구렁이신의 유래, 수련 장소 및 서식지 그리고 신령의 활동형태에 관하여 구체적으로 설명하고 있다. 동시에 구렁이신에게 제사 지낼 때 준수해야 할 제사 규칙을 명확하게 지적하고 있다. 즉 "입에 향을 세 가닥 물고 신을 후하게 대접"해야 하며, 춤을 추며 제사를 지낸다. 이렇듯 구렁이신은 가족의 샤먼이 모시는 신들 중에서 매우 중요한 위치를 차지하고 있다.

이상의 내용에서는 서로 다른 형태의 동물신을 풍부한 내용으로 기

술하고 있는데 (여기에는) 역사적으로 수렵 경제에 의존하였던 만주족
선민이 그들의 신앙적 관념을 담은 산림의 모습과 수렵 경제의 특색을
잘 표현하고 있다.

2.4. 조상신

조상신에 대한 숭배는 샤먼교가 발전하는 단계에서 비교적 높은 경
지에 해당하는 숭배형태이자 근대 샤먼교의 주요한 숭배양식이다. 조상
에 대한 숭배는 전형적인 종교적 형태를 지니는데, 주로 죽은 씨족의
수장과 영웅, 그리고 씨족을 위해 공로를 세운 조상들에 대한 제의와
제사에서 집중적으로 표현된다. 사람들은 죽은 조상들의 혼이 초자연적
인 능력을 갖추고 있다고 믿었으며, 이들이 후손을 보호해준다고 믿었
다. 그리고 이러한 믿음에 따라 그들은 조상신으로 숭배되었다. 우쑤관
씨 조상신은 아래와 같이 나타난다.

2.4.1. 추장신(酋長神)

추장신(酋長神)은 씨족장 및 후기 부락의 추장이었는데, 씨족을 다스리
는데 공로가 있거나 혹은 씨족과 부락의 발전과정에서 중요한 시기에 뛰
어난 공을 세워 신령으로 추대된 사람이다. 이러한 종류의 신령은 세계
많은 민족들에게 존재한다. (雲南社會科學院宗教研究所篇 참고 1986:152~153)

우쑤관씨의 추장신은 아직까지 추장신의 초기단계에 머물러 있다고
볼 수 있는데 이 역시 조상신으로 분류되며, 주로 조직과 씨족 관리, 마
을의 사무를 담당하는 신령으로 나타난다. 우란타이만니(烏蘭泰瞒尼 ulantai

manggi), 주란만니(朱蘭瞞尼 julan manggi), 주타이만니(朱泰瞞尼 jutai manggi),
이 세 신은 모두 추장신이며 씨족의 사무를 관장하는 신이다. 투얼산만
니(圖爾散瞞尼 rursan manggi)는 "두룬(都倫)17)"에서 거주하며 이를 관리하
는 씨족장이었는데, 그가 두룬(都倫)을 지킨 공이 있어 조상신으로 모셔졌
다. 나단다(納丹達 nadanda)는 일곱 위의 군체(群體)로 이어진 수장신이다.

이상에서 남성 추장신이 씨족의 전체 영역이나 대외적 사무를 관리
하는 데 치중한다면 반면에 여성 추장신은 씨족 내부의 문제를 다스리
는 데에 그 능력을 나타낸다. 이러한 분업은 실재 사회에서 실현된 분
업의 형태가 영적 세계에서도 재현 된 것으로 이해된다. 둬커신더더(多
克新德德 doksin dede)는 매우 독특한 개성을 지닌 여성신이다. 비록 성질
이 급하고 까다롭지만 집안을 요령 있게 잘 다스린다. 이 여성신은 아
마도 살았을 때는 씨족장이나 부족장이었을 것이다. 우룬거허언두리(烏
論格赫恩都立 urun gehenduri), 콰란치마마(垮蘭齊媽媽 guwalaci mama), 웨주
거허(約珠格赫 yuju gehe) 등의 여신들은 모두 살아 있을 때는 씨족을 관
리하던 추장이었다. 추장을 신성화하여 받드는 것은 추장이 씨족의 부
락시대에 있어서 중요한 작용을 하였음을 의미한다.

2.4.2. 원조신(遠祖神)

우쑤관씨는 남성 조상신에 대한 숭배가 비교적 두드러지는데 이는
원조신(遠祖神)과 근조신(近祖神) 모두에게 해당된다. 원조신은 어떤 (신에
대한) 개념이나 통칭일 뿐만 아니라 해당민족이 가진 조상에 대한 존경
과 추모의 감정을 표현하는 대상이다.

---

17) 정확한 의미는 알 수 없다. 귀수원은 이를 어떤 지역으로 추측한다. (역자 주)

원조신에는 여러 조상신이 있으며 그들은 모두 서로 다른 의미를 내포한다. 예를 들어 터보자란자란(特博札蘭札蘭 tebejalan jalan)은 가족들이 대대로 모셔온 조상신인데 가제(家祭)의 대상이 되는 신령이다. 자란타이(札蘭泰 jalantai)는 아득히 먼 시대의 조상신을 의미한다. 안바웨이처쿠언두리(按巴倭車庫恩都立 amba weceku enduri)는 군신(群神)으로 이루어진 조상신인데 만주족 샤먼교 신의 계보에서 보편적으로 모시고 있는 조상신이다. 만주족의 서쪽 벽에는 조상의 신감(祖宗龕)을 놓아두는데 여기에는 조상판(祖宗板)과 조상갑(祖宗匣) 등의 신물을 포함하고 있다. 이것들은 조상의 신령에 대한 상징물이다. 만주족의 여러 가족은 이 군신을 신봉하고 제사를 지낸다. 이들은 만주족의 민간문화에 있어서 매우 큰 영향을 미쳤다. 만주족은 주로 서쪽에 어른을 모시는 풍속이 있는데 이는 서쪽 벽에 많은 조상신의 신위를 모시고 있기 때문이기도 하다.

2.4.3. 근조신(近祖神)

근조(近祖)라는 것은 가까운 시대의 조상을 지칭하는 말인데 대부분 구체적인 조상을 지칭한다. 우쑤관씨에게는 여러 명의 근조신이 있는데 어떤 신은 개인이며, 어떤 신은 무리를 이룬 군신(群神)이다. 예를 들어 다훈아니야아파야아(達渾阿你牙阿法牙阿 dahūn aniyangga fayangga)는 한 사람으로 이루어진 개띠의 조상신이다. 윙구마파사(翁古瑪法薩 uggu mafasa)는 증조부의 의미를 가지고 있다. 즉 여러 증조부의 신들을 의미한다. 마파타·마파·사커다(瑪法他·瑪法·薩克達 mafata mafa sakda)는 아버지 대의 노인을 이르는 말인데 이는 전형적인 군신(群神)의 형태를 하고 있다. 여기에는 아버지 세대인 "사커다(薩克達)", 할아버지 세대인 "마파(瑪法), 그리고 아버지의 윗대 여러 조상을 지칭하는 "마파타(瑪法他)"를 모두 포함하고 있다. 예를 들어 우쑤관씨의 마파(瑪法)신은 조부를 나타내는 것인데 일반적으로 모든 조상신을 가리킨다.

우쑤관씨의 조상신에 대한 연구를 통해 조상신의 내용과 그 표현형식이 매우 풍부하고 다양하다는 것을 알 수 있는데, 이는 일종의 개념의 표현이자 상징물이다. 가족의 원조신(遠祖神)이 대다수가 남성의 군신으로 이루어져 있는 것처럼 이는 조상신의 특징이다.

2.5. 영웅신

샤먼교 신령의 체계에서 영웅신은 매우 특별한 부류의 신이다. 이 신은 만주족에게만 나타나는 것은 아니며 샤먼교를 믿는 여러 민족들에게 보편적으로 나타난다. 영웅신은 신화 전설의 형식을 통해서 나타나기도 하며 샤먼교의 신단에서 영웅적 자태를 드러내기도 한다. 중국 동북 소수민족에게는 수많은 영웅신이 있다. 예를 들어 에벤키족의 『영웅시조의 전설(英雄始祖的傳說)』(中國民間文藝硏究會黑龍江分會編印 n.d.:17~18)에 등장하는 티에례야더니커(帖列亞德尼柯), 쉬루첸(索魯千) 그리고 카루언친(卡魯恩欽)같은 영웅은 모두 백발백중의 활쏘기 명수였는데 고나으로 가득 찬 세상에서 사람들을 구한 영웅이었다. 사람들은 이들을 영웅시조로 삼아 제사 지낸다. 오로첸의 가장 유명한 조상신에는 커얼터이얼(柯爾特依爾) 씨족의 수장인 마오카오따이한(毛考代汗)과 바이얼(白依爾) 씨족의 수장인 건터무얼(根特木爾)이 있는데 이들 또한 전형적인 영웅신이다. 전설에 의하면 이 두 조상신은 초인적인 사냥 능력을 가지고 있었다고 한다. 이들은 백발백중의 명사수였으며 일반인보다 힘이 아주 셌다고 전한다. 이들은 오로첸 사람들 중에서 가장 똑똑하고 용감한 뛰어난 사

냥꾼이었다.(蔡家麒 1988:132)

만주족 샤먼교의 신단에서는 군체를 이룬 영웅신들을 활발하게 모셨는데 아를 만주어로 "만니신(瞞尼神)"이라고 한다.(宋和平 1990:98~102). 이들 영웅신은 여러 가지 특징적인 유형으로 나눌 수 있다. 전략에 능한 전쟁의 장수, 싸움에 능한 용맹한 전사, 뛰어난 기예를 가진 영웅, 이들은 모두 영웅의 계보를 이루는 일원이다.

우쑤관씨의 영웅신은 전형적인 영웅의 품격을 가지고 있다. 예를 들어 서얼가타이바투루(色爾嘎泰巴圖魯 selgatai baturu)는 부락 전쟁시대의 영웅이다. 신가에서는 "양손에는 쇠로 만든 쇠메와 금으로 만든 쇠메를 쥐고 원수가 쳐들어오는 길을 막아섰네."라면서 용감하기 그지없는 전투 영웅신을 찬양하고 있다. 여기서 사람들은 그를 필사적으로 저항하며 아무도 막아설 수 없는 영웅의 형상으로 묘사하고 있다. 훠룽구언두리(霍龍古恩都立 horonggu enduri)는 "힘이 세며 위풍당당"하다는 의미가 있다. 그는 무사신이며 씨족을 지키며 부락의 안전을 보호 하는 일을 한다. 아이신타이만니(愛新泰瞞尼 aisintai manggi)는 긴 말갈기를 휘날리는 붉은 말에 금과 은으로 만든 재갈을 채워 타고 다녔다. 그는 쇠로 만든 활을 들고 다니는 영민하고 용맹한 전투의 신이다. 이 신의 형상에서는 그의 영웅적인 기개와 특징을 잘 드러난다.

영웅신의 품격은 그들이 지닌 용맹하고 두려움 없는 인품의 특징을 표현하고 있을 뿐 아니라 범속을 초월한 무공 또한 겸비하고 있다. 예를 들어 우다오언두리(烏道恩都立 u dao enduri)는 밧줄에서 벗어날 수 있는 신공이 가진 영웅신인데 뛰어난 무공을 지니고 있다. 아쑤라부쿠(阿蘇拉布庫 asula buku)는 씨름으로 천하에 대적할 자가 없는 영웅이며 서러타이만니(色勒泰瞞尼 seletai manggi)는 강철처럼 강인한 영웅신이다. 우윈주루만니(烏雲朱錄瞞尼 uyun juru manggi)는 아홉 쌍의 신령으로 이루어진 영웅신이다. 우쑤관씨의 샤먼문본은 생동감 있는 언어로 영웅신의 형상을 묘사하고 있는데 (이를 통하여) 그들은 두려움 없는 용맹함과 영웅주의적 정신의 실현을 표현하고 있다.

샤먼교에서 영웅신이 나타난 것은 사회적 원인과 매우 깊은 관계를 맺고 있다. 오랜 시간 지속하였던 전쟁과 수렵 생산 활동으로 인해 샤먼교에서 영웅숭배 전통은 만주족이 영웅신을 만들어내는데 기초가 되었다. 영웅숭배는 만주족의 심리적 자질과 가치관념, 윤리도덕 그리고 민족정신의 변화에 폭넓은 영향을 미쳤다. 말갈인(鞨人)이 전하는 "세 남자가 호랑이와 같다.(三男如一虎)"라는 말과 "여진이 만 명을 넘으면 척지면 안 된다.(女眞過萬不可敵)"라는 말에서부터 청대에 "팔기 제자는 출정이나 사냥을 떠난다는 말을 들으면 모두 즐겁게 앞을 다투어야 한다.(八旗弟子一聞行師出獵, 皆踊躍爭先)"라는 개념에 이를 때까지, 만주족 선민은 용맹스러운 성품과 문화를 숭상하는 전통이 있었다. 오랜 시간 동안 이주와 전쟁의 역사를 거치면서 만주족 여러 씨족들이 자신들만의 영웅을 배출하였는데, 이처럼 씨족들은 공로가 있는 영웅을 신성시하였다. 이는 만주족이 무예를 숭상하는 정신적 전통의 실현으로 이해된다.

2.6. 샤먼신

만주족의 샤먼교는 일종의 씨족 본위의 종교 형태를 가지고 있다. 샤먼신은 같은 성씨의 가족 중에서 살아생전에 명망이 높은 샤먼이었다. 이들 모두는 살았을 때 뛰어난 신기(神技)와 신력(神力)을 가지고 있었으며 또한 가족에게 많은 공을 세워 사후에 신으로 모셔졌다. 우쑤관씨의

샤먼신들은 서로 다른 능력을 구비한 존재로 신비하고 신성한 샤먼의
세계를 구성하고 있다. 이 가족의 샤먼신은 모두 세 가지 부류로 나타
난다.

2.6.1. 신기(神技)가 뛰어난 샤먼신

이러한 유형의 신령에 대해서 문본에는 여러 가지 방법으로 신기(神
技)와 특징을 표현하고 있다. 우란타이마파이언두리(烏蘭泰瑪法依恩都立
ulantai mafai enduri)는 몸에는 금쇠메(금방망이)를 차고 등에는 은쇠메(은
방망이)를 매고 있는 형상으로 나타나는데 그는 방망이를 잘 휘두르는
샤먼신이었다.

다오산신(道山神 dao šan), 펑즈신(豊子神 fang tsi enduri)은 우쑤관씨가
모시는 샤먼신인데 그들은 상도산(上刀山)[18]의 신공을 지니고 있으며
이 때문에 신으로 모셔졌다. 과거 우쑤관 가족의 말띠 샤먼인 관시무(關
錫穆)는 칼을 타고 오르는 의식을 거행할 때 다오산신과 펑즈신을 청하
였다고 한다.

후무루마파신(胡穆魯瑪法神 humhuru mafa)은 오래전부터 전해오던 신
으로, 우수관씨들이 대대로 섬기던 샤먼신이다. 이 신은 "머리에서 뿔이
자라고 입 속에는 긴 송곳니가 있다. 머리에는 팔 십 마디, 구 십 마디
로 이루어진 작은 칼을 돌려 올렸고 강력한 힘으로 귀신과 싸워 이겼
다."라고 전한다. 이로 미루어 볼 때 (그는) 독특한 초자연적인 신력을
가지고 있음을 알 수 있다. 이 신령의 형상에는 원시인류의 사유관념을
반영하고 있는데 위력적이고 포악한 모습을 하고 귀신과 싸워 이겼다.

---

18) 칼을 타고 장대를 타고 오르는 기술, 한국의 작두타기와 비슷함. (역자주)

샤먼신들이 귀신을 굴복시키는 기술에는 서로 다른 특징이 있다. 긴 머리카락을 꽈배기처럼 땋아 야귀(野鬼)[19]를 잡는 타리치마마(他立其媽媽 taliki mama), "손에 삼지창을 들고 세 모퉁이를 살펴보고 네 모퉁이를 청소하는" 가택의 청결과 안녕을 보장하는 이러투이바간(依勒圖依巴干 iletu ibagan), 바얼주(巴爾朱 balju) 귀신을 정복하여 쇠로 만든 수레에 봉인하여 씨족의 부락 바깥으로 쫓아 버리는 콰란마파(垮蘭瑪法), "큰 그물을 쳐서 땅위의 귀신을 잡고 여러 귀신을 쫓아낸" 쑤라부쿠(蘇拉布庫 sula buku) 등이 있는데 이처럼 각자의 방법으로 귀신을 굴복시키고 사회의 평안을 기원한다. 이렇게 샤먼은 혈연 집단의 보호자로서의 그 역할을 실현하고 있다. 귀신을 정복하는 샤먼신이 나타나게 된 것은 근본적으로 샤먼교의 관념이 만들어낸 것이다. 이들은 우주가 여러 층위로 구성되어 있으며 신과 귀신, 사람은 서로 다른 층위의 세계에 거주하고 있다고 믿었다. 샤먼만이 신을 청하고 귀신을 정복하여 인간들을 편안하게 보호 할 수 있다고 믿었다.

자커싸투만니(札克薩圖瞞尼 jaksandu manggi)는 "악의 세력을 누르고 그 형세를 바꾸어 죽음의 세계로 가서 명이 다한 영혼과 잡혀온 영혼에게 수명을 보태주는" 샤먼신이다. 이 신의 신력은 두 가지로 나타나는데 첫째 위기의 순간을 새로운 국면으로 접어들게 하여 위험한 상태를 벗어나게 한다. 또한 죽음의 세계에서 초자연적인 정령과 소통하여 죽은 사람들의 영혼을 돌아오게 하며 수명이 다한 사람에게 수명을 더해준다.

만주족의 샤먼교 체계에서 제의를 집행하는 사람 중 책임자를 "샤먼다(薩滿達)"[20]라고 부르는데 이들은 주로 신단에 관한 일을 관리하며,

---

19) 들판에 돌아다니는 귀신. (역자주)
20) 達은 만주어로 두목, 수령, 장관, 뿌리, 근원 등의 의미를 가지고 있다.

다른 샤먼과 함께 각종 신에 대한 활동을 완수한다. 샤먼다는 일반적으로 종합적인 자질을 구비하고 있으며 신에 대해 비교적 높은 능력을 지니고 있다. 승사사부(僧舍師傅)는 원래 아홉 부락에서 추대를 받은 샤먼다였는데 전체 아홉 개 부락의 샤먼 활동을 통솔하였다. 그 직분의 신령한 범위는 일반 샤먼신보다 더 넓었고, 한 단계 더 높은 경지의 신통을 지니고 있었다. 따라서 "아홉 씨족의 승사사부(僧舍師傅)"이라는 명칭을 얻게 되었다.

2.6.2. 가족 문화의 창조와 계승을 담당하는 샤먼신

샤먼은 씨족 문화의 대표이자 중요한 전승자이다. 씨족의 문화를 전승하고 기예를 만들어 내는데 있어서 중요한 역할을 한다. 이러한 공헌은 이미 사람들이 잘 알고 있는 것으로 세계적으로 예외가 없다. 우쑤관씨족의 샤먼신은 특별한 사례로 만주족 샤먼의 사료를 풍부하게 만들었다.

아다리(阿達立 adali)는 문무를 겸비한 샤먼신이다. 그는 법력이 높을 뿐만 아니라 "다섯 샤먼이 가진 신통보다 더 강하고 여섯 샤먼이 가진 신술의 능력보다 더 뛰어났다."고 전한다. 그리고 문화적 성취 또한 비교적 높은 샤먼신이다. 그는 과거 겨울에 눈이 오는 곳에서 가장 필요한 교통수단인 썰매를 만들었는데 이것은 마치 쏜살처럼 빨라서 북방에서 겨울에 사용하는 간편한 교통수단이 되었다. 그는 또한 제도문화와 당시 사회의 관리조직을 만들어 냈다. 이런 것들은 모두 만주족 선민에게 있어서 가장 중요한 것이었다.

한 쌍으로 이루어진 주루찬니(朱錄産尼 juru canni)와 주루쿠얼지엔(朱錄庫爾尖 juru kūrkiyan) 신은 "제 일대 사부(師傅)"으로 불린다. 우리는 다

년간의 민간 조사를 통해 만주족 민간에서 부르는 "사부(師傅)"라는 호칭
은 주로 샤먼에 대한 호칭이라는 것을 알게 되었다. 이에 따라 우리는
이 두 신을 이 가족의 첫 번 째 샤먼신으로 본다. 그들은 살아서 사람들
에게 불을 사용하는 방법과 부자가 되는 방법을 가르쳤다.

아다리, 주루찬니와 주루쿠얼지엔 세 샤먼신은 구체적으로 문화전승
의 역할을 수행하고 있으며, 샤먼이 인류의 문명과 문화 발전에 있어서
기여한 공헌을 충분히 나타내고 있다. 이는 소련의 민속학자 И·А 로파
틴이 지적한 것처럼 "샤먼은 단지 신에 대해 제사를 지내고, 의료행위를
하고 점을 치는 사람일 뿐만 아니라 민간에서 구술하는 시가와 예술의
창시자였으며 민족의 희망과 환상을 노래하는 사람이다. 샤먼은 이야기
와 노래를 보호하고 창작하였는데 이는 민족의 지혜와 지식의 전범(典
範)이 되었다."(1990:76)라고 말하고 있다. 우쑤관씨에게 아다리와 같은
샤먼신이 탄생한 것은 바로 만주족에게 고대 샤먼이 문화와 지식의 축
척과 전승에 공헌이 있음을 의미한다.

한 가지 언급할 만한 가치가 있는 것은 우쑤관씨의 대신문본에서는
말띠 샤먼인 관시무바오(關錫穆寶)에 대해 여러 차례 언급하고 있는데
그는 이들 가족의 역사에서 명성이 높은 대샤먼이었다. (그는) 생전에
광명정대하고 타인을 돕기를 좋아하였으며, "섬단(閃緞)[21]을 탐하지도
않았고 망단(蟒緞)[22]을 탐하지도 않았던 유명한 샤먼"이었다고 전한다.
그는 가족들에게 높은 명망을 얻었으며 따라서 그가 죽은 후 "광명과
진실의 땅"을 얻었다고 한다. 만주족 샤먼은 전문적으로 이러한 광명을
얻기 위해 수련하였는데, 관시무바오 샤먼은 높은 인격과 품격으로 친

---

21) 표면이 매끈하고 번쩍이는 비단. (역자주)
22) 직조가 뱀모양을 하고 있는 비단. (역자주)

족들에 의해 신령으로 추존되었으며 대대로 제사를 흠향하게 되었다.

2.6.3. 샤먼의 수호신

샤먼교의 세계에서 샤먼들은 모두 자신이 부리고 있는 신을 매우 중
요하게 생각한다. 샤먼교의 관념에서는 샤먼이 지니고 있는 초월의 능
력은 모두 수호신의 도움 때문이라고 여긴다. 샤먼은 언제든지 그들을
불러 올 수 있으며, 이들은 제사를 주관하는 샤먼을 도와 각 항목의 신
사를 완수할 수 있도록 한다.

샤먼의 수호신은 동물신일 수도 있고 조상신일수도 있으며 혹은 샤
먼신일 수도 있다. 이는 북방 민족의 샤먼에게 매우 보편적으로 나타나
는 현상이다. 예를 들어 커얼친(科爾沁) 몽골족의 유명한 샤먼인 서런친
(色仁欽)은 이미 고인이 된 샤먼이었던 조부 하르나사(哈日那撒)를 수호신
으로 삼았다. 다우르족 샤먼 쓰친과링(斯琴掛領)은 그가 속한 어넌하라
(顎嫩哈拉) 보쓰후첸무쿤라마(博斯胡淺穆昆拉瑪) 샤먼을 신령으로 삼았다.
이는 혈연 집단에서 면면히 전해 내려오는 무통(巫統)을 나타낸다.

우쑤관씨 대신문본(大神文本)에 기술된 샤먼들은 모두 자신의 수호신
을 가지고 있다. 이 중 투쓰캉치마파(圖斯康期瑪法)가 거느린 신은 조신
(雕神)이다. 제의를 주관하는 말띠 샤먼이 모시는 주신(主神)은 후무루마
파신(胡穆魯瑪法神)인데 그는 우쑤관씨가 오랫동안 믿어온 샤먼신이다.
이 샤먼은 그 외에도 남성 달의 신(男月神)인 진판만니(金盤瞞尼 jinpan
manggi)와 여성 달의 신(女月神)인 진판더더(金盤德德 jinpan dede)를 당직
신으로 삼았다. 이때 두 남녀 달의 신에게 근본적인 변화가 생기는데
자연신에서 샤먼의 수호신으로 탈바꿈시킴으로써 우쑤관씨의 뛰어난
샤먼의 신력을 돋보이게 한다. 우쑤관씨 샤먼이 거느린 신은 동물신도

있고 샤먼신도 있고 일월신도 있다. 이는 만주퉁구스 민족의 전형적인 샤먼의 관념을 나타내고 있다고 볼 수 있다.

2.7. 직능신(職能神)

직능신이란 구체적 자연사물을 지칭하는 것이 아니라 자연사물이 가지고 있는 특별한 속성과 기능을 이르는 말이다. 그들은 어떤 한 씨족의 조상이나 수장이 아니며 그 사회에서 원시 직종을 창건한 사람이거나 혹은 어떤 종류의 업종에 대해 성공과 실패를 조정하는 사람이다. 그들은 구체적으로 드러나는 특수한 형상이 아닌 추상적인 성격을 드러내곤 한다. 우리는 이러한 종류의 신령을 직능신이라 부른다.(呂大吉 1998:171). 이미 발표된 만주족 샤먼문본에 의하면 만주족에게 직능신은 그다지 발달하지는 않았다. 그렇지만 우쑤관씨에게 존재하는 여러 종류의 직능신은 서로 다른 측면에서 이 가족이 발전해 온 역사를 반영하고 있는데 이는 우리가 알고 있는 종교적 직능신에 대해 새로운 자료와 함께 새로운 시각을 제시하고 있다.

2.7.1. 농업신

만주족 우쑤관씨는 동해여진의 후예로 초기에는 수렵과 어로를 주요 생산 방식으로 삼았다. 그러다가 이들에게 농업문명과 관련 있는 신령이 출현하였는데 이는 농업문명이 발전해온 흔적과 이것이 인간생활에 미친 물질적, 정신적 영향을 반영하고 있다. 우란타이바투루(烏蘭泰巴圖魯 ulantai baturu)는 종자를 퍼트리는 신이다. 그는 "씨앗을 뿌리며 쑹화강 구석구석을 내달려 돌아다니다 강림하였다."고 한다. 일곱 쌍으로 이루어진 군신인 나단주루만니(納丹朱錄瞞尼 nadan juru manggi)는 풀씨를 전파하는 신이다. 그들은 원시 농업의 발생과 발전의 과정에서 중요한 역할을 하였다.

종자의 보존과 전파가 농업생산에 있어서 가장 먼저 처리해야 할 과제라면, 농작물의 어린 싹을 보호하는 것은 가장 중요한 과정 중 하나이다. 아얼후치마마(阿爾護其媽媽 arhu ci mama)는 식물이 싹을 잘 틔우게 하는 동시에 어린 싹의 생장을 보호하는 여신이다.

농업의 발전에 따라 원시 원예업 또한 함께 발전하였다. 우쑤관씨의 샤먼문본에는 원예와 관련 있는 세 신령이 있다. 꽃의 신인 이얼카주거허(依爾卡朱格赫 ilkaju gehe)는 풀뿌리에서 태어났다. 두 명의 언두리마마(恩都立媽媽 enduri mama)는 나무를 심고 화초를 가꾸는 것에 관여하는 신이다.

농업의 출현과 함께 가축을 키우는 목축업 또한 점진적으로 발전하였는데, 이 방면의 신령 또한 (목축업과) 함께 나타났다. 우친나아거(烏欽納阿哥 ukinna age)는 가금류와 가축의 사육을 담당하는 신령이다. 이 신은 씨족 내에서 가축을 능숙하게 사육하고 길들이는 사람에서 비롯되었는데, 그의 명칭에 나타난 아거(阿哥)라는 단어를 통해 이 신이 남성임을 추측할 수 있다. 가축사육에 관해 남성신이 출현한 것은 일반적으로 사회에서 남성이 가축을 돌보고 길들이는 과정에 참여하는 것과 부합한다. 원림(園林)의 화신(花神)과 꽃을 보호하는 신은 여성이 많으며 가축을 키우는 신은 남성이 대부분이다. 이렇게 신령의 직무를 분리 하는 것은 원시 사회의 가정 내의 분업에 대한 역사와 서로 부합하며, 이는 또한 북방 농업 발전의 역사와 그 흔적을 반영하고 있다.

2.7.2. 공장신(工匠神)

세계 여러 민족의 신화에는 공장신의 지위는 비교적 특수한 위치에 있다. 고대 그리스 신화에서 공장신인 헤파이토스는 전형적인 상징 의미를 지니고 있는데, 이는 호메로스 시대의 수공업 현황과 수공업자에 대한 지위 그리고 그 작용에 대하여 반영하고 있다.

인류 초기 사회의 공장(工匠)들은 지식과 기술을 겸비한 집단으로, 당시에 선진 생산 도구를 잘 다루는 특수 집단이었다. 그들은 인류가 누리는 물질문명을 창출하였고, 인류의 물질생활을 개선하는데 특출한 공헌을 하였다. 우쑤관씨의 샤먼문본에는 형태와 특징이 다른 여러 명의 공장신이 기록되어 있다. 그들은 모두 뛰어난 기술을 지니고 있으며 수공업 영역에서 뛰어난 장인이다.

① 건축신(築屋神)

주택은 가장 오래된 인류의 건축물 중의 하나이다. 자연적으로 형성된 나무 둥지나 동굴에 거주하는 것과 비교한다면 인간이 만든 건축물은 인류가 크게 발전하였다는 것을 나타낸다는 것에 대하여 의심할 여지가 없다. 우쑤관씨의 바가이러바투루(法蓋勒巴圖魯)는 주택의 창을 발명하고 제작한 신이다. 여기서 언급하고 있는 "창"은 현대 건축물에서 말하는 창이 아니라 원시 시대 인류가 거주하는 움집에 만들어진 동굴의 문이다.

반수혈식 주거 방식은 원시 시대의 보편적 주거 형태이다. (이러한 주거형태는) 중국에도 광범위하게 분포되어 있다. 샤먼교를 믿었던 선 민족이 활동하던 지역 또한 이런 형태의 주거 유적이 등장한다. 예를 들어 무단강(牧丹江) 유역의 잉거령(鸎歌嶺) 유적지, 둥캉(東康) 유적지, 헤

이룽강성 둥닝현(東寧縣) 퇀제(團結) 유적 등 반수혈식 주거형태를 가진 유적지가 적지 않게 발굴되었다.(黑龍江省文物工作隊 1981: 黑龍江省博物館 1975: 黑龍江省文物考古隊, 吉林大學考古專業 1979: 內蒙古社會科學院蒙古史硏究所, 包頭市文管理所 1984)

역사 문헌에도 (이에 대한) 많은 기록이 남아 있는데, 예를 들어 만주족 선민인 물길인(勿吉人)은 "벽을 쌓고 땅을 파서 거주 하였는데 집의 형태는 마치 무덤 같았다. 입구는 위로 나 있고 사다리를 놓아 출입하였다(築堤鑿穴以居, 室形似塚, 開口於上, 以梯出入)"라는 기록이 있다.(杜佑 1984:439)

이러한 건축 양식은 오늘날의 관점에서는 매우 낙후되어 보이지만, 원시 사회에서는 하나의 위대한 발명이었고 이를 발명해낸 사람은 인류에게 큰 공을 세웠기에 문화 영웅신으로 숭배되었다.

② 침선신(製衣神)

오랫동안 북방의 원시 선민들은 고기를 먹고 그 가죽으로 옷을 만들어 입는 소박한 생활을 해 왔다. 옷을 만드는 기술자의 출현은 생산기술과 함께 발전해 왔으며, 이와 함께 복장의 개진(改進)이 이루어졌다. 우쑤관씨의 샤먼문본에 등장하는 구라쿠마마(古拉庫媽媽 kūrakū mama)는 옷을 만드는 여신이다. 그녀는 나무껍질과 나뭇잎 그리고 버드나무 가지로 옷을 만들었고 사람들은 이것을 몸에 둘러 추위를 막고 신체를 가렸다.

③ 대장장이신(鐵匠神)

대장장이에 대한 숭배는 세계 여러 민족에게 전반적으로 분포되어 있다. 대장장이에 대한 숭배는 공통점이 있는 반면에 특수성도 있다. 부리야트 사람들에게 대장장이에 대한 숭배는 매우 두드러진다. 부리야트 사람들은 쇠를 다루는 대장장이의 기술과 도구가 모두 신령한 탱그리가 내려준 것이라 믿는다.(Г.Р Галданова, 1993:35) 대장장이는 아프리카 여러 민족의 종교에서도 특수한 지위를 가지고 있다. 대장장이는 범속을 초월하며, 일반인과는 다르다고 믿었다.(С.А Токарев, 1985:162~163)

만주족 우쑤관씨의 대장장이신인 시부러(錫布勒 sibure)의 주요 직능은 "제사를 지낼 때 붉은 불을 이용하여 만든 쇠줄을 사용하기 시작하였다."라는 것이다. 따라서 그는 가장 먼저 불로 도구를 만들어낸 대장장이 신이다.

2.7.3. 춤의 신(舞蹈神)

샤먼교는 자연스럽게 여러 예술 양식과 관계를 맺고 있는데 이는 각종 예술을 종합한 것이다. Andreas Lommel은 『샤먼교-예술의 기원(薩滿敎, 藝術的開端)』[23]에서 "샤먼교는 모든 예술의 중심이다.", "가장 초기의 예술가는 샤먼이었다."라고 밝히고 있다.

만주족 샤먼교의 신령 체계에서 춤의 신인 마커신(瑪克辛 makɛin)은 여러 만주족 씨족들이 보편적으로 제사지내는 대상이다. 그렇지만 이 춤의 신에 대한 형상은 이를 믿는 각 가족 사이에서의 (이해와) 완전히 일치 하지는 않는다. 우쑤관씨의 마커신 신은 한 쌍으로 이루어 무도신인데, 신가에서는 "제사를 올리고 잔치를 여는데 마커신언두리(瑪克神恩都立) 두 분을 초청합니다."라고 말하면서 명확하게 그 형상을 표현한다.

---

23) 『Shamanism the Beginnings of Art』. (역자 주)

2.7.4. 소식을 알려 주는 신(信息神)

소식을 전해 주는 신은 과거 통신이 발달하지 못하였던 사회적 조건과 관계가 깊다. 원래 고대 중국에서는 비둘기를 신으로 섬기는 풍습이 있었는데, 이는 일찍이 과거 민족들이 날아다니는 새를 이용하여 전서(傳書)하는 방법을 발명한 것과 관계가 깊다. (사람들은) 비둘기의 뛰어난 방향 감각과 비행의 노선을 잘 기억하는 습성을 이용하여 비둘기를 길들였고 소식을 전하는 속도를 높였다. 이로써 비둘기는 인간의 통신 생활에서 소식을 전하는 전달자가 되었다. 그리고 비둘기가 서신을 전하는 방법은 점점 보편적으로 발전하였다.

우쑤관씨의 아이신창치(愛新暢其 aisin canggi)와 멍원창치(蒙文暢其 menggun canggi)는 소식의 전달을 담당하는 통신의 신이다. 신가에 의하면 이 가족은 우쑤리강의 깊은 곳에서 쑹화강 유역까지 점차적으로 이주해 왔다고 기록하고 있는데, 여기서 이 신들은 "소식을 주고받는" 능력을 가지고 있다. 우쑤관씨의 족보에 의하면 이들의 조상은 우쑤리 지역에서 거주하다가 여러 차례의 이주 과정을 거쳐 우라(烏拉)에 정착하였다고 전한다. 따라서 여기에서 언급한 "소식"이 이주의 방향과 경로 등, 이 가족의 생존과 발전에 있어 비교적 큰 문제와 연관된 것임을 알 수 있다.

제디언두리(階帝恩都立 jiyei dai enduri) 또한 소식을 전하는 신이다. 그렇지만 그가 전하는 소식은 신령과 신령 사이에서 전달되는 "소식"이다. 즉 가장 높은 신령이 하급 신령에게 자신의 뜻을 전달하는 것인데, "하늘의 옥황이 명령을 내릴 때는 제디신을 파견하여 서찰을 신마마에게 전달케 한다."라고 하였다. 따라서 이를 "전달신(傳達神)"이라도 부른다.

2.7.5. 치병신(治病神)

샤먼교의 만신전에서는 병을 고치는데 관여하는 신의 비중이 비교적 큰 위치를 차지하고 있다. 여기에는 각종 병을 주관하는 신(司病神), 약의 신(藥神), 생육의 신(生育神) 등, 인류의 번성과 질병의 치유, 돌림병의 제거와 같은 보건과 관련된 신들이 포함되어 있다. 우쑤관씨에게 치병에 관한 신은 비록 그 수가 많지는 않지만 특이한 형태를 가지고 있어서 샤먼교의 치병신에 관한 신령체계를 더욱 풍부하게 한다. 그중에서 아얼후치마마(阿爾胡齊媽媽)는 병을 고치는 할머니신이다. (그녀는) "여덟 종류의 질병을 잘 고치는데", 여기에서 "여덟"은 "일반적"이라는 의미를 지닌다. 각종 병을 두루 고치는 신령 이외에도 전문적인 병을 치료하는 신령도 있는데 예를 들어 조도신(鳥刀神)은 가슴 통증만을 전문적으로 치료하는 신이다.

치병신의 다양성으로 인해 전염병 예방 및 치료에 관한 신이 등장하게 되었다. 예를 들어 펑타러만니(豊他勒瞞尼 feng tale maggi)는 천연두를 고치는 신령이다. 이러한 종류의 신령은 북방 민족에게 보편적으로 나타난다. 이는 과거 사회에서 의료와 보건위생이 원시적이고 낙후되어 천연두와 홍역 같은 전염병이 유행하였는데 (이러한 병들은) 언제나 민족 전체를 절명의 재난에 처하게 하였다. 그렇기 때문에 북방 민족 샤먼교의 신령 체계에서는 각종 천연두신과 전염병을 주관하는 신령이 출현하게 되었다. 예를 들어 오로첸족의 "삼선녀(三仙女)"는 인간 세상의 전염병을 주관하고 있는데, 이 중 "어구두냥냥((額古都娘娘)"은 천연두를, "니치군냥냥(尼其昆娘娘)"은 홍역을, "어후냥냥(額胡娘娘)"은 장티프스와 열병을 관장하였다. 우쑤관씨의 펑타이러만니의 직책은 이 냥냥신들과 비슷하다.

직능신의 출현은 사회에서의 명확한 분업이 샤먼교에 반영된 것이다. 직능신의 숭배는 인류 역사 속에서 어떤 한 종류의 직종을 창출한 문화 영웅에 대한 그리움과 숭배를 반영한 것이다. 동시에 당시 사람들이 새로 생긴 직업의 본질과 규율을 완전히 인식하지 못했고 (이에 따른) 생산과 경영의 과정을 미처 숙지하지 못한 관계로 직능신의 도움을 요구 할 수밖에 없었다. 우쑤관씨는 여러 명의 직능신을 만들어 냈는데, 이는 만주족이 샤먼교에 대한 관념의 발전 및 만주족 사회의 역사적 변천을 밝히고 있다고 말 할 수 있다.

2.7.6. 베이러, 베이즈신(貝勒, 貝子神)

베이러, 베이즈신은 만주족 샤먼교에서 자주 볼 수 있는 신령 중 하나이다. "베이러(貝勒)"는 청대 귀족의 세습 작위이며 왕 혹은 제후의 의미를 지닌다. 이 지위는 친왕이나 군왕에 버금간다. "베이즈(貝子)"는 원래 베이러의 복수 형식이었으나 후일 베이러와 구분하여 청대 종실에서 내리는 작위의 등급 중 하나가 되었다. 이 지위는 베이러보다 한 등급 아래에 있다. 만주족의 여러 가족은 황실에서 내리는 작위의 명칭으로써 신령의 명칭을 삼았는데, 이렇듯 만주족 샤먼교의 신령 체계에서 (세속의 작위가) 신령의 한 종류를 이루고 있다는 것은 매우 주목할 만한 현상이다. 베이러신과 베이즈신은 따로 등급을 구분하지 않는다. 단지 각 가족의 전통에 따라 그 명칭을 베이러신과 베이즈신으로 구분해서 부를 따름이다.

만주족 씨족의 신령 중에서 베이러, 베이즈신으로 명명된 신령은 아주 많은데, 이들이 관장하는 분야도 서로 다르다. 그리고 이들의 역할도 가족에 따라 서로 다르게 나타난다. 우쑤관씨의 베이러, 베이즈신들은 각각 대신제와 가신제의 두 체계에 분산되어 속해 있다. 예를 들어 주서베리러신(朱色貝勒神 juse beile enduri)는 대신제의 신령에 속하며 멍구러베이즈(蒙古羅貝子 monggulo baise), 뉴훈베이즈(牛渾貝子 niohūn beise), 사얼간지베이즈(薩爾干吉貝子 sarganji beise), 바오얼훈베이즈(包爾渾貝子 bolhūn beise)는 가신제의 신령에 속한다. 이 신령들의 역할은 수식하고 있는 만주어 단어의 의미로 알 수 있다. 예를 들어 주서베이러는 자손에 관한 베이러신, 뉴훈베이즈는 녹색의 베이즈신, 사얼간지베이즈는 여자아이 신 등, 수식하는 단어의 의미에 따라 신의 직능을 나타내고 있다. 우쑤관씨의 베이러, 베이즈신은 각자 서로 다른 부분을 주관하는 신의 집단이며 내용 또한 풍부하여 민족의 특색을 분명하게 드러낸다. 이는 샤먼교의 만신전에서 독자적으로 그 색채를 드러냄으로써 만주족 샤먼교의 신령 체계의 다양하고 풍부한 면모를 나타낸다.

2.8. 불교신(佛敎神)

만주족과 그 조상들은 대대로 샤먼교를 신봉하였다. 샤먼교는 이 민족의 신앙체계 중에서 언제나 주도적인 위치를 차지하고 있었다 그렇지만 만주족 사회가 발전하면서 한족과 문화적 교류가 빈번해 짐에 따라 만주족 여러 가족도 서로 다른 층위에서 불교, 유교, 도교 등의 외래 종교의 영향을 받았다. 이 중 불교는 만주족에게 가장 큰 영향을 미쳤다. 심지어 불교는 일정 부분 샤먼교에 스며들어 샤먼교에 불교적 요소가 융합하게 되었다. 이러한 상황은 청나라 황궁 샤먼 제사에서 비교적 눈에 띠게 나타난다. 청나라 조정이 곤녕궁(坤寧宮)에서 지내는 조당의 신령에는 부처와 보살 등, 불교의 "객신(客神)"이 모셔져 있고 이와 함께 불정(佛亭)과 불상도 배치하였다.

만주족 민간에서는 비록 대대수의 가족이 여전히 샤먼교의 전통을 유지하고 있었지만 일부 가족들이 불교의 영향을 받은 것 또한 의심할 여지가 없다. 예를 들어 "신(神)"을 "산포(善佛)" 혹은 "포예(佛爺)"라고 부르는 등, 신의 이름을 바꾸어 부르고 있었는데, 우쑤관씨의 문본에도 "신"을 "산포(善佛)"나 "포예(佛爺)"로 부르는 경우가 있다. 예를 들어 자란타이산포(札蘭泰善佛), 류즈포예(柳枝佛爺)는 만주족의 전통 신령인데 "산포(善佛)"나 "포예(佛爺)"로 불리면서 전통적으로 만주족 신령에게 사용하는 "언두리(恩都立)", "마파(瑪法)" "마마(媽媽)" 등의 호칭을 대체하고 있다. 이는 불교가 샤먼교에 주로 형식적인 측면에서 영향을 미쳤다고 할 수 있다. 그렇지만 다라이라마(達賴喇嘛 dalai lama)는 우쑤관씨 샤먼교의 신령 체계에 정좌해 있는데 이는 연구할 만한 가치가 있는 문제이다. 이는 티베트 불교가 우수관씨 샤만교에서 이미 실질적으로 영향력이 발휘하는 것으로 볼 수 있으며 샤먼교 신령체계에서 새로운 요소를 증가시키고 있다고 할 수 있다.

3. 신령체계의 특징

만주족 샤먼교는 언제나 씨족을 본위로 견지하고 있으며 각 씨족의 샤먼신은 자체적으로 체계를 이루고 있다. 만주족의 가족들이 외래에서 건너온 신을 흡수하는 것도 본 씨족이 견지하는 샤먼교의 기초 위에서 이루어진 것이다. 이는 만주족 샤먼교의 공통적으로 나타나는 명확한 특징이다. 다른 만주족 가족의 신령과 우쑤관씨의 샤먼교 신령 체계를 종합하여 비교하여 볼 때 구체적으로 아래와 같은 특징을 지닌다.

3.1. 비교적 잘 갖추어진 신령 체계

우쑤관씨 샤먼의 신령체계는 비교적 온전하게 잘 갖추어져 있다. 신령의 종류가 풍부하여 이상에서 언급한 여덟 부류의 신령을 토대로 자연신, 생물신, 사회신 등, 종교적 신령의 기본 유형을 포괄하고 있다. 이상에서 언급한 여덟 유형의 신령 중 일부는 더욱 다양하게 세분화 할 수 있는데 이를 통하여 볼 때 신령의 직능이 이미 상당히 세분되어 있음을 알 수 있다. 이 가족이 모시는 신령유형은 만주족 다른 가족이 보유한 신령보다 훨씬 풍부하고 세분화 되어있다. 둘째, 신령의 이름을 명명하는 방식에 있어서 일정한 형식을 지닌다. 신령의 이름은 대부분 만주어로 되어 있고 일부 신령은 만주어와 한어를 혼합하여 사용한다. 신령들의 명명법은 비교적 일정한 틀을 지니고 있는데 예를 들어 영웅신은 신령의 이름 뒤에 바투루(巴圖魯), 만니(瞞尼) 등의 만주어 호칭을 사용하고 있으며, 귀신과 정령의 표현하는 방식은 기본적으로 아리(阿里)와 이바간(依巴干)을 사용한다. 여성신은 주로 마마(媽媽), 더더(德德), 거허(格赫) 등의 여성을 부르는 호칭으로 신을 나타낸다. 이러한 요소는 이 가족이 비교적 온전한 신령체계를 가지고 있음을 의미한다.

3.2. 선명한 여신 계보의 특징

민주족은 원래부터 여성숭배의 전통을 가지고 있었다. 만주족의 샤먼교 신화 중에서 여신의 지위는 매우 두드러진다. 만주족의 창세신화

『천궁대전』에서는 한 여신의 왕국을 표현하고 있는데, 약 삼백여 위에 이르는 여신들이 서로 다른 모습과 역할을 통해 질서 있는 신령의 세계를 구성하고 있다. 만주족 다른 가족이 가지고 있는 샤먼문본에서도 여신의 신화를 전하고 있다.(富育光・于又燕 n.d.:188~218)

하지만 만주족 사회의 변천과 샤먼교의 발전 및 변화에 따라 만주족 샤먼교의 신단에는 점진적으로 남성신의 비율이 높아지고 여성신이 적어지기 시작했다. 이에 비하여 우쑤관씨 샤먼교의 대신문본에는 여성신의 비율이 비교적 높게 나타나고 있다. 백육십삼 위의 신들 중에서 삼십삼 위의 여성신이 존재하는데 이들은 마마신(媽媽神), 더더신(德德神) 그리고 거허신(格赫神) 세 가지 부류로 나눈다.

마마신은 조모신(祖母神)을 의미한다. 이는 여성 조상신을 의미하는 경우가 많다. 무리쿠마마(穆哩庫媽媽 muriku mama), 푸얼지엔치마마(夫爾尖其媽媽 fulgiyaci mama), 타리치마마(塔里其媽媽 taliki mama), 아리치마마(阿里其媽媽 aliki mama), 자쿤주서마마(札坤朱色媽媽 jakunju se mama), 아얼후치마마(阿爾胡其媽媽 arhu ci mama), 쑤야라마마(蘇雅拉媽媽 suyala mama), 콰란치마마(垮蘭齊媽媽 gwalaci mama), 타리치마마(他立其媽媽 taliki mama), 아리치마마(阿立其媽媽 aliki mama), 아얼후치마마(阿爾胡齊媽媽 arhū ci mama) 구라쿠마마(古拉庫媽媽 kū rakū mama), 주가아다이푸마마(朱嘎阿代夫媽媽 jugangga daifu mama), 언두리마마(恩都立媽媽 enduri mama), 언두리마마(恩都立媽媽 enduri mama) 등 십오 위의 마마신이 있다. 가족신의 문본에서도 일 위의 마마신이 있는데 즉 언두리마마(恩都立媽媽 enduri mama)이다. 이를 포함하면 십육 위의 마마신이 있다. 이중에서 일부 신의 이름은 비록 같지만 그 직능이 달라 서로 다른 신령으로 분류한다.

더더(德德)은 "이모 혹은 작은 어머니(姨娘)"를 이르는 말인데 모두 육

위를 모시고 있다. 즉 진판더더(金盤德德 jinpan dede), 둬휘뤄더더(多豁羅
德德 dohoro dede), 우란타이더더(烏蘭泰德德 ulantai dede), 둬커신더더(多克
新德德 doksin dede), 사주란더더(薩朱蘭德德 sajulan dede), 더얼쑤란더더(德
爾蘇蘭德德 dersulan dede)가 있다. 더더신(德德神)은 우쑤관씨 가족들만이
모시는 특수한 신인데, 다른 가족이 보유하고 있는 샤먼문본과 제사의
식에서는 이러한 유형의 신령은 발견된 적이 없다.

거허신(格赫神)은 거거(格格 gege)신이라 부르기도 한다. 거허(格赫
gehe)는 『청문총회(淸文總匯)』에서 "누나"라는 뜻으로 해석하고 있다. 이
역시 일반적으로 광범위하게 사용되는 호칭이다. 존경받을 만한 여성들
또한 이 호칭을 사용한다. 거허(格赫)는 "딸"이라는 의미를 가지고 있다.
거허신에는 우란거허언두리(烏蘭格赫恩都立 urun gehe enduri), 아부카거허
아거찬(阿布卡格赫阿克纏 abkai gethe akcan), 이얼카주거허(依爾卡朱格赫 ilkaju
gehe), 펀주리거허(芬珠里格赫 fenjuri gehe), 잔주리거허(占珠里格赫 janjuri
gehe), 쑤웨주거허(蘇約珠格赫 suyuju gehe), 우얼치거거허(烏爾其格格赫
urkingge gehe), 처러리쿠거허(車勒里庫格赫, celeriku gehe), 와신주거허(瓦新
珠格赫 wasinju gehe), 서선주거허(色森珠格赫 sesenju gehe)의 십 위가 있다.
거허 여신 또한 우쑤관씨 가족들만이 모시는 신이다. 이상에서 서술한
세 부류의 삼십이 위의 여신 외에도 포둬두만니(佛多都瞞尼 fododu
manggi)를 포함하면 삼십삼 위의 여신이 있는데, 이는 모두 직접적으로
여성의 이름을 사용한 신령이다. 이 여신들의 직위는 매우 명확하여 어
떤 신은 군신의 우두머리이기도 하다. 이로 미루어 볼때 우쑤관씨의 여
신은 이 가족 샤먼신 계보에서 매우 중요한 위치를 차지하는 것으로 보
인다. 사실상 이 가족이 모시는 여성신은 이보다 더 많을 것으로 추측되
지만 단지 오랜 시간이 흐르는 동안 어떤 신은 성별을 구분 할 방법이

없게 되었을 뿐이다. 예를 들어 춤의 신 마커신언두리와 같은 신은 그 성별 자체를 구분하기 어렵다. 어떤 여신들은 아마도 유구한 역사가 흐르는 가운데 성별이 변화하거나 혹은 구별하기 어려운 경향이 나타난 것으로 보인다.

한편 "뒈훠란(多齡蘭)" 여신은 만주족 가족들이 보편적으로 섬기는 신령으로서 언급할 만한 가치가 있다. 지우타이시(九臺市)의 만주족 석씨 가족과 양씨 가족의 샤먼문본에는 모두 이 신은 뒈훠란만니(多齡蘭瞞尼)라는 명칭으로 등장하는데 이는 남성신이며 소식을 전하는 신이다. 우쑤관씨의 뒈훠란더너(多齡蘭德德)은 구십 아홉 개의 동경을 딜꼬 신춤을 추는 비범한 능력을 갖추고 있는 여성 샤먼신이다. 뒈훠란 신의 성별과 직무의 변화는 어떤 한 측면에서 우쑤관씨의 샤먼교가 여성숭배 관념을 보수적으로 지키고 있는 것으로 이해된다. 이는 샤먼교의 숭배 대상의 변화를 반영하고 있다.

우쑤관씨의 여성신들은 매우 독특한 여신 체계를 갖추고 있다. 여기에는 여성숭배에 대한 관념을 기본으로 하는 내용과 함께 원시 샤먼교의 특징을 잘 반영하고 있다. 여신의 체계가 가족의 내부의 신령체계에서 중요한 비중을 차지하고 있을 뿐만 아니라 다른 종류의 신령, 즉 자연신, 조상신, 수호신, 문화영웅신 그리고 샤먼신을 포함하는 여러 유형의 신령들을 모두 포괄하고 있다. 세 부류에서 여신들 사이에서 지위는 평등하며 상하의 구분이 없고 종속관계 또한 존재하지 않는다. 세 부류가 나타내는 여성신의 형상은 마치 살아있는 듯 생동감이 있으며 만주족의 창세신화 및 다른 가족의 여신들과 나란히 찬란한 빛을 내며 만주족 샤먼교의 여신왕국을 건설하고 있다.

3.3. 높은 군신(群神)의 비율

여러 신들이 다양하게 구비되어 있는 샤먼교의 만신전에는 한명으로
이루어진 신들이 주도적인 위치를 차지하고 있다. 군신(群神)은 샤먼교
신령의 체계에서 비교적 초기에 나타난 특징 중 하나이다. 예를 들어
다우르인들이 섬기는 훠례리신(霍列力神)은 열일곱 종류의 신과 오십 여
덟 개의 생물과 사물로 이루어진 군신이다.(內蒙古自治區編輯組 1985:245~
249 참고)

보궈러・바얼컨(博果勒・巴爾肯)은 이십사 위의 신으로 구성되어 있
다.(상동:251) 에벤키가 모시는 조상신인 아오자오러(敖敎勒) 또한 아홉
위의 신으로 구성되어 있으며 그 형상을 남색 천위에 그려 넣었다. 이
그림의 위쪽에는 태양과 달 그리고 눈썹, 중간에는 아홉 명의 작은 사
람이 있는데, 다섯 명은 금색 여인, 네 명은 은색 남자이다. 그리고 그
아래에는 두 마리의 용을 마주보게 그렸다. (內蒙古自治區編輯組 1986:114)
만주족 석씨 가문에서 모시는 이란아리만니(依蘭阿里瞞尼) 또한 삼 위의
신령으로 구성되어 있다.

이것을 비교해 볼 때 군신은 우쑤관씨의 샤먼신 계통에서 비교적 중
요한 위치를 차지하고 있는데 조상신, 자연신, 동물신, 영웅신, 직능신
등 여러 종류의 신령의 유형을 모두 (이와 같은 특징을) 포함하고 있다. 군
신의 구성은 두 가지 형태로 나눈다. 첫 번째는 여러 신들이 모여 이룬
집체로 전체성을 강조하고 있다. 예를 들어 터보자란자란(特博札蘭札蘭
tebejalan jalan)은 여러 세대의 조상신을 이르는 말이다. 마파(瑪法 mafa)
는 일반적으로 조상신을 가리키는 말이며, 안바워처쿠언두리(按巴倭車庫
恩都立 amba weceku enduri)는 여러 조상신을 의미한다. 윙구마파사(翁古瑪

法薩 uggu mafasa)는 여러 증조부들을 의미하며 마파타 · 마파 · 사커다 (瑪法他 · 瑪法 · 薩克達 mafata mafa sakda)는 조상신과 베이즈(貝子)들로 이루어져 있다. 이처럼 이런 종류의 신은 다수의 신들이 집합하여 형성되었는데 신령의 수가 구체적으로 정해지지 않았으며 전체성을 강조하고 있다. 다른 한 종류는 여러 신들들 조합하여 형성된 군신인데 그 중 쌍으로 이루어진 신이 비교적 많다. 예를 들어 주루쿠얼지엔(朱錄庫爾尖 jurukūrkiyan)과 주루찬니(朱錄産尼 juru canni)는 모두 한 쌍으로 이루어진 샤먼신이다. 한 쌍의 영웅의 혼령으로 이루어진 주루훠둬(朱錄活多 juru hundu), 한 쌍의 하얀 물고기 신으로 이루어진 주루사옌니마시(朱錄沙延尼瑪西 juru šanyan nimasi), 한 쌍의 백색 요괴로 이루어진 주루사옌바얼주(朱錄沙延巴爾朱 juru šanyan balju), 한쌍의 백색 귀신으로 이루어진 주루사옌의바간(朱錄沙延依巴干 juru šanyan ibagan), 한 쌍의 독수리신으로 이루어진 주루다이민언두리(朱錄代敏恩都立 juru daimin enduri), 아홉쌍의 군웅신인 우윈주루만니(烏雲朱錄瞞尼 uyun juru manggi), 쌍사자 별자리의 신인 주루아얼쑤라부쿠(朱錄阿爾蘇拉布庫 juru arsula buku), 한 쌍의 무도신(舞蹈神)인 마커신언두리(瑪克辛恩都立 maksin enduri)가 있다. 또한 일곱의 신령으로 조합된 신으로는 나단주루만니(納丹朱錄瞞尼 nadan juru manggi), 일곱 쌍의 영웅신으로 이루어진 나단이나얼훈(納丹衣納爾渾 nadani narhūn), 일곱 가닥의 얇은 향(細香)의 화신(火神)인 나단다(納丹達 nadanda), 일곱 명의 수장신으로 이루어져 임의로 조합하는 신령 두인 베이즈(都音貝子), 네 명의 베이즈신(貝子神)으로 이루어진 니주뉘허(尼朱女赫 ninju niohe), 그리고 육십마리의 늑대신으로 이루어진 자쿤자얼후(札坤札爾胡 jakūn jarhū), 여덟 마리로 이루어진 표범신 등등 여러 군신들이 존재한다.

우쑤관씨에게 수많은 군신이 출현한 이유는 혈연관계에 기초한 사회
조직 및 집단 생산 방식과 관계가 있다. 사람들이 모여 장기적으로 함
께 거주하면서 수렵생활을 하는 집단적 노동 방식은 수렵민족의 집단주
의 정신을 형성하는 사회적 기초가 되었다. 군신은 이러한 사회적 형태
를 토대로 발달한 것이며 이는 인류가 집단의 역량에 의지하여 자연 속
에서 힘든 역경을 극복하는 문화적 의미를 풍부하게 내포하고 있다.

3.4. 풍부한 의미를 내포한 이원신(二元神)

이원론은 원시시대의 문화 속에 보편적으로 존재하였다. 탕후이성(湯
惠生)는 레드클리프 브라운과 레비스트로스의 원시적 이원론의 사유에
기초한 이론을 바탕으로 샤먼교의 이원 대립적 사유에 관해 심도 깊은
토론을 진행하였다. 그들은 이원 대립적 사유가 샤먼문화의 전형적인
사유 방법이며, 동시에 전체 원시사회의 사유방식으로 인식하였다. (湯
惠生, 張文華 2001:211) 샤먼교의 이원 대립적 사유방식은 여러 방면으로
표출되는데, 밝음-어두움, 동-서, 상-하, 생-사, 선-악, 흑-백, 남자-여
자, 좌-우, 냉-열, 음-양 등 언제나 대립적 개념을 표현하고 있다. 전형
적인 이원대립의 사유방식은 상반된 양쪽의 관계가 단지 대칭적이고 대
립적이며 통일과 변화의 과정이 존재하지 않음을 주장한다. 하지만 샤
먼교의 이원 대립적 사유는 신과 마귀를 분류하고, 신봉하거나 혹은 의
식을 진행하는 과정에서 드러난다. 예를 들어 티베트의 "흰색의 호법신"
과 "검의 색의 마귀"의 대립과 같은 것이다.

우쑤관씨 샤먼 신령의 체계에서도 이원적 신령의 체계가 존재한다.
하지만 이 둘은 절대적인 대립적 관계에 놓여있는 것이 아니며 신과 귀

신이 하나의 신령 체제 내에 존재함으로써 원시 이원적 사유 방식을 드러내고 있다. 우쑤관씨의 대신문본에 기록된 백육십삼 위의 신들 중에서 십삼 위는 귀신의 정령이다. 이들을 호칭하는 아리(阿里), 바얼주(巴爾柱), 이바간(依巴干), 후투(胡圖) 등은 귀신을 이르는 네 종류의 호칭이다. 『청문총회(淸文總匯)』에 의하면 위에서 언급한 네 종류의 호칭이 모두 부정적인 의미를 내포하고 있는데 귀신의 이름, 요귀의 이름, 요괴, 그리고 귀신의 귀(鬼) 등의 의미를 지니고 있다. 이중 천신(天神) 아부카(阿布卡)와 천귀(天鬼) 아부카아리(阿布卡阿立)는 하나의 신령 체계 안에서 존재하고 있다. 이상에서 말한 십삼 위의 귀신 정령의 중에서 오직 바얼주(巴爾柱)만이 악귀에 속한다. (바얼주)는 샤먼신 콰란마파(垮蘭瑪法)에게 정복당하였고 쇠로 만든 수레에 봉해져 씨족의 생활 구역 밖에 버려졌다. 다른 십이 위의 신령은 샤먼이 요청하는 신령이거나 혹은 샤먼이 신춤을 추며 위로해야 할 신령이다. 어떤 신은 그 신격을 확인 할 수 없으며 어떤 귀신은 그 본성이 선량하여 인간을 위해 복을 짓는다.

우리는 우쑤관씨의 이원적 신령의 세계에 대한 고찰을 통하여 샤먼교의 체계에서 이원적 관념은 어디에서든 볼 수 있지만, 이는 풍부하고 다양함을 표현하는 것이지 완전한 대립적 관계를 나타내는 것이 아니라는 것을 알 수 있다. 신과 귀(鬼), 선과 악은 절대적인 분야로 나누지 않으며, 심지어는 같은 공간에 함께 존재한다. 이에 대해서 씨족을 중심으로 한 샤먼교의 입장에서 신과 귀에 대한 정의(定意)가 이따금 특정한 혈연 집단과 밀접한 관계를 맺고 있는 것으로 이해된다. 아마도 이곳에서 신으로 추앙받을 수 있지만 저곳에서는 귀(鬼)로 간주될 수 도 있을 것이다. 이러한 관념은 근본적으로는 씨족의 관념과 씨족 제도의 산물이라 볼 수 있다. 그 외에 만주족 샤먼교 신령의 체계 중에서 신과 귀의 작용 또한 다양성을 가지고 있다. 신은 완전한 선이 아니며 귀(鬼) 또한 완전한 악의 존재가 아니다. 그러므로 아리(阿里)와 같은 신령 또한 숭배의 대상이 될 수 있으며 만주족 샤먼교 신의 계보에 출현하였다. 따라서 이는 신이라 말할 수도 있고 귀(鬼)라고 말할 수도 있다.

3.5. 신령에 대한 인격화

신령의 원래 높은 곳에서 인간 세계와 단절되어 있다. 그렇지만 공리성과 인본주의적 색채가 짙은 샤먼교에서는 신령을 숭배하는 것은 인간의 이익을 위한 출발점이자 인간의 현실적 요구를 만족시키기 위한 것이다. 인간과 신의 거리를 좁히기 선민들은 인격화되고 세속화한 내용을 샤먼교의 신단에 끌어 들였으며 신령의 인격화는 점점 더 강해졌다. 우쑤관씨의 샤먼 신령에 대한 계보는 이러한 특징을 잘 드러내고 있다. 그 근거로 첫째 친족의 명칭으로 신령의 이름을 명명하였다. 예를 들어 마파(瑪法 할아버지), 마마(媽媽 할머니), 더더(德德 이모), 거허(格赫 누나) 그리고 사부(師傅) 등, 신령들에게 친척의 호칭을 사용하고 있으며, 이로써 신과 인간의 친화력을 높이고 있다. 둘째, 자연신에게서 사회적 색채가 농후하게 나타난다. 이런 현상은 천신에게서 가장 두드러진다. 천신의 인격화는 북방 민족의 샤먼교에서 오래전부터 내려오던 전통이며 여러 민족들에게서 보편적으로 나타난다. 예를 들어 다우얼족의 천신은 부천(父天), 모천(母天), 공주천(公主天), 관인천(官人天) 등 여러 종류로 나타난다. 만주족의 천신은 "상천지자(上天之子)", "천자베이즈(天子貝子)", "천궁베이즈(天宮貝子)", "대신지자(大神之子)" 등의 명칭으로 불린다. 우쑤관씨의 "아푸카주서(阿布卡朱色 abka juse)"는 천자신(天子神)이며 이상에서 언급한 신에 속한다. 우쑤관씨의 아부카아구라이(阿布卡阿古賚 abka agulai)는 천상의 노인들(天上老曳們) 혹은 천궁노자(天穹老子)라는 의미인데, 천신을 노인의 형상으로 만들어 인격화하면서 윤리적 색채를 더하였다. 이로 미루어 볼 때 만주족 선민들에게 천신은 인류와 마찬가지로, 태어나고 늙어간다. 그리고 군신(群神)인 천궁노자(天穹老子)를 숭배하는 것은 만주족 선민이 장자(長子)를 존중하는 전통을 반영하고 있는데, 여기에는 원시 인류의 소박한 가치관과 윤리관을 담아내고 있다.

신령은 샤먼교 체계의 핵심적 요소이며 샤먼교의 본질과 특징을 잘 나타낸다. 만주족 우쑤관씨 샤먼문본으로 미루어 볼 때 이들의 샤먼교 제사는 매우 특색 있었으며 또한 이들이 숭배하는 샤먼교의 신령들도 명확한 특징을 드러내고 있다고 볼 수 있다. 또한 여기에는 신령의 기원, 변천, 신성의 변이, 제신의 분업, 신화와 샤먼문본의 관계 그리고 샤먼교 신령 체계의 기본 특징 등 종교의 기본이 되는 이론적 문제를 포괄하고 있다. 우쑤관씨 샤먼교의 신령은 수가 많고 형태 또한 다양하여 만주족 샤먼교의 문화적 의미를 풍부하게 내포하고 있다. 따라서 샤먼교의 이론 연구에 가장 중요한 자료와 새로운 시각을 제공하고 있다.

🖰 참고문헌

中國民間文藝硏究會黑龍江分會 編印

　　1983　n.d.　黑龍江民間文學6

內蒙古自治區編輯組

　　1985　達斡爾族社會歷史調査 呼和浩特: 內蒙古人民出版社

　　1986　鄂溫克族社會歷史調査 呼和浩特: 內蒙古人民出版社

內蒙古社會科學院蒙古史硏究所, 包頭市文物管理所

　　1984　內蒙古包頭市阿善遺址發掘簡報 考古1984(2)

王守恩

　　2009　論民間信仰的神靈體系 世界宗敎硏究2009(4)

色音

　　1998　東北亞的薩滿敎 北京: 中國社會科學出版社

呂大吉

　　1998　宗敎學通論新編 北京: 中國社會科學出版社

宋和平

　　1990　滿族 「瞞尼」 神釋析 北方民族1990(2):98-102

　　1993　滿族薩滿神歌譯注 北京: 社會科學文獻出版社

杜佑

　　1984　通典·下 北京: 中華書局

莊吉發

　　1992　淸史拾遺 臺北: 灣學生書局有限公司

麥克斯·繆勒

　　1989　宗敎的起源與發展 金澤 譯 上海: 上海人民出版社。

傅英仁 講述, 張愛雲 記錄整理

　　2014　寧古塔滿族薩滿神話 哈爾濱: 黑龍江人民出版社

富育光

　　1990　薩滿敎與神話 瀋陽: 遼寧大學出版社

富育光、于又燕

　　1988　n.d. 滿族薩滿敎女神神話初析 刊於薩滿敎文化硏究第一輯 吉林省民族硏究所
　　　　　編, 頁　188-218 長春: 吉林人民出版社 1988

湯惠生, 張文華

　　2001 青海岩畫: 史前藝術中二元對立思維及其觀念的研究　北京: 科學出版社

雲南省社會科學院宗教研究所 編

　　1986 宗教論稿 昆明: 雲南人民出版社

黑龍江省文物工作隊

　　1981 黑龍江甯安縣鶯歌嶺遺址 考古1981(6)

黑龍江省文物考古隊, 吉林大學考古專業

　　1979 東寧遺址發掘報告 刊於1979年吉林省考古學年會第一屆年會資料

黑龍江省博物館

　　1975 東康原始社會遺址發掘報告 考古1975(3)

蔡家麒

　　1988 鄂倫春族的原始信仰與宗教 刊於論原始宗教 蔡家麒編, 昆明: 雲南民族出版社

謝・亞・托卡列夫

　　1985 世界各民族歷史上的宗教 北京: 中國社會科學出版社

Г. Р. 加爾達諾娃

　　1993 布里亞特蒙古薩滿教中的鐵匠崇拜 宋長宏譯 民族譯叢1993(3): 35-37

И·A·洛帕廷

　　1990 果爾特人的薩滿教。刊於薩滿教文化研究第2輯　孫運來譯, 吉林省民族研究所
　　　　編。天津: 天津古籍出版社

作者簡介:

郭淑云, 大連民族大學薩滿文化研究所所長, 教授

滿族烏蘇關氏薩滿神靈類型及其特點

郭淑雲

大連民族大學 薩滿文化研究所

對於任何一種宗教來說，神靈作爲崇拜對象都是其體系中的核心部分，並因此被研究者視爲宗教的基本要素和本質特徵之一。西方宗教學創始人弗雷德里赫·麥克斯·繆勒(Friedrich Max Müller) 曾指出：「在一般的語言裡，我們所使用的宗教一詞至少有三層含義：首先它指信仰的對象，其次指信仰的力量，第三指信仰的表現，卽在崇拜的行爲中，或在虔誠的行爲中的表現」(1989:6)。繆勒將 「信仰對象」 置於宗教三層含義之首，是有其深刻根源的。神靈是凝聚信仰族衆的精神核心，是宗教儀式的前提，也是信衆宗教情感與體驗的出發點。正因如此，神靈體系研究在宗教學研究中具有舉足輕重的地位。不僅如此，神靈體系與一個民族的歷史文化密切相關，是一個民族歷史與社會生活的折射，也是民族傳統文化的構成部分，體現了特定民族對自然與社會的認知。

在中國歷史上，滿族走過一條獨特的發展道路，滿族及其先世曾三次崛起，先後建立渤海、金和清三個政權，其文治武功、輝煌與失敗，在中國歷史上留下了深刻的印跡，也使滿族文化獨具特色。這種獨特的發展道路，對滿族薩滿敎及其特點的形成不無影響。

滿族薩滿教神靈體系呈多元錯綜之形態。旣有滿族各氏族共同信奉的神祇，又有各氏族各自獨立的神系；旣有原始初民時期信奉的古老神靈，也吸收了來自佛教、道教的客神。神靈的性別和神性亦多有變異。

滿族烏蘇關氏薩滿神靈體系較爲完備，神靈類型全面，內涵豐富，體現了滿族薩滿教的典型特徵，並獨具特色，涉及宗教學、神話學諸多理論問題，具有重要的學術價値。

一. 烏蘇關氏薩滿文本

烏蘇關氏，佛滿洲，正藍旗，祖籍烏蘇里江流域，自清代中葉後輾轉遷居打牲烏拉地方。「烏蘇關」乃清代打牲烏拉地方的一小戶，與當地一些顯赫的家族相比較，無論是家世和人口規模都顯得比較平常。據該家族老人傳講，烏蘇關氏的祖先曾在軍中任千總,[1] 供職於烏拉協領衙門。[2]

據修於1940年的 ≪關氏家譜≫ 記載了烏蘇關氏家族遷徙的路線和最後定居地：

原祖居在烏蘇里地方，後從烏蘇里遷到他圖庫居住。從他圖庫地方遷到綏芬居住。從綏芬地方遷到必勒登居住。從必勒登地方遷入黃馬山陽，在額勒哈原野居住。從額勒哈原野地方下來，進入拉法，居於

---

1) 千總：淸代綠營的專職武官，分守禦所千總、門千總、營千總、衛千總等種類，分別屬於從五品、正六品、從六品。此外，淸代前期衛所、京城各門、東北邊門台站設有千總。烏蘇關氏家族的這位先人，應是東北邊門台站的千總。據關福榮、關文賢講述，這位先人是關文賢的太爺，雖官職不高，但對家族後人很有影響。
2) 烏拉協領衙門，淸乾隆五年(1740) 在吉林市烏拉街設置的軍事、行政機構。

輝發。又從輝發進入納殷地方，居在塔蘭眉芬。又從塔蘭眉芬下來，住於納丹佛勒。又從納丹佛勒遷移，住于佛阿林，又遷入莫爾根地方，來到布特哈烏拉定居。3)

　　由於家族史料記載不詳，每次具體遷徙時間已難以考證。但據家族成員口述資料，直至清末該家族才到吉林省永吉縣楊木鄉靠山屯定居，現已居三代。該地地處清代打牲烏拉總管衙門所轄之東境，距今烏拉街約30華里。後來，一部分家族成員遷移楊木鄉宋屯村居住。4)隨著家族人口的繁衍和生活的變遷，定居宋屯的一部分家族成員又遷往他鄉。

　　烏蘇關氏薩滿文本及相關文物的發現，是我們在東北滿族民間發現的一批珍貴的薩滿文物，具有重要的學術價值。5)筆者曾於1990年4、1995年9月、10月，三次赴吉林省永吉縣楊木鄉和九站七家子鄉等地，對該家族薩滿教遺存情況進行實地考察，認爲該家族雖現已扣香，6)但曾較爲完整地保存了滿族薩滿教的傳統形態，特別是該家族薩滿文本具有重要的學術價值。7)

　　薩滿文本，又稱神諭，滿語爲「恩都立畢特赫」或「特勒畢特赫」，即「神書」或「上邊的書」，俗稱神本子。薩滿文本包括祭祀儀式上薩滿誦唱的祭神神歌、神靈名稱及其神話、禁忌、祭祀專門詞彙(俗稱雜語)等，以手抄

---

3) 該家譜系用滿文書寫。1990年6月26日，中央民族大學民族學與社會學學院的趙展教授來長春考察，時供職於吉林省民族研究所的郭淑雲陪其前往永吉縣所在地口前鎮，在時任永吉縣文管所所長尹郁山先生處見到　《關氏家譜》，並將滿文譜序抄下譯出。該家譜還標明主持修譜事宜的兩屆穆昆達成員，卽帝國洪憲元年(1926年)　的祿山穆昆達、海亮穆昆達、魁林穆昆達和康德七年的福林穆昆達、群有穆昆達。

4) 關文超，男，居吉林市九站鄉七家子村，時年69歲。郭淑雲採錄於1995年10月2日。

5) 富育光、王宏剛、尹郁山和郭淑雲參加了最初的調查。

6) 扣香：滿族稱一個沒有薩滿、不再搞祭祀活動的家族爲「扣香」。

7) 受本文主題和字數所限，有關該家族的歷史與現狀及調查情況，請參見宋和平、郭淑雲《滿族烏蘇關氏薩滿文本研究》一書，待出版。

本流傳。薩滿文本的主體部分是薩滿在祭祀儀式上誦唱的神歌，因此，薩滿文本也成爲滿族薩滿神歌保存與流傳的重要載體。

滿族薩滿文本語言經歷了一個形成與演變的過程。從東北滿族諸姓薩滿文本遺存的總體狀況來看，滿族薩滿文本語言形式大致可分爲三種，卽滿文、滿漢合璧和漢字標滿音三種形式。上述三種形式的演變體現了滿族薩滿文本的演進歷程，體現了薩滿文本的三種語言形式在不同歷史時期的生存形態。

烏蘇關氏薩滿文本包括大神文本和家神文本兩種類型，其中，大神文本完成於道光十四年(1834年)，家神本記錄於光緒十一年(1885)，距今均歷時一個世紀之久。兩種文本撰寫的時間相差51年，雖非出自一人之手，但均用滿文書寫。烏蘇關氏文本不僅書寫形式保留了滿族古老的傳統，而且內容豐富，體現了多方面的價值，特別是保留了典型的薩滿教觀念與形態，對於薩滿教研究具有重要的價值。本文討論的烏蘇關氏家族薩滿神靈體系卽主要依據家族的大神文本。

二. 神靈類型

關於神靈的分類問題，國內外學者各有所尊，其說紛紜。呂大吉將神靈的類型分爲自然神、氏族神、職能神、高位神或至上神、絕對唯一神等五種類型(參見1998:158-181)。這是就宗教的一般意義而言的。色音將東北亞諸民族的薩滿教神靈體系分爲自然神系統、社會神系統和生物神系統等三種類型(參見1998:34-45)。王守恩將民間信仰神靈劃分爲地理環境神、人口保障神、個人命運神、群體監護神和綜合神五大類(2009)。筆者僅從烏蘇關氏薩滿文本內容出發，以神靈的職能爲依據，將該家族的薩滿教神靈類型分爲以下八種類型，以期以一個家族的個案豐富我們對滿族薩滿敎神靈體系的思考和認識。

(一) 創世神

滿族創世神話豐富多彩。烏蘇關氏家族的創世神，以兩位蔽日神最具特色。其中「色勒泰巴圖魯」(seletai baturu) 是一位勇士神，神力高强，能與「獅子摔跤」，並用「長長的花綢子手帕遮擋住了」八個多餘太陽的臉，使人類過上了正常生活。「德爾蘇蘭德德」(dersulan dede) 的職能與色勒泰巴圖魯相同，也是把八個多餘太陽的嘴用長長花手帕遮蔽起來。這兩位神本是英雄神，一位男神，一位女神，功在降服天穹多餘的八個太陽，使宇宙形成現有格局，使人類和萬物獲得了適宜生存的環境。

這兩位創世神對人類的功績可與「羿射十日」中的后羿相提並論，他們對人類的貢獻有異曲同工之處。所不同的是，羿使出高超的射技，用弓箭射落九個太陽，而烏蘇關氏的兩位「降日神」則是用花綢子手帕遮擋住八個太陽，方法溫和而有趣，想像豐富。但兩個神話所反映的主題是一致的，都表現人類在歷史發展過程中，曾經歷了無數災難，古代先民憑藉智慧和勇氣在與自然的鬥爭中取得了一系列勝利。

(二) 自然神

在薩滿敎觀念體系中，自然崇拜和自然神佔有重要地位。烏蘇關氏的自然神主要集中在以下三個方面，卽天穹及天象諸神、地祇諸神和火神。

1. 天神與天象諸神

在滿族的天穹神話中, ≪天宮大戰≫ 最具代表性, 體現了滿族神話的最高成就。≪天宮大戰≫ 的主神天母 「阿布卡赫赫(abka hehe)」 也受到滿族諸家族的普遍信奉, 成爲滿族神話與薩滿教兩大體系共奉的神靈。在滿族後期神話中, 阿布卡赫赫逐漸演變成男性天神 「阿布卡恩都立(abka enduri)」, 與此相適應, 在滿族薩滿教祭祀儀式中, 男性天神 「阿布卡恩都立」 也逐漸演變爲祭天的主神。近世以來, 在滿族諸姓薩滿教家祭中的祭天 (俗稱 「給外頭」) 儀式, 祭奠的就是這位天神阿布卡恩都立。天神的性別由女性變爲男性, 由天母演變爲天父, 是伴隨社會的變遷, 滿族薩滿教神靈體系自身發生變化的結果。

在滿族薩滿教神靈體系中, 天神是滿族諸姓普遍信奉的神靈, 並久享盛祭。但滿族各姓祭祀的天神名稱、職能不盡一致。烏蘇關氏薩滿文本共有六位天神, 卽 「阿布卡(abka)」, 是一位自然屬性的天神;「阿布卡朱色(abka juse)」, 天子神;「恩都立德爾給」(enduri dergi), 上天之神;「阿布卡阿古賚」(abka agulai), 天穹老者;「阿布卡格赫阿克纏」(abkai gethe akcan), 天女彩霞神;「阿布卡阿立」(abka i ari), 天鬼。這些天神體現了鮮明的特色。首先, 對天神的表達多樣化, 體現了滿語表達的豐富性和對天的多元化認識。其次, 人格化天神具有倫理色彩。第三, 天神的功能具有多元性, 旣有自然神, 也有社會神, 拓寬了天神的功能。

烏蘇關氏還有多位自然神, 如 「沙延瑪法」(šanyan mafa), 爲白雲神;「尙堅瑪法」(šanggiyan mafa), 爲雲神;「尙堅他曼」(šanggiyani talman), 爲白霧神;「朱錄碩包」(juru sobao), 爲露神; 「尙堅尼瑪齊」(šanggiyan nimaci), 爲雪神;「薩朱蘭德德」(sajulan dede), 爲雪糝姨娘等, 頗具特色。饒有興趣的是, 在自然神祇中, 還有一位「富爾尖阿裡依巴干(fulgiyan ari ibagan)」神，包括雲、霧、露、雪、霞等自然現象。從這些自然神的神性看，既有自然神，也有被尊爲祖先的人格化神；既有男性神，亦有女性神。烏蘇關氏豐富而獨特的自然神譜系，爲滿族其他家族薩滿文本所少見，表現了滿族先民豐富的想像力和對自然現象的獨特認知，豐富了滿族薩滿文化內涵。

2. 地祇諸神

在滿族薩滿文化和民間文學中，主司大地的神祇有著豐富的表現形式和各具特色的神靈形象。烏蘇關氏的「巴納額貞」(ba na ejen)，直譯爲「土地主人」，卽土地神，應屬自然神性。吉林九台滿族石姓家族祭祀的 「巴那額貞」 則在土地神原初神性的基礎上發生了演變，被賦予家族守護神的神性。據該家族薩滿文本，該神 「盤旋於日月，來往於天地之間」(宋和平　1993：247)，被該家族奉爲主神長白山神的隨從，其神偶爲木制人形，站立於長白山神神偶的旁邊，成爲石氏家族的祖先神和保護神。兩個家族的土地神相較，烏蘇關氏的「巴納額貞」更具原生形態特徵。

3. 火神

火是人類第一次征服的自然力。因而，火神崇拜在世界各民族中盛行不衰。烏蘇關氏有三位火神，一位是 「托瓦瑪法」(tuwai mafa)，火祖神；「托瓦衣阿立」(tuwa i ari)，雖名火鬼，卻是一位保護火源，有功於該家族，給人們帶來富裕的善神。該神的神技與神性恰與滿族故事家傅英仁先生講述的神話「托阿恩都立」(tuwai enduri) 相互印證。「托阿恩都立」講述了主人公托阿爲人類造福的故事。他本是天界掌管天火庫的神靈。爲了讓部落族衆能夠使用火，擺脫茹毛飲血的生活，在喜鵲和鐵牛的幫助下，托阿克服重重困難，盜來天火，送給人間，並傳授人們用火方法和做熟食的技術，使人們過上有火的生活，自己卻在天上接受懲罰。托阿因此被奉爲火神「托阿恩都立」，受到春、秋兩季祭祀(參見傅英仁 2014:218-222)。

烏蘇關氏祖居烏蘇里江流域，是東海女眞人的後裔，他們長期生活在叢山密林中，與大自然有著密切的聯繫，這是該家族自然神較多的因素之一。

(三) 動物神

典型的薩滿教形態起源於漁獵、遊牧民族，這些民族生產生活的足跡必然在薩滿教中留下烙印。動植物崇拜卽體現了漁獵、遊牧民族對動物的認識和情感。動物崇拜是建立在先民對動植物世界不斷探索和認識基礎上的。在薩滿教世界中，神化了的動植物，均被賦予獨特的神性、神格，並往往與每一種動物的習性、特徵有關，這是北方先民對生物世界認識的曲折反映。

滿族烏蘇關氏歷史上主要以狩獵爲經濟生活方式，特定的生態環境和生產方式，使他們與動物世界建立了密切的聯繫，對周圍動物的生活規律、習性亦暸若指掌，動物類神靈也最爲豐富。據統計，在該家族163位大神中，有30多位動物神，居各類神靈之首。同時，亦居滿族各家族薩滿文本動物神之首。動物神又可分爲鳥神、獸神和爬行動物等類型。

1. 鳥神

烏蘇關氏的鳥神，可分猛禽和靈禽兩種類型。猛禽類神以鷹、雕神最具代表性。鷹神是薩滿教動物神的首神，受到滿族先民的敬奉，並成爲狩獵民族英勇無畏精神的象徵。在薩滿教觀念中，鷹神是薩滿的始祖和化身。滿族東海七姓薩滿神諭傳講，洪水期小海豹救出一男一女，生出女兒，阿布卡赫赫

命鷹首女人身的鷹神格格哺育，成爲世上第一個女大薩滿(富育光 1990：6
2)。在薩滿教觀念中，鷹神被賦予多重神格。烏蘇關氏職司不同的七位鷹雕
神，卽鮮明地體現了滿族鷹神崇拜的內涵和性質。他們神格不同，神性有
異，命名方式亦各具特點：「代鵬嘎思哈」(daipen gasha)、「布蘭泰嘎思哈」
(purantai gasha) 和「按巴嘎思哈」(amba gasha) 三位神靈，以「嘎思哈」
命名；「朱錄代敏恩都立」(juru daimin enduri)、「安楚拉代敏」(ancula
daimin)、「莫古勒克庫勒達拉哈代敏」(megule kekule dalaha daimin)
三位神靈，以「代敏」(daimin) 直接命名；「佳渾恩都立」(giyahun
ehduri)，直接以「佳渾」(giyahun) 命名。

就神性而論，每位鷹雕神也各不相同。其中，一部分鷹神保持了鷹雕神的
自然屬性，如「布蘭泰嘎思哈」(purantai gasha)，「展翅觸動天，翹尾遮
擋星月」，應是鷹雕類神祇的總稱；「莫古勒克庫勒達拉哈代敏」(megule
kekule dalaha daimin)，意爲首雕神，表明其在動物神系中的地位。神歌
以象聲詞表現雕的鳴叫聲，以此展示雕神的風姿；「佳渾恩都立」(giyahun
ehduri)，是滿族諸姓氏普遍祭祀的鷹神。另一部分鷹雕神則被賦予薩滿守
護神的神性，具有獨特的功能，如「行走於陰陽兩間」的「按木巴嘎思哈」
(amba gasha)，受薩滿差遣，能爲無壽者取壽增壽。鷹神的這種功能彰顯
其在薩滿教世界中地位，「鷹神是薩滿過陰時進入冥府的領路神」(莊吉發
1992：217)，是薩滿過陰追魂，實現神聖職責的助手。

如果說「按木巴嘎思哈」是護佑薩滿赴陰間的守護神，那麼，「到每家巡
視行走」的「安楚拉代敏」(ancula daimin)，則是一位人間地域保護神，旨
在保護安楚拉地區人民的安寧。

烏蘇關氏多位鷹雕神的出現，充分表現了滿族先民對動物觀察之細微及對
它們賦予的人格化特徵，彰顯了鷹雕類神靈在滿族薩滿教神靈體系中的重要

地位。

鷹雕神在薩滿教神靈體系中的重要地位，還體現在有資格領雕神或鷹神的薩滿，皆爲神通廣大的薩滿，烏蘇關氏薩滿文本記載的朱錄庫爾尖和朱錄産尼兩位薩滿，均以首雕神爲他們的保護神，在家族中享有很高的威望。

靈禽類神祇種類繁多，構成滿族薩滿教神系的特色之一。靈禽躋身于薩滿教神壇，主要得益於靈禽對人類的恩惠和幫助。這種助益是多方面的，爲居於森山莽林中的人們引路，是鳥對人類的一大貢獻。在滿族民俗生活中，獵人能在林中見到白鳥屎，便視爲吉祥物，意味不會被困林中。白鳥屎和樹上砍出的白色標記都被視爲「路標」，稱曰「雀書」(富育光 1990:65)，正因如此，在北方諸民族原始宗教與神話中，對鳥類予以神格化的崇拜。季節性的候鳥具有報時功能，如布穀鳥啼叫，傳報著春天卽將來臨的信息，人類將隨季節的變化安排生產生活。

烏蘇關氏靈禽神祇有多位，有斑紋鳥、金鼻鳥、銀鼻鳥、安楚河老鴉鳥、金鶺鴒、金茶色鳥、銀茶色鳥、大鳥、大孔雀鳥、杜鵑鳥等。該家族文本對這些鳥神的描繪或側重對其外部特點的描寫，如「庫立嘎思哈」，是一位帶斑紋的鳥神；「愛新倭佛羅嘎思哈」是一位長著金色鼻子的鳥神，「蒙文倭佛羅嘎思哈」是一位長著銀色鼻子的鳥神。或通過描繪鳥的神力來表現神靈的特徵，如「金色茶色」和「銀色茶色」兩位神，都具有「搖動上天」的神力。

在薩滿教世界中，動植物神所被賦予的神性、神格，往往與動植物的習性、特徵有關，這是北方先民對生物世界認識的曲折反映。這一點我們從烏蘇關氏靈禽鳥神中可見一斑。如烏蘇關氏的鶺鴒鳥具有飛翔天空和盤旋海上之家族保護神的神格，與鶺鴒在受到驚嚇後會發出示警叫聲和戀群的習性有關；杜鵑鳥神被賦予傳播種子和爲氏族遷徙尋找新住地的神性，得益於滿族先民對此類候鳥報時功能的認識，它們隨季而來，隨季而歸，與人爲伍，不捨不棄，因而，被滿族諸家族敬奉爲神。

2. 獸神

在薩滿教神靈體系中，獸神主要可分爲兩種類型，一爲猛獸，一爲靈獸。對猛獸的崇拜，一方面緣於猛獸是狩獵民族的重要衣食之源，另一方面，野獸所具有的非凡性能和本領，人類難以企及，是先民將其神格化的重要原因。

烏蘇關氏崇奉的獸神，以猛獸居多，尤對山中之王──虎崇拜有加。該家族的六位虎神均具有自然屬性，但文本對每位虎神的刻畫側重點不同，如「堂給里他思哈」(tang kiri tasha)，爲臥虎神，著重表現其形態；「穆罕他斯哈」(muhan tasha)，爲公虎神，強調其性別；「阿爾哈他斯哈」(alha tasha)，爲花虎神、「庫立他思哈」(kuri tasha)，爲斑紋虎神、「愛新他思哈」(aisin tasha)，爲金虎神，皆注重強調虎的毛色和花紋；「塔利庫他斯哈」(talikū tasha)，爲飛虎神，側重表現其奔跑的速度。

熊也是一種烈性動物，力大無窮，在森林中無所畏懼，故被奉爲大力神。烏蘇關氏的熊神有兩位，一是「勒爾其勒夫」(lergiyen lefu)，即巨大熊神；一位是「尼舍勒夫」(nisa lafu)，爲強壯熊神，它們擁有的神格，均來自熊之強壯力大的特性。

薩滿教狼崇拜觀念歷史悠久，尤以突厥語民族最爲突出，他們視狼爲自己的祖先和保護神。烏蘇關氏薩滿文本中的「尼朱女赫」(ninju niohe)，爲「六十位狼」神，是居於尼莫楚克山上的群體神。狼具有諸多優秀品質，烏蘇關氏狼群體神的產生，與狼的群居性極高，種族群體觀念極強的特性有著密切的關係。狼群體團結，如一狼被猛獸或獵人圍困，只要聽其一聲嚎叫，同類便聞聲援救；分食獵物則互相謙讓，從不爭食；在群體中成長的小狼，非但父母對其呵護備至，族群的其他成員，也會對狼恩愛護有加。對狼的這種習性的認識，應是狼群體神產生的認識基礎和心理根源。

水獺爲半水棲獸類，棲息水邊。善游泳，主食魚類。水獺是薩滿神靈之一，當水獺神降臨薩滿教神堂時，薩滿用器具攪拌水槽子，以表現水獺神的習性。烏蘇關氏的「海倫古爾古」(hailun gurgu)，卽是一位水獺神。

3. 爬行動物

薩滿教對爬行動物的崇拜，首推爲蛇類。蛇無孔不入，洞窟、樹洞、石縫、石穴皆穿行自如，故在薩滿教中被敬爲薩滿探察地界的助神。

在滿-通古斯語族民族中，蛇神具有多重內涵。蛇神旣是薩滿所領之神，如鄂溫克族薩滿奧雲花爾所領之神除祖神外，卽有蛇神。在赫哲族、鄂溫克族、鄂倫春等民族薩滿服上，各種形制粗細不等的繩狀飾物，都是蛇神的象徵。

屬於蛇科的蟒爲滿族諸多姓氏所靑睞，蟒神成爲滿族薩滿教神系中的重要成員。九台石氏家族和楊氏家族等至今保留野神祭祀的家族，都有蟒神祭祀儀式。當蟒神附體後，薩滿以舞蹈動作表現蟒蛇的活動形態，卽躺臥地上，蠕動前行。烏蘇關氏薩滿文本爲蟒神設專篇，詳述了蟒神的來歷、修煉所場和棲息之地以及神靈的活動形態。同時，文本還明確祭祀蟒神時應遵循的祭祀規則，卽「口銜三柱漢香宴請」，跳神致祭，彰顯了蟒神在該家族薩滿神系中的重要地位。

上述形態各異、內容豐富的動物神，充分體現了歷史上以狩獵爲主要經濟生活的滿族先民信仰觀念體現的山林風格及狩獵經濟特色。

(四) 祖先神

祖先崇拜是薩滿教發展較高層次的崇拜形態，也是近世薩滿教的主要崇拜形式。祖先崇拜是典型的宗教形式，它集中表現在對已故的氏族首領、氏族英雄以及對氏族有貢獻的祖先們的祭拜和祭祀上。人們相信他們的亡魂具有超自然的能力，並對後人給予保護，因此被供奉爲祖先神。烏蘇關氏祖先神分以下類型：

1. 酋長神

酋長神，指氏族長及後期的部落酋長，因治理氏族有功或在氏族、部落發展的重大時期做出卓越貢獻而被奉爲神靈者。此類神靈在世界許多民族中都曾產生(參見雲南省社會科學院宗教研究所編 1986:152-153)。

烏蘇關氏的酋長神尚處於酋長神的初級階段，亦可稱管理祖先神，主要指負責組織、管理氏族、部落事務的神靈。「烏蘭泰瞞尼」(ulantai manggi)、「朱蘭瞞尼」(julan manggi)、「朱泰瞞尼」(jutai manggi) 三位神都是酋長神，負責管理氏族事務。「圖爾散瞞尼」(rursan manggi)，則是一位管理駐紮在「都倫」的氏族長，因駐守都倫之地有功，被祭祀爲祖先神。「納丹達」(nadan da)，即七位首領神，是一位群體酋長神。

如果說上述男性酋長神主要側重氏族全域和外部事務的管理的話那麼女酋長神則突出表現出她們對氏族內部事務的治理能力。這種分工實際是社會分工在神靈世界的體現。「多克新德德」(doksin dede) 是一位個性鮮明的女性神，雖性情暴燥、愛挑剔，但治家有方，這位女神生前很可能是一位氏族長或部落長。「烏論格赫恩都立」(urun gehe neduri)、「垮蘭齊媽媽」(gūwalaci mama)、「約珠格赫」(yuju gehe) 等女神生前都是管理氏族的酋長。酋長的神聖化一定程度上體現了酋長在氏族部落時代的重要作用。

2. 遠祖神

烏蘇關氏男性祖先崇拜觀念較爲突出，包括遠祖神和近祖神。所謂遠祖神，僅是一個概念或統稱，表達的是族人對先祖愼宗追遠的情懷。這類祖先神可以有多位，其內涵也不盡相同。如「特博札蘭札蘭」(tebejalan jalan)，卽世代祖先神，屬於家祭神靈；「札蘭泰」(jalatai)，卽遠古祖先神。「按巴倭車庫恩都立」(amba weceku enduri)，卽衆祖先神，是滿族薩滿敎神系中受到普遍供奉的祖先神，具體指滿族西牆上的祖宗龕，包括祖宗板和祖宗匣等神物，爲神靈象徵物。這位群體神，被滿族諸家族普遍信奉並祭祀，並對滿族民間影響很大，滿族以西爲大的居住習俗，卽緣於西牆上有衆多祖先神位的緣故。

上述諸位祖先神並無具體所指的祖先神名，以保護氏族平安、吉祥、健康爲神職。

3. 近祖神

所謂近祖，是指較近時期的祖先，多指某一具體的祖先。烏蘇關氏的近祖神也有多位，有的是個體神，有的則是群體神。如「達渾阿你牙阿法牙阿」(dahūn aniyangga fayangga)，是一位屬狗的祖先神；「翁古瑪法薩」(uggu mafasa)，意爲「曾祖父」，卽「衆曾祖神」；「瑪法他·瑪法·薩克達」(mafata mafa sakda)，卽父輩中的老者，是典型的群體祖先神，包括父輩的「薩克達」、祖父輩的「瑪法」，還有父輩以上的衆祖先，卽「瑪法他」。如烏蘇關氏的「瑪法」神，意卽祖父，泛指一切祖先。

透過烏蘇關氏的祖先神可知，祖先神的內涵和表現形式豐富多樣，旣可是一種概念的表達，也可是一種象徵物。但該家族的遠祖神多爲男性群體神，彰顯了祖先神的特質。

(五) 英雄神

在薩滿教神系中，英雄神是頗具特色的一類神，不獨滿族所有，而是普遍存在於信仰薩滿教的各民族中。英雄神既以神話傳說的形式展現，也在薩滿教神壇上展現英姿。我國東北少數民族有大量的英雄神。如鄂溫克族 ≪英雄始祖的傳說≫(中國民間文藝研究會黑龍江分會編印 n.d.:17-18)中的帖列亞德尼柯、索魯千和卡魯恩欽，即皆爲百發百中的射手，是救苦救難的英雄，被族人祭祀的英雄始祖。鄂倫春族最著名祖先神柯爾特依爾氏族的頭人毛考代汗和白衣爾氏族的頭人根特木爾卽時典型的英雄神。傳說這兩位祖先具有超人的狩獵本領，箭術百發百中，而且力大過人，是鄂倫春人當中最聰明、最勇敢的優秀獵手(蔡家麒 1988:132)。

在滿族薩滿教神壇上，活躍著一批英雄神，滿語爲 「瞞尼」 神(參見宋和平 1990:98-102)。英雄神頗具特色，又分多種類型，文韜武略的戰將、驍勇善戰的勇士、身懷絶技的英雄，皆爲英雄群譜的一員。

烏蘇關氏的英雄神具有典型的英雄品格。如 「色爾嘎泰巴圖魯」(selgatai baturu) 是一位部落戰爭時代的英雄神，「手攘著鐵榔頭、金榔頭，來敵擋仇敵道路」。神歌歌頌了一位英勇殺敵的戰鬥英雄神，刻畫了一位一夫拼命，萬夫難敵的英雄形象。 「霍龍古恩都立」(horonggu enduri)，意爲 「有力量的、威武的」 神靈，是一位武將神，職在駐防並保護氏族、部落的安全。「愛新泰瞞尼」(aisintai manggi) 是一位騎著戴有金銀彎頭，頭上飄著長長鬃毛的棗紅色驪馬，手持鐵弓的神靈，是一位英武的戰神，其形象特徵充分顯示了這位神靈的英雄氣概。

英雄神的品質不僅表現爲他們具有英勇無畏的特質，還表現在具有超强的武功上，如「烏道恩都立」(u dao endari) 是一位具有掙脫繩索之功的英雄神，武功高超。「阿蘇拉布庫」(asula buku) 是一位天下無敵手的摔跤能手。「色勒泰瞞尼」(seletai manggi) 是一位如鐵堅强的英雄神。「烏雲朱錄瞞尼」(uyun juru manggi) 則是由九對神靈組成的群體英雄神。烏蘇關氏薩滿文本以生動的語言刻畫了英雄神的形象，表現了他們英勇無畏的精神風貌及其體現的英雄主義精神。

薩滿教英雄神的產生具有深刻的社會根源。長年的戰爭、狩獵生產生活以及薩滿教的英雄崇拜是滿族英雄神產生的社會基礎。英雄崇拜對滿族心理素質、價值觀念、倫理道德和民族精神產生了潛移默化又廣泛深遠的影響，從靺鞨人「三男如一虎」，「女眞過萬不可敵」到清代「八旗子弟，一聞行師出獵，皆踴躍爭先」，形成了滿族先民崇尚勇武的優秀品質和文化傳統。在滿族先民長期遷徙、征戰的生涯中，各氏族英雄輩出，這些對氏族有功的英雄被神聖化，體現了滿族尚武精神的傳統。

(六) 薩滿神

滿族薩滿教是一種以氏族爲本位的宗教形態，薩滿神皆來自本家族已故頗有造詣的大薩滿，他們生前均具有某種神技和神力，並對家族做出重大貢獻，死後被封爲神。烏蘇關氏的薩滿神神技各異，構成了神秘神聖的薩滿世界。該家族薩滿神主要有以下三種類型：

1. 以神技見長的薩滿神

對於這類神靈，文本以多種方式表現了神靈的神技與特徵。如「烏蘭泰瑪法依恩都立」(ulantai mafai enduri) 神「身繫金槨頭(棍棒)，肩背著銀槨頭(棍棒)」，是一位長於耍棍棒的薩滿神。

道山神(dao šan)、豐子神(fang tsi enduri)，爲烏蘇關氏的兩位薩滿，具有上刀山之神功，並因此被封爲神。該家族屬馬的薩滿關錫穆舉行登刀儀式時，必請道山神和豐子神。

胡穆魯瑪法神(humhuru mafa) 是一位從遠古時代流傳下來，被烏蘇關氏世代祭奉的薩滿神，該神「頭上生角，口中長獠牙。頭上盤施著八十節小刀，九十節小刀，有威力戰勝鬼怪」，可見其獨特的超自然神力。該神靈形象的塑造反映了原始人類的思維觀念，卽面目之威嚴猙獰者更能戰勝鬼怪。薩滿神的降鬼術各有特長，如用長長的頭髮梳成如同麻花一樣的辮子，套住野鬼的「他立其媽媽」(taliki mama)；「手執三股馬叉，三角察看，四角清除」，保持家宅清潔安寧的「依勒圖依巴干」(iletu ibagan)；降服了「巴爾朱」(balju) 鬼，並將其裝入有包裝的鐵車中，拉至氏族或部落外的「垮蘭瑪法」(kuyala mafa)；「撒下了大網，套住地上的鬼怪，並驅逐衆鬼怪」的「蘇拉布庫」(sula buku)，各有降鬼技能，保佑 方平安，實現了薩滿爲血緣群體保護者的職能。降鬼類薩滿神的產生，說到底是薩滿教觀念的產物。宇宙多層，神鬼人棲居不同的層界，只有薩滿能請神降鬼，庇佑人間安康。

「札克薩圖瞞尼」(jaksandu manggi) 是一位「善於抵禦惡劣勢力，扭轉形勢，並前往陰間爲無壽靈魂抓魂增壽」 的薩滿神。此神的神力體現在兩個方面，旣是一位關鍵時刻能夠力挽狂瀾，轉危爲安的勇士，又善於與陰間的超自然靈溝通，爲逝者還魂，爲無壽者增壽。

在滿族薩滿敎體系中，同壇薩滿中負責者稱之爲 「薩滿達」，[8]主要負責
管理神壇事務，領導其他薩滿共同完成各項神事活動。薩滿達通常具備綜合
素質，並具有較高的神事造詣。僧舍師傅卽是一位薩滿達，受九個部落的擁
戴，統領九個部落的薩滿神事活動。該神靈神職範圍較一般薩滿神廣大，神
通也高於一般薩滿神，故有「九族僧舍師傅」之稱。

2. 創造與傳承家族文化的薩滿神

薩滿作爲氏族文化的代表和重要傳承人，在傳承氏族文化和生產技藝方面
曾發揮過重要作用。這方面的貢獻已成爲人們的共識，古今中外，槪莫能
外。烏蘇關氏的薩滿神以個案豐富了滿族薩滿史料。

「阿達立」(adali) 是一位文武兼備的薩滿神。他不僅法力高强，「比五個
薩滿的神通還强，比六個薩滿的神術能力還大」，而且是一位文化造詣較高
的薩滿神，發明了古代冬季的雪域交通工具——雪撬，使之像箭一樣飛馳，
成方北方冬季簡易便捷的交通工具。他還創建了制度文化，管理當時的社會
組織等，這些對滿族先民來說，都是至關重要的。

「朱錄產尼」(juru canni) 和「朱錄庫爾尖」(juru kūrkiyan) 是由雙神
組成的「第一代師傅」。根據我們多年在滿族民間的調查，「師傅」主要是對
薩滿的稱謂。據此，我們認爲此兩位神應爲該家族第一代薩滿神。他們生前
敎會族人如何使用火種，使人們富裕起來。

阿達立、朱錄產尼和朱錄庫爾尖三位薩滿神所體現的文化傳承功能，充分
體現了薩滿對人類文明和文化發展的貢獻。正如前蘇聯民族學家И·А·洛帕
廷所指出：「薩滿不僅是神的祭司、醫生和占卜者，而且是民間口頭詩歌藝

---

8) 達，滿語，意爲頭目、首領、長官、根、本、源等。

術的發明者，是民族希望和幻想的謳歌者。薩滿保護和創造了故事和歌曲，是民族智慧和知識的典範。」(1990:76)烏蘇關氏「阿達立」等薩滿神的產生，彰顯了滿族古代薩滿在文化知識積累與傳承方面的貢獻。

值得提及的是，在烏蘇關氏大神文本中，多次提到一位屬馬的關錫穆寶薩滿。他是該家族歷史上一位聲名顯赫的大薩滿，生前光明磊落，樂於助人，「不貪圖閃緞，也不貪圖蟒緞，是一位著名的薩滿」，在家族中享有很高的威望。故他逝世後，才得以「前往光明、眞實之地」，卽滿族薩滿專門修煉的光明之地，關錫穆寶薩滿憑藉高尚的品質和人格，被該家族奉爲神靈，世代享祭。

3. 薩滿守護神

在薩滿教世界中，每位薩滿都非常重視所領之神。薩滿教觀念認爲，薩滿所以具有某種超凡的技能，皆因有守護神的幫助，他們能夠隨時被薩滿請來，幫助主祭薩滿完成各項神事活動。

薩滿的守護神或爲動物神，或爲祖先神和薩滿神。這種情況在北方民族薩滿中非常普遍。如科爾沁蒙古族著名薩滿色仁欽卽領其已故薩滿祖父哈日那撒薩滿爲守護神；達斡爾族薩滿斯琴掛領的神靈卽是她所屬的鄂嫩哈拉博斯胡淺穆昆拉瑪薩滿的神靈，體現了血緣群體一脈相承的巫統。

烏蘇關氏大神文本記述的幾位薩滿，各有自己的守護神。其中圖斯康其瑪法領的神爲雕神。屬馬的主祭薩滿領的主神爲胡穆魯瑪法神，該神是烏蘇關氏一位古老的薩滿神。此外，該薩滿還以男月神「金盤瞞尼」(jinpan manggi) 和女月神「金盤德德」(jinpan dede) 爲値日神。在這裡，兩位男女月神的神性發生了根本的變化，由自然神蛻變爲薩滿守護神，彰顯了烏蘇關氏薩滿的神力。烏蘇關氏薩滿領神旣有動物神，又有薩滿神，還有日月神，體現了滿-通古斯民族的典型的薩滿教觀念。

(七) 職能神

所謂職能神不是指某一種具體的自然事物，而是自然物所具有的某種特別的屬性或功能；他們不是某個氏族的祖先和領袖，而是某種社會職業的原始創建者或某種行業成敗的操縱者。他們往往脫離具體特殊的形象而具有更抽象的性格。我們可以把這種神靈叫做職能神(呂大吉　1998:171)。從已公佈的滿族諸姓薩滿文本看，滿族職能神不甚發達，但烏蘇關氏多種類型的職能神從不同的方面反映了該家族的發展軌跡，爲我們認識宗教職能神提供了新資料和新視角。

1. 農業神

滿族烏蘇關氏作爲東海女眞人的後代，早期主要以漁獵經濟爲主要生活方式，該家族多位與農業文明有關神靈的出現，折射出農業文明的軌跡和對人們物質生活、精神生活的影響。「烏蘭泰巴圖魯」(ulantai baturu) 是一位傳播種子的個體神，「傳播著種子，並奔跑著搜尋著松花江而降臨」；由七對神組成的群體神「納丹朱錄瞞尼」(nadan juru manggi)，也以傳播草種子爲職能，他們在原始農業發生與發展的過程中發揮了至關重要的作用。

如果說種子的保存和播種是農業生產的首要環節，那麼，農苗保護則是至關重要的中間環節。「阿爾胡其媽媽」(arhu ci mama) 卽是一位促使種植物發芽，保護芽苗生長的護苗女神。

隨著農業的發展，原始園藝業也相伴而生。烏蘇關氏薩滿文本中有三位與園藝有關的神靈：「依爾卡朱格赫」(ilkaju gehe) 是一位花神，源於一種草本；兩位「恩都立媽媽」(enduri mama)，均是與種植和養護花草有關的花神。

伴隨著農業的出現，家畜養殖業逐漸得到發展，這方面的神靈也應運而

生。「烏欽納阿哥」(ukinna age) 是一位主司「飼養、豢養」家禽、家畜的
神靈。此神源自該家族一位馴養或飼養能手，從其神名「阿哥」一詞可知，
此神爲男性。男性馴養神的出現，是與男性在家禽家畜馴養中的作用相符
合，園林的花神和護花神多爲女性，馴養神則爲男性，這種神靈分工與早期
的家庭分工歷史相契合，也反映了北方農業發展的歷史軌跡。

2. 工匠神

在世界各民族的神話中，各類工匠神形象佔據著一個較爲特殊的位置。古
希臘神話中的工匠神赫費斯特，具有典型的象徵意義，反映了荷馬時代手工
業的狀況及手工業者的地位和作用。

在人類早期社會，工匠是一群有知識，有技術，掌握當時先進生產工具的
特殊群體。他們創造了人類的物質文化，爲改善人類的物質生活做出了獨特
的貢獻。烏蘇關氏薩滿文本記錄了數位形態各異、各有特長的工匠神。他們
均身懷絕技，曾是手工業領域的能工巧匠。

築屋匠神

住宅是最早的人工建築物之一，較之天然樹巢、洞穴爲居址，人工建築房
屋無疑是人類的一大進步。烏蘇關氏的「法蓋勒巴圖魯」即是一位發明、創
製住宅「窗戶」的工匠神。此處的窗戶，並非現代建築的"窗戶"，而是原始
人類居室地窖子中設立的洞穴之門。

半地穴式居址是一種帶有普遍性的原始住所，在我國分佈地區很廣。在信
仰薩滿教的北方先民活動地區，也多有這種居址遺址面世，如牡丹江流域鶯
歌嶺遺址、東康遺址、黑龍江省東寧縣團結遺址都發掘出數量不等的半地穴
式房址(參見黑龍江省文物工作隊　1981；黑龍江省博物館　1975；黑龍江省

文物考古隊、吉林大學考古專業　1979；內蒙古社會科學院蒙古史研究所、包頭市文物管理所　1984)。歷史文獻也多有記載，如滿族先民勿吉人卽「築堤鑿穴以居，室形似塚，開口於上，以梯出入」(杜佑 1984:439)。

這種原始建築在今天看來簡陋至極，但在遠古社會確是一個重大發明，其創制者也以其卓越的貢獻，被奉爲文化英雄神。

製衣神

北方原始先民長期過著食肉衣皮的簡陋生活。製衣工匠的出現，是伴隨生產技術的發展，服裝的改進出現的。烏蘇關氏薩滿文本中，有一位「古拉庫媽媽」(kūrakū　mama)，爲製衣女神，卽用樹皮、樹葉、柳條做衣服，圍在人身上以禦寒和遮體。

鐵匠神

鐵匠崇拜在世界許多民族中都曾存在。其崇拜觀念旣有共性，也各具特點。布里亞特人的鐵匠崇拜觀念較爲突出，在布里亞特人看來，鐵匠的鍛鐵技能和工具都是由至上的騰格里賜給的(Г. P. 加爾達諾娃 1993:35)。鐵匠在非洲諸民族的宗教中居於特殊的地位。鐵匠力圖顯示其超凡脫俗，有異於常人(謝・亞・托卡列夫 1985:162-163)。

滿族烏蘇關氏的鐵匠神錫布勒(sibure)，主要職能是爲 「祭祀始創用紅火製造鐵繩」，應是一位最早發明用火製造工具的鐵匠神。

3. 舞蹈神

薩滿教與各種藝術形式具有天然的聯繫，是各種藝術的綜合體。安德列斯・洛梅爾在《薩滿教，藝術的開端》一書中，明確提出「薩滿教首先是所有藝術的中心」，「藝術家的最早類型是薩滿」。

在滿族薩滿教神靈體系中，舞蹈神瑪克辛(maksin)　受到滿族諸姓的普遍信奉和祭祀。但在不同的各姓氏中，這位舞蹈神的形態不盡相同。烏蘇關氏的瑪克辛神是一位雙人舞蹈神，神歌明確地表達表現了該神的形態：「祭祀並宴請雙人舞蹈的瑪克辛恩都立」。

4. 信息神

信息神的產生與古代通訊不暢的社會條件有關。中國古代素有敬鴿爲神的習俗，卽緣於先民們早已發明飛鳥傳書的方法，卽利用鴿子具有辨認方向的能力和較强的飛行路線記憶能力，對其進行馴化，以提高送信的速度，成爲人們通信生活的信使。其中以飛鴿傳書更爲普遍。

烏蘇關氏的愛新暢其(aisin canggi)、蒙文暢其(menggun canggi)　是兩位主司傳遞消息的通訊神。神歌記錄了該家族從烏蘇里江高地到松花江流域輾轉遷徙的歷史，該神的神職爲「傳取消息」。據該家族家譜記載，該家族祖居地在烏蘇里地方，經多次遷徙，最後到烏拉落戶。因此，我們認爲這裡的消息係指引導遷徙方向和遷徙路線等事關本氏族生存、發展的大事的信息。

階帝恩都立(jiyei dai enduri)　也是一位信息神，但其傳達信息的對象是神靈與神靈之間，卽將最高級別神靈的旨意傳達給下級神靈，「上天玉皇下旨意，是派了階帝神把旨意書送給了神媽媽」，故亦可稱之爲「傳達神」。

5. 治病神

在薩滿教萬神殿中，與疾病和治病有關的神佔有很大比重，其中包括各種司病神、藥神、生育神等主司人類繁衍、懲治疾病、祛瘟保健等方面的神靈。烏蘇關氏的治病神雖爲數不多，但卻具有特點，豐富了薩滿教治病神的神靈體系。其中，「阿爾胡齊媽媽」是一位治病祖母神，「善於治療八種疾病」，此處「八」應爲泛指。除了通治各種病的神靈外，該家族還有治療專科病的神靈，如烏刀神，專治心痛病。

治病神的多樣性還表現在傳染病預防及治療神的出現。如 「豐他勒瞞尼」(feng tale manggi) 是一位治療天花的神靈。這類神靈所以在北方民族中具有普遍性，是與早期社會醫療保健措施原始落後，天花、麻疹等傳染病流行，常使整個氏族面臨滅頂之災有著密切的關係。因此，北方民族薩滿教神系中出現了各種天花神和主司其他傳染病的神靈。如鄂倫春族的 「三仙女」娘娘神主司人間傳染病症，其中「額古都娘娘」管天花，「尼其昆娘娘」司麻疹，「額胡娘娘」司傷寒病和發熱病。烏蘇關氏的 「豐他勒瞞尼」 的神職與娘娘神相類。

職能神的出現，顯然是社會分工在薩滿教中的反映。對職能神的崇拜，反映了人類對歷史上開創此類職業的文化英雄的懷念和崇拜；同時也說明當時人們對某項職業的本質和規律尚未完全認識，對生產和經營過程尚無完全的把握，不得不求職能神的幫助。烏蘇關氏多位職能神的產生，從一個側面揭示了滿族薩滿教觀念的發展軌跡以及滿族社會的歷史變遷。

6. 貝勒、貝子神

貝勒、貝子神是滿族薩滿教神靈體系中常見的一類神靈，「貝勒」 是清代貴族的世襲封爵，相當於王或諸侯，地位僅次於親王、郡王。「貝子」 初爲貝勒的複數形式，後與貝勒分別爲清代宗室封爵的兩個等級，地位比貝勒低一級。滿族諸姓借此皇室爵位名稱爲神靈命名，形成滿族薩滿教神系中的一類神靈，頗具特色。貝勒神、貝子神並無等級之別，只是依各家族傳統，分別稱之爲貝勒神、貝子神而已。

　　滿族諸姓貝勒貝子神名稱繁多，職司不同，其功能亦因氏族不同而異。烏蘇關氏的多位貝勒、貝子神，分屬於大神祭和家神祭兩個祭祀系統。如「朱色貝勒神」(juse beile enduri) 屬大神祭神靈，「蒙古羅貝子」(monggulo baise)、「牛渾貝子」(niohūn beise)、「薩爾干吉貝子」(sarganji beise)、「包爾渾貝子」(bolhūn beise) 屬家祭神靈。各位神靈的職能以其作為定語的滿語詞彙的詞義表示。如「朱色貝勒」，爲子孫貝勒神；「牛渾貝子」，爲綠色貝子神；「薩爾干吉貝子」，爲女兒神等。烏蘇關氏的貝勒、貝子神是一組各有主司的群體神，內涵豐富，民族特色鮮明，在薩滿教萬神殿中獨樹一幟，展現了滿族薩滿教神靈體系的豐富多樣。

(八) 佛教神

　　滿族及其先世自古信仰薩滿教。薩滿教在該民族信仰體系中，始終占主導地位。然而，隨著滿族社會的發展，滿漢文化交流的加強，滿族諸姓也不同程度地受到佛、儒、道等外來宗教的影響，其中佛教對滿族的影響最大，甚至一定程度上滲透到薩滿教中，使滿族薩滿教融入了某些佛教成分。這種情況在清宮薩滿祭祀中表現得較爲突出。清廷坤寧宮朝祭神靈即有佛、菩薩等佛教「客神」，並有佛亭佛像。

　　在滿族民間，儘管大多數家族仍然保持薩滿教的傳統信仰，但某些家族受到佛教的影響也是不爭的事實，如稱「神」爲「佛」、「善佛」或「佛爺」等。烏蘇關氏薩滿文本中也有稱「神」爲「善佛」、「佛爺」的例證，如「札蘭泰善佛」、「柳枝佛爺」兩位神靈均爲滿族的傳統神靈，卻用「善佛」和「佛爺」代替「恩都立」、「瑪法」、「媽媽」等滿族神靈的傳統稱謂。應該說，佛教對薩滿教的這種影響還主要是形式上的。但達賴喇嘛(dalai lama) 躋身烏蘇關氏薩滿教神系，則是一個值得探討的問題，表明藏傳佛教對烏蘇關氏薩滿教已經產生了實質性的影響，在其薩滿教神靈體系中增添了新的元素。

三. 神靈體系特點

滿族薩滿教始終堅持以氏族爲本位，各氏族薩滿神系自成一體，對滿族其他家族及外來神的吸納，也是建立在以本氏族爲主的基礎上的原則，這是滿族薩滿教的共同特徵，也是其鮮明的特色。綜合比較滿族其他家族的薩滿神靈系統，烏蘇關氏的薩滿神靈體系具有以下特點：

1. 神靈體系較為完備

烏蘇關氏薩滿神靈體系較爲完備。首先，神靈種類豐富，上述八種類型基本上涵蓋了自然神、生物神、社會神等宗教神靈的基本類型。在上述八種神靈類型中，有些又可細分爲多種，表現神靈的分工已相當細化。該家族神靈種類之豐富和細化，遠超於滿族其他家族。其次，有些神靈爲烏蘇關氏所獨具，如德德類女神、工匠神等。再次，神靈命名方式基本定型。神靈名稱多爲滿語，個別神靈屬滿漢合璧；每類神靈命名，基本上形成了較爲固定的形式，如英雄神，在神靈名稱後多加「巴圖魯」、「瞞尼」等滿語詞匯構成；鬼靈的表現方式，也基本上以「阿里」、「依巴干」等構成。女性神主要由「媽媽」、「德德」和「格赫」等女性稱謂詞構成。這些因素構成了該家族較爲完備的神靈體系。

2.女神神系特色鮮明

滿族素有女性崇拜的傳統。在滿族薩滿教神話中，女神的地位尤爲突出。滿族創世神話 《天宮大戰》 展現了一個女性王國，近三百位女神音容不一、司職各異，構成一個有序的神靈世界。在滿族一些家族的薩滿文本中，也傳講著女神神話(參見富育光、于又燕 n.d.：188-218)。

然而，隨著滿族社會的變遷和薩滿教的發展與演變，在滿族薩滿教神壇上，男性神逐漸居多，女性神爲數較少。相比之下，烏蘇關氏薩滿大神文本中，女性神佔有較大的比重。其中163位神中，有33位女性神，分媽媽神、德德神和格赫神三大神系。

媽媽神，卽祖母神，多爲女性祖先神，有「穆哩庫媽媽」(muriku mama)、「夫爾尖其媽媽」(fulgiyaci mama)、「塔里其媽媽」(taliki mama)、「阿里其媽媽」(aliki mama)、「札坤朱色媽媽」(jakunju se mama)、「阿爾胡其媽媽」(arhu ci mama)、「蘇雅拉媽媽」(suyala mama)、垮蘭齊媽媽(gwalaci mama)、「他立其」(taliki mama)、「阿立其媽媽」(aliki mama)、「阿爾胡齊媽媽」(arhūci mama)、「古拉庫媽媽」(kūrakū mama)、「朱嘎阿代夫媽媽」(jugangga daifu mama)、「恩都立媽媽」(enduri mama)、「恩都立媽媽」(enduri mama) 等15位媽媽神。家神文本有一位媽媽神，卽恩都立媽媽(enduri mama)，計16位。其中有些神名雖相同，但職能不同，應不是一位神灵。

德德爲「姨娘」，德德神共有6位，卽「金盤德德」(jinpan dede)、「多豁羅德德」(dohoro dede)、「烏蘭泰德德」(ulantai dede)、「多克新德德」(doksin dede)、「薩朱蘭德德」(sajulan dede)、「德爾蘇蘭德德」(dersulan dede)，德德神是烏蘇關氏特有的女性神，其他家族薩滿文本和祭祀儀式尚未發現這類神靈。

「格赫」神，亦爲「格格」(gege) 神，「格赫」(gehe)，≪淸文總匯≫ 釋爲「姐姐」之稱，乃泛稱呼也。尊敬女孩兒們亦稱之。格赫，意爲「女孩」。格赫神有 「烏倫格赫恩都立」(urun gehe neduri)、「阿布卡格赫阿克纏」(abkai gethe akcan)、「依爾卡朱格赫」(ilkaju gehe)、「芬珠里格赫」(fenjuri gehe)、「占珠里格赫」(janjuri gehe)、「蘇約珠格赫」(suyuju gehe)、「烏爾其格赫」(urkingge gehe)、「車勒里庫格赫」(celeriku gehe)、「瓦新珠格赫」(wasinju gehe)、「色森珠格赫」(sesenju gehe)，計10位。格赫女神也是烏蘇關氏獨具特色的一類神。除上述三類神系的32位女神外，還有一位 「佛多都瞞尼」(fododu manggi)，計33位，直接用女性的稱謂命名的神靈。這些女神神職明確，有的還是群體神中的神頭。有此可見，烏蘇關氏女神在該家族薩滿神系中的重要地位。事實上，該家族女性神的數量應該遠多於這個數量。只是由於年代久遠，有些神靈的性別已無從考析，如舞蹈神瑪克辛恩都立等，性別難辨；有些女神可能隨著歲月的流逝，在歷史長河中發生了性別變化或性別模糊的傾向。

值得提及的是，「多豁羅」 神是一位滿族諸姓普遍祭祀的神靈。在九台市滿族石氏家族和楊氏家族的薩滿文本中，都有此神，稱 「多豁羅瞞尼」，是一位男性神，主司傳達信息。烏蘇關氏的 「多豁羅德德」 則是一位佩戴九十九個銅鏡跳神，神技超群的女薩滿神。多豁羅神性別、神職的變化，從一個側面也體現了烏蘇關氏對女性崇拜觀念的固守，折射了薩滿教崇拜對象的演變軌跡。

烏蘇關氏獨具特色的女神神系，反映了女性崇拜觀念的基本內容和原始薩滿教的特徵。女神神系不僅在該家族神靈體系中佔有較大比重，而且涉及多種神靈類型，包括自然神、祖先神、守護神、文化英雄神和薩滿神等。三個女神神系之間、女神與女神之間地位平等，無高下之分，亦無從屬關係。三

大神系的女性神形象栩栩如生，與滿族創世神話和滿族其他家族的女神形象
相互輝映，共同構成滿族薩滿教女神王國。

3. 群體神占較大比重

在氣象萬千的滿族薩滿教萬神殿中，占主導地位的是個體神。群體神是薩
滿教神靈體系的早期特色之一。如達斡爾人供奉的 「霍列力神」 卽由17種
神、58個生物和物件組成的群體神(參見內蒙古自治區編輯組
1985:245-249)。「搏果勒·巴爾肯」由24位神組成(同上注:251)。鄂溫克族
供奉的祖先神「敖敎勒」神也由九人組成，神像畫在藍布上，上有太陽、月
亮和眉，中間是九個小人，五個金色的是女人，四個銀色的是男人。下面繪
有兩個相對的龍(參見內蒙古自治區編輯組 1986:114)。滿族石氏家族供奉
的「依蘭阿里瞞尼」也是由三位神靈組成的群體性。

相比而言，群體神在烏蘇關氏薩滿神系中所占比重較大，涉及祖先神、自
然神、動物神、英雄神、職能神等多種神靈類型。群體神的構成分兩種形
式，一類是衆神集成的群，強調整體性，如「特博札蘭札蘭」(tebejalan
jalan)，指世代祖先神；「瑪法」(mafa)，泛指祖先神；「按巴倭車庫恩都立」
(amba weceku enduri)，指衆祖先神；「翁古瑪法薩」(ɪɪggu mafasa)，指
衆曾祖神；「神瑪法他·瑪法·薩克達」(mafata mafa sakda)，卽衆祖先神
以及各勒貝子，卽「衆貝子」等，這類神由衆神集合而成，沒有具體的神靈
數量，強調神靈的集體性。一類是多神組合的群體神，其中以雙神組合居
多，如「朱錄庫爾尖」(juru kūrkiyan) 和「朱錄產尼」(juru canni)，均爲
雙位薩滿神；「朱錄活多」(juru hundu)，爲雙鬼英雄；「朱錄沙延尼瑪西」
(juru šanyan nimasi)，爲白色雙魚神；「朱錄沙延巴爾柱」(juru šanyan
balju)，爲白色雙妖；「朱錄沙延依巴干」(juru šanyan ibagan)，爲白色

雙鬼；「朱錄代敏恩都立」(juru daimin enduri)，爲雙雕神；「烏雲朱錄瞞尼」(uyun juru manggi)，爲九對英雄神；「朱錄阿爾蘇拉布庫」(juru arsula buku)，爲雙獅星神；「瑪克辛恩都立」(maksin enduri)，爲雙舞神。由七位神靈組合的神靈有「納丹朱錄瞞尼」(nadan juru manggi)，爲七對英雄神；「納丹衣納爾渾」(nadani narhūn)，爲七根細香火神；「納丹達」(nadan da)，爲七位首領神；隨意組合的神靈有「都音貝子」，爲四位貝子神；「尼朱女赫」(ninju niohe)，爲六十位狼神；「札坤札爾胡」(jakūn jarhū)，爲八位豹神……等等。

烏蘇關氏衆多群體神的出現，應與以血緣組織爲基礎的社會組織形式和集體生産方式密切相關。長期的聚族而居和狩獵生産的集體勞作，是狩獵民族集體主義精神形成的社會基礎。群體神的産生，正是這種社會基礎的産物，反映了人類依靠集體的力量戰勝自然的艱辛歷程，蘊含著豐富的文化內涵。

4. 二元神內涵豐富

二元論在原始文化中具有普遍性。湯惠生先生借鑒萊德克利夫-布朗和列維-斯特勞斯關於原始二元思維的基本理論，對薩滿敎的二元對立思維進行了深入的討論，認爲二元對立是薩滿文化的典型思維方式，同時也是整個原始社會的思維方式(湯惠生、張文華 2001:211)。薩滿敎二元對立的思維方式體現在諸多方面，並常常通過光明-黑暗、東-西、上-下、生-死、善-惡、黑-白、男人-女人、左-右、冷-熱、陰-陽等對立的概念表達出來。典型的二元對立思維主張相反的兩方關係是純然對抗和對立的，不存在統一與轉化。「薩滿敎的二元對立思維典型體現在對各種神與魔的分類、供奉以及儀式上，如西藏『白方護法神』與『黑方之魔』的對立。」

烏蘇關氏薩滿神靈體系中存在著二元神系，但二者並非絕對的對立，神與鬼共處於同一神靈體系中，體現了原始二元思維方式。

在該家族大神文本的163位神中，有13位鬼靈，包括 「阿里」、「巴爾柱」、「依巴干」、「胡圖」等四種稱謂。據《清文總匯》，上述四種稱謂的語義都為貶義，分別為「鬼名」、「妖怪名」、「妖怪」和「鬼神之鬼」等意。其中，天神「阿布卡」和天鬼「阿布卡阿立」二者共處於一個神靈體系中。就神性而言，這13位鬼靈，只有巴爾柱屬於惡鬼，被薩滿神垮蘭瑪法降服，並被裝入包裝的鐵車中，逐出氏族生活區域外；其他12位都是薩滿宴請的神靈，或是在薩滿跳神中需要安撫的鬼靈，有的神性不甚確定，有些鬼靈則本性善良，並為人類造福。

通過烏蘇關氏二元神靈的考察，我們認為在薩滿教體系中，儘管二元觀念隨處可見，但二者之間關係豐富多樣，並非完全對立。神鬼、善惡並無絕對的分野，甚至可以存在於同一事物中。對於以氏族為本位的薩滿教而言，神與鬼的界定也往往與特定的血緣群體有著密切的關係，此地之神，彼地即可能被視為鬼。這種觀念的形成說到底是氏族觀念與氏族制度的產物。此外，在滿族薩滿教神靈體系中，神與鬼的作用也具有多面性。神並非盡善，鬼亦並非盡惡。因此，「阿里」等類神靈也作為崇拜對象出現在滿族薩滿教神系中，可謂亦神亦鬼。

5. 神靈人格化色彩濃郁

神靈本來高高在上，與世隔絕。然而，具有突出功利性和人本主義色彩的薩滿教，祭拜神靈是以人的利益為出發點的，是為了滿足人們的現實需要。為了縮短人與神之間的距離，先民們便將一些人情化、世俗化的內容引入薩滿教神壇，使神靈的人格化色彩日益濃厚。烏蘇關氏薩滿神靈體系即體現了這一特點。首先，以親屬稱謂為神靈命名，如瑪法(爺爺)、媽媽(奶奶)、德德(姨娘)、格赫(姐姐)，還有師傅等，使神靈擁有親屬稱謂，增強了神與人的親和力。其次，自然神的社會色彩濃郁，其中以天神最爲突出。天神人格化在北方民族薩滿教中素有傳統，在諸多民族中都有突出的體現。如達斡爾族的天神分父天、母天、公主天、官人天等多種。滿族的天神有「上天之子」、「天子貝子」、「天宮貝子」、「大神之子」等多種稱謂，烏蘇關氏的「阿布卡朱色」(abka juse)（天子神)，卽屬此類神。該家族的「阿布卡阿古賚」(abka agulai) 爲「天上老叟們」或「天穹老者」，將天神塑造成一位老人的形象，增加了人格化天神的倫理色彩。由此可見，在滿族先民的眼中，天神與人類一樣，具有生老之別，而天穹長者作爲群體神受到崇拜，某種意義上也反映了滿族先民對長者的重視，體現了原始人類古樸的價値觀和倫理觀。

神靈作爲薩滿教體系中核心要素，體現了薩滿教的本質特徵。從滿族烏蘇關氏薩滿文本看，該家族不僅薩滿教祭祀形態獨具特色，其所崇奉的薩滿教神靈體系也具有鮮明的特點，並涉及神靈起源、演變、神性變異、諸神分工、神話與文本的關係以及薩滿教神靈體系的基本特徵等宗教基本理論問題。該家族薩滿教神靈數量衆多，形態多樣，豐富了滿族薩滿教的文化內涵，爲薩滿教理論研究提供了第一手資料和新的視角。

⊞ 參考書目

中國民間文藝研究會黑龍江分會 編印

　　1983 n.d. 黑龍江民間文學6。

內蒙古自治區編輯組

　　1985 達斡爾族社會歷史調查。呼和浩特：內蒙古人民出版社。

　　1986 鄂溫克族社會歷史調查。呼和浩特：內蒙古人民出版社。

內蒙古社會科學院蒙古史研究所、包頭市文物管理所

　　1984 內蒙古包頭市阿善遺址發掘簡報。考古1984(2)。

王守恩

　　2009 論民間信仰的神靈體系。世界宗教研究2009(4)。

色音

　　1998 東北亞的薩滿教。北京：中國社會科學出版社。

呂大吉

　　1998 宗教學通論新編。北京：中國社會科學出版社。

宋和平

　　1990 滿族「瞞尼」神釋析。北方民族1990(2):98-102。

　　1993 滿族薩滿神歌譯注。北京：社會科學文獻出版社。

杜佑

　　1984 通典‧下。北京：中華書局。

莊吉發

　　1992 清史拾遺。臺北：臺灣學生書局有限公司。

麥克斯‧繆勒

　　1989 宗教的起源與發展。金澤 譯。上海：上海人民出版社。

傅英仁 講述、張愛雲 記錄整理

　　2014 寧古塔滿族薩滿神話。哈爾濱：黑龍江人民出版社。

富育光

　　1990 薩滿教與神話。瀋陽：遼寧大學出版社。

富育光、于又燕

　　1988　n.d. 滿族薩滿教女神神話初析。刊於薩滿教文化研究第一輯。吉林省民族研究
　　　　所編，頁188-218。長春：吉林人民出版社。1988

湯惠生、張文華

　　2001 青海岩畫：史前藝術中二元對立思維及其觀念的研究。北京：科學出版社。

雲南省社會科學院宗教研究所 編

　　1986 宗教論稿。昆明：雲南人民出版社。

黑龍江省文物工作隊

　　1981 黑龍江甯安縣鶯歌嶺遺址。考古1981(6)。

黑龍江省文物考古隊、吉林大學考古專業

　　1979 東寧遺址發掘報告。刊於1979年吉林省考古學年會第一屆年會資料。

黑龍江省博物館

　　1975 東康原始社會遺址發掘報告。考古1975(3)

蔡家麒

　　1988 鄂倫春族的原始信仰與宗教。刊於論原始宗教。蔡家麒編，昆明：雲南民族出
　　　　　版社。

謝・亞・托卡列夫

　　1985 世界各民族歷史上的宗教。北京：中國社會科學出版社。

Г. Р. 加爾達諾娃

　　1993 布里亞特蒙古薩滿教中的鐵匠崇拜。宋長宏譯。民族譯叢1993(3)：35-37。

И・А・洛帕廷

　　1990 果爾特人的薩滿教。刊於薩滿教文化研究第2輯。孫運來譯，吉林省民族研究所
　　　　　編。天津：天津古籍出版社。

作者簡介：

郭淑云，大連民族大學薩滿文化研究所所長，教授

아나톨리아 문화의 바드 시가(Bard Poetry)
맥락 속에 살아 있는 샤머니즘

메틴 투란

터키 민속연구재단 총장

아나톨리아 지역은 1071년 이래로 무슬림 투르크의 발상지였다. 그런데 투르크인들은 그들이 중앙아시아에서 이주를 통해 이곳에 왔다는 자신들의 믿음과, 무슬림이라는 종교가 발생한 아라비아 지역 그리고 아라비아 사람들과는 분명히 다른 투르크인들의 무슬림 신앙을 따르고 있는 아나톨리아 지역에 존재했던 고대 문화, 이 두 가지 모두를 이해하고 경험했다. 이러한 현실은 학자들에 의해 "아나톨리아식 이슬람 또는 투르크식 이슬람"으로 개념화되었고 그것의 가장 뚜렷하게 구별되는 요소는 샤머니즘에서 발견된다.

내가 태어난 곳은 400여 명이 사는 마을이고, 터키의 가장 동쪽 도시인 카르스에 있다. 이곳은 나히체반에 인접하고 북쪽으로는 조지아, 동쪽으로는 아르메니아, 남쪽으로는 이란에 둘러싸여 있다. 이 마을에는 연대가 기원전 1만 2천년까지 거슬러 올라가는 동굴 벽화가 있다. 이 벽화는 1만 4천여 년 정도가 되었는데 침식과 인간의 파괴에도 불구하고 주목할 만한 특징들을 보여준다.

이 동굴 벽화는 터키어로도 번역된 Mihaly Happal의 저술 『유라시아의 샤먼들』에서, 사냥꾼 무리가 그들의 마음 상태를 나타내 보인 것이라고 특별히 다뤄졌었다(Happal 2014: 63). 이 견해를 밝히면서, Happal은 러시아의 고고학적 조사들과 Campbell과 Ake Hultkrantz가 지휘한 연구들을 참조하였고, 이곳의 문화와 관련되는 동굴 벽화에는 사냥꾼 무리의 마음 상태가 중요한 표본들로 반영되어 있다고 언급하였다.

이 문제들을 언급하는 것은 두 가지 이유에 기반해 있다. 첫째, 거주 지역으로서의 아타톨리아 지역의 역사적 중요성을 강조하기 위해서이다. 그리고 둘째, 이들 동굴 벽화는 태양 숭배와 동물 숭배의 조합인데, 이것은 중부 아시아와 먼 아시아, 시베리아, 카자흐스탄, 키르기스스탄, 하카시아, 아제르바이잔 등지의 표본들에서도 발견되는 것이기 때문이다. 내가 태어난 마을인 카무슬루에서는, 1968년에 선생님이었던 Mustafa Turan이 이 동굴 벽화에 관심을 가졌었고, 고고학 교수인 İbrahim Kılıç Kökten 박사가 이 지역에서 몇몇 고고학적 연구를 지휘하여 조사 결과를 학계에 제출했다(1970년).

나는 이러한 정착이 문화적 풍부성에 속에서 이루어졌다고 결론 내리는 바이며, 현존하는 샤머니즘적인 관습들과 그 관습들에 의해 창조된 전통에 관해 논의하고자 한다. 나는 샤머니즘의 분석에 대해서는 다루지 않을 것인데, 왜냐하면 그것은 내 전문 영역이 아니고 또한 내가 결정한 논의의 범위 안에 있는 것이 아니기 때문이다.

나는 이 학술대회 발표문을 구술 전통의 관습과 내 개인적 경험 두 가지에 기초하여 구성할 것이다. 나는 또한 과거와 현재의 삶과 관련하여 아나톨리아의 자연과 인간을 통합하는 것(Bayat 2006: 22)을 가장 중요한 특징으로 하는 샤머니즘의 영향력에 대해서도 다룰 것이다.

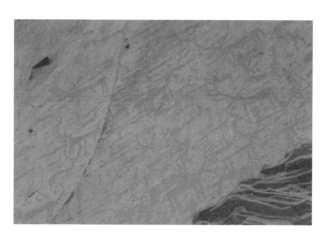

카르스 지역, 카기즈만 카무슬루 마을의 바위 그림 "빅 패널(Big Panel)"

카르스 지역, 카기즈만 카무슬루 마을의 바위 그림 "빅 패널(Big Panel)"의 확대 사진

도입

역사적으로 가장 오랜 정착지들과 마찬가지로, 히타이트, 우라르투, 그리스, 로마, 셀주크, 오스만 문명의 발상지의 측면에서 아나톨리아는 풍부한 문화적 다양성을 가지고 있다. 이 다양성은 그 자체로 무엇보다도 먼저 신앙의 문화(culture of belief)를 보여준다. 샤머니즘은 이 문화적 구조의 가장 고대적인 요소이며 이것은 새로운 종교가 전통과 풍습을 따라 출현할 때에도 구술 전통을 통해 그 자체로 오늘날까지 전승되었다.

살아남은 샤머니즘적 요소는 아나톨리아 문화에 속하는 모든 지역에서 관찰된다. 출생, 결혼생활, 결혼식, 질병, 죽음과 같은 인간 삶의 여러 과정들에서 샤머니즘적 요소의 관습이 추적될 수 있다. 개괄적인 내용을 살펴본 후에 바드의 시가에 초점을 맞추기로 하겠다.

아나톨리아 문화에 살아 있는 샤머니즘의 일반적인 개념

샤머니즘은 본래 엄격한 규범을 가지고 있는 고전적인 유일신 종교와 관련되는 법률, 규율, 성지에 의존하지 않는다. 모든 지역들에서 샤머니즘은 사회적인 협력과 관리에 의해 구성되어 온 다양한 측면의 통찰력과 사냥꾼과 수집가들, 농업과 축산과 소작을 통해 만들어진 규칙의 감각을 제공한다. 이러한 일상적인 표현에서 샤머니즘은 "이 세상"과 "저 세상"에 기초한 이중적 삶의 개념을 채택하는 것 대신, 삶을 구성하기 위한 그리고 좋은 것으로 변화해 가기 위한 견고한 단계를 가지고 있는 일반적인 뜻에서의 신앙 체계이다. 샤머니즘에는 인간-자연-동물이 순환하는 인생철학(인생관)이 있다. 그것은 영(靈)들 사이를 순환하는 것이다(Armağan 2008: 34-35).

더 깊이는 들어가지 않고, 나는 몇 가지 주목할 만한 실례들을 보이고서 바드의 시가라는 맥락 안에 있는 주제를 고찰할 것이다.

사만(ŞAMAN) 바흐시(BAHŞİ)로 이름 붙여진 정착지

투르크인들의 삶에 없어서는 안 될 요소로서, 샤머니즘은 삶의 모든 측면에 스며들어 있는 철학이다. 이런 이유로 아시아에서 아나톨리아로 이주한 유목민들은 그들의 샤먼을 함께 데리고 왔다. 기록에 따르면 사만과 바흐시로 이름 붙여진 정착 지역은 이 현상의 가장 명백한 흔적이다. 거주 지역 안내에 관한 조사에 따르면, 사만(엘라지, 무쉬, 우르파, 카스타모누)이라고 이름 붙여진 곳은 다섯 곳이고, 바흐시(코룸, 안탈리아, 시노프, 삼순, 앙카라, 차낙칼레, 코자엘리)라고 이름 붙여 진 곳은 총 열다섯 곳이 있다.

북

샤머니즘에 대해 말할 때는 북에 관해 말하는 것을 잊지 말아야 한다. 왜냐하면 북은 샤먼의 언어이자 영(靈)이기 때문이다. Radloff가 말했듯이, "노회한 샤먼의 옷으로 여겨지는 부알렛(Bualet)은, 심지어 지금 샤먼의 옷이 사라진 곳에서도 그 자체로 유지된다"(Radloff 2008: 127). 샤먼은 하늘, 땅, 지하 어디든 그의 의복을 입고 돌아다닌다. 터키 지역에서의 북의 다른 이름은 "뒤뉘르(dünür)"이다. "뒤뉘르"는 사회 구조 내

의 가장 신성한 결합 중의 하나이다. 오늘날에는 신랑과 신부 측을 일
컬어 "뒤뉘르"라고 하는데, 이는 그들의 삶 속에 샤머니즘적 용어가 포
함되어 있는 것이다. 나는 내가 아나톨리아의 여러 장소의 이름이 "북"
이라는 단어를 포함하고 있다는 것을 독자들에게 말해 주면, 이 도구적
기능이 분명하게 명시될 수 있을 것이란 견해를 가지고 있다.

거울

샤먼이 악령에 맞서서 싸울 수 있도록 하는 도구 중 하나는 거울이
다. 거울은 아나톨리아 문화에서도 같은 이유로 사용되어 온 것이다.
고열을 앓는 아이를 처방할 때 거울이 이용된다. 특히 아나톨리아 서부
에서 고열은 "벨렌(belen)"이라고 불리는데, 거울의 이름은 "벨렌 거울
(belen mirror)"이다. 이와 달리 아나톨리아 동부의 투르크멘의 전통에서
"신부의 거울(bride mirror)"은 여타의 지참금 같은 것들보다 중요한 지위
를 점하고 있다(Armağan, 2008: 52).

바드 시가에서의 샤머니즘의 흔적

샤머니즘적 요소가 분명히 확인되는 다른 지역들에는 민속 문학의
구술 전통이 있다. 샤머니즘의 가장 중요한 특징은 바드, 이야기, 시가,
그리고 아나톨리아의 바흐시(캄) 전통의 표상이라 할 수 있는 바드의 창
작물인 바드 시가의 전수(傳授)이다.

여기서 나는 샤머니즘이 독자적인 종교 또는 신앙 체계가 아니며 다
른 종교와 신앙 체계와 함께 공존하는 것임을 강조하고자 한다.

나는 여기서 자세한 것을 논의하지는 않는다. 다만, 샤머니즘이 농업과 목축이 널리 퍼져 있는 장소들에서 관찰될 수 있으며, 사회적인 생활을 둘러싸고 있는 도시화와 산업화와는 동떨어져 있다는 것을 기억하는 것이 중요하다. 노동의 분화 및 산업화의 확산에 따라 샤머니즘의 활동은 사라졌거나 아니면 도시적 생활에 통합되지 못한 민족들이나 국가들 사이에 지배적인 종교적 개념으로서 미신적인 것으로 정의되는 활동들에 머물러 있게 되었다.

바드 시가의 전수, 꿈과 무아지경

아나톨리아에서, 사춘기(pubescence)라고도 불리는 바드의 전통은 대개 꿈에 의해 전수된다. 물론 꿈을 통한 방식이 아닌 바드들도 많이 있다. 특히 이슬람과 함께인 경우, 사냥꾼과 유목민 문화를 통해 이전되었던 문화적 요소들은 사라지기 시작했고 이 새로운 종교로 인해 형식이 변화되기 시작한 문화적 요소들을 보존하였다.

터키 문화에서 중요한 지위를 차지하고 있고 라디오, 텔레비전, 인터넷과 같은 의사소통 미디어가 출현하기 전까지 구술 전통의 도구로서 여전히 유지되고 있는 바드의 시가는, 이들 미디어 속에서 그 영향력의 일부를 상실했음에도 불구하고 중앙아시아의 발판이 된 문화(step culture)로부터 아타톨리아에 걸쳐 있는 심지어 발칸에까지 걸쳐 있는 예술의 중요한 한 부문이라고 할 수 있다.

공식적인 교육을 받지 못했고 즉흥 창작의 재능과 며칠씩 걸리는 이야기 말하기의 재능을 가졌지만 글은 모르는 이 사람들 중 다수는 예능인의 기능 그리고 개인적 사회적 사건들을 알리는 중재자의 기능 두 가지를 모두 가졌다. 여기서 나는 바드의 이야기 전수에서 발생하는 꿈 또는 "해처럼 빛나는" 개념과 그것의 샤머니즘과의 관련성 사이의 상호 작용을 다루어 보고자 한다.

바드 Murat Çobanoğlu(1940-2015)는 카르스에서 태어났고, 여섯 형제 중 막내였다. 그는 고작 12-13세 때 꿈을 꾸었고 학교를 그만두었다. 하루는 그가 물을 마시려고 분수 옆에 멈추었을 때 우마차가 떠나버렸고 그의 가족들은 그를 기다리지 않았다. 그는 분수 옆에서 잠이 들었고 선지자인 모하메드와 같은 시기에 살았던 성자인 Veysel Karani의 꿈을 꾸었다. 그는 1982년에 민속음악학자 Yıldıray Erdener에게 그의 꿈에 대해 말해주었다. "그는 늙지 않았어요. 척박한 사막에서, 나는 초록색 베일 아래 있는 그의 얼굴을 보려고 했는데, 잔에 담긴 물을 마신 후에야 그를 볼 수 있었어요. 꿈속에서 그는 내게 코란 성경을 읽게 하려고 했어요". 가족들이 Murat을 분수 옆에서 발견했을 때 그는 "창백해져 있었고", 그는 그의 꿈속에서는 코란 성경을 읽을 수 있지만 깨어나고 나면 읽을 수 없다고 말했다. Murat은 "계시를 받은 바드는 사즈(바드의 악기) 또는 아잔으로 깨운다"라는 말을 더했다. (...) Murat의 아버지는 Murat에게 "나는 바드 Şenlik와 함께 있었기 때문에 계시를 받은 바드가 어떤 것인지 안다"라고 말했다. 어머니인 Gülistan Usta는 아들이 신의 계시를 잃는 것을 두려워하여 사십일 동안이나 아들 곁을 떠나지 않았다. 꿈에서 깨어난 후 Murat은 "모든 것을 외워서 노래하기" 시작했고 15일 또는 한 달여 정도를 그의 아버지와 함께 앉아서 모든 음악을 익혔다. 나이든 바드가 그에게 꿈속에서 소녀와 사랑에 빠졌느냐고 물었을 때, "그들이 내게 얼굴을 보여주었고, 나의 대답에 그들이 내게 이란(Iran)을 보여주었지만 나는 그녀의 이름을 알지 못했어요... 그 후에 나는 내 연인을 닮았는데, 오 이봐요, (메틴 투란과 결혼한 여성을 가리키면서) 이 여인이 그녀와 닮았어요.".(Erdener, 2008: 264)

아나톨리아에서 가장 유명한 바드들 중 한 명은 Sümmani이다. 본래 이름은 Hüseyin(1860-1915)인 Sümmani는 그가 11세일 때 이야기를 들려주려 마을에 방문한 바드들을 따라 돌아다녔다. 어느 날 그는 양떼를 방목하는 Ablak Taşı에서 잠이 들었다. 꿈에서는 세 명의 데르비시(이슬람교의 수도승)가 Sümmani에게 Gülperi라는 소녀의 이름의 첫 글자를 주었고, 그에게는 Sümmani라는 가명을 주었으며, 그의 일생 동안에 Gülperi를 찾으라고 말해주었다. 이 사건 이후 Sümmani는 마을 의회의 민속 음악을 부르는 밤에 참가하였다. 그가 그의 노래를 부르는 방식은 바드가 손수 빚은 사랑의 포도주를 그가 마시는 것으로 이해된다(Turan, 2011: 154).

잠에 들어 꿈을 꾼 또 다른 바드로는 Müdami가 있다. 그의 꿈에서는 선지자 마호메트와 칼리파 Ali가 나타나 그에게 코란 성경의 한 장을 가리키면서 "Müdami여, 읽어라"라고 말했다. Müdami는 그 명령을 따랐다. 이후 손에 사즈를 든 늙은 바드가 그에게 한 소녀를 소개해 주었고 그들이 약혼했음을 발표했다. 예식의 한 부분으로서 늙은 바드는 사랑의 음료를 주었다. Müdami는 그것을 마시고, 그의 시를 담은 책을 보면서 "Müdami"라는 이름을 받았다.

Sabit Müdami가 깨어났을 때, 그는 코란 성경을 포함하여 모든 책을 말하기 시작했다. 그는 그의 아버지보다 코란 성경을 더 잘 읽을 수 있었고, 짧은 시간 내에 그것을 배워서 암기하였다.

그가 14세가 되었을 때, Müdami는 같은 꿈을 꾸었다. 그 꿈에서 그는 소녀와 사랑에 빠졌고, 그는 그의 시를 쓰고 사즈를 연주하기 시작

했다. 그에 따르면, 그는 꿈을 꾼 이후에야 사즈를 가지고 연주할 엄두
를 낼 수 있었다. 그러므로 그는 삶의 의미를 깨달은 것이다(Başgöz,
1998:92-93).

위에 언급된 두 가지 꿈에서, 읽기의 방식은 이슬람의 성경을 읽는
것이고 그럼으로써 바드가 되는 것의 전승이 확인된다. 나는 이 사상적
기반에는 두 가지 주요 요인이 있다고 본다. 첫째는 이슬람 종교에서
사즈를 연주하는 것은 친숙한 것으로 받아들여지지 않고 터키의 무슬림
사회에서는 불명예스러운 것이다. 그러한 일부 종교적인 특징은 사즈가
"사탄의 것"이라고 주장하는 파트와(이슬람 법에 따른 결정이나 명령)을 만
들어 낸다.9) 이 파트와와는 대조적으로 19세기의 사람인 Bolulu Dertli
와 같은 일부 민스트렐(음악가)은 다음과 같이 그의 노래를 불렀다.

"이것은 화음을 내는 사즈라네
사탄이 들어가 있는 곳은 어디인가
사탄은 코란의 구절도 카디(이슬람법에 기초해 판결을 내리는 재
판관)의 말도 듣지 않네
사탄이 들어가 있는 곳은 어디인가"10)

---

9) Gazali 이맘, Birgivi 이맘, 그리고 Çelebi 서기는 가장 충격적인 언급을 남겼다.
   Birgivi 이맘은 다음과 같이 말했다. "사람들은 그것(사즈 연주)을 듣지 않도록 귀
   를 막아야 한다. 사즈의 소리는 욕망의 목소리이자 사탄의 달콤한 목소리이
   다"(Kadızade Şerhi 1998).
10) 1984년에, 내 관점을 지지하는 사례를 Aşık Yaşar Reyhani(1932-2006)에게서 받
   았다. 서술된 것과 기록된 원자료에 따르면 Reyhani는 그가 12-13세일 때 바드
   시가를 전수받았다. 아사기 타히르체 마을 인근의 괴레스켄 바바 성지에서 잠이
   든 동안 그는 사랑의 포도주를 마셨고, 그것을 마신 바드의 일원이 되었다. 그는
   종교적인 억압을 없애고 사회 내에서 사즈 연주자로 인정받기 위해서 신비주의
   적이고 종교적인 측면을 가진 이 이야기가 그에게 필요하다고 내게 말했다.

우리가 언급한 두 바드의 전수자인, 본래 이름은 Mehmet이고 아나톨리아 중부의 카이세리시에서 태어난 Seyrani(1807-1866)는 꿈을 꾸었다. "그가 15세 때 이맘(예배를 인도하는 성직자)이자 수일간 병을 앓고 있던 그의 아버지는 그에게 주민들이 모스크 바깥에 계속 있지 않도록 문을 열어 놓으라고 말했다. 달빛이 그날의 첫 번째 불빛이었다는 것을 생각한 것이었다. 그가 열쇠를 집어 들었을 때 모스크의 문이 열려 있는 것을 보았고 문에 있는 촛불을 보았다. 주저하면서 그는 모스크로 들어갔고 흰 수염과 환한 얼굴을 가진 키가 크고 덩치가 큰 사람들이 살라트(이슬람교에서 하루 5번 행하는 규정된 예배)를 하고 있는 것을 보았다. 그는 이것이 도대체 무엇인지 궁금했고, 그도 덩치 큰 사람들 옆의 빈 공간을 찾아 살라트를 행했다." 기도 후에 그들 중 하나가 Mehmet를 불러 "이쪽으로 와 보거라, 아이야"라고 말했다.. Mehmet는 그 성인에게 가까이 가서 그에게 인사하고 그의 무릎에 앉았다. 그 성인은 Mehmet에게 포도주가 든 성배를 건넸고, 그는 받기는 했지만 그것이 속세의 포도주라고 생각해서 그 사랑의 음료를 마시고 싶지 않았다. 마시는 것을 수상쩍게 바라보면서 성인이 다시 그에게 말했다. "마시거라 아이야, 동료의 손에 있는 이 포도주를 마시고 참된 길에 닿거라." 그의 명령을 따라 Mehmet는 그것을 마셨다. 그 성인은 Mehmet에게 "이제 너는 사랑의 바다에 들어가서 네가 할 수 있는 만큼 수영을 할 것이다"라고 말했고, 그 후 그들은 함께 모스크를 떠났다.

Mehmet는 그의 새로운 친구에게 열쇠는 집에 두고 그들을 쫓아갈 것이라고 말했다. 열쇠를 갖다 놓은 뒤에, 그는 데벨리의 리베 방향으로 그 남자를 쫓아갔다. 그러나 모든 곳을 찾아봤지만 그들을 만날 수는 없었다. 그는 지친 상태로 빌레흐에 있는 그들의 포도밭에 도착했고 잠이 들었다. 같은 날, 그의 어머니가 우연히 그를 찾았다. 그녀는 아들을 품에 안고 말했다. "Mehmet야, 떠돌면서(터키어로는 유람(seyran)) 여기에 왔니" 이 순간 보이지 않는 세계에서 온 어떤 목소리가 Mehmet의 귀에 닿았다. "너의 어머니가 네 이름을 부른다..." 이 순간에 Mehmet의 이름은 사라지고 Seyrani가 이 세상에 왔다(Turan 1997: 323-324).

바드 시가 전수 과정에서 빛이 등장하는 또 다른 이름은 Kağızmanlı Hıfzı (1884-1915)이다.

샤먼과 서사시를 이야기하는 바드

바드의 시가의 기원을 연구할 때(Köprülü 1962; Boratav 1982; Başgöz 1986; Öztelli 1985; Turan 1997), 아나톨리아 바드의 선조는 아마도 샤먼 (캄)일 것이라는 것이 널리 퍼져 있는 견해이다. 이슬람 종교를 받아들이기 이전에, 투르크 부족들과 함께 생활하던 샤먼들은 사냥의 성공을 이끄는 의식 중에 서사시를 이야기했다. 샤머니즘과 서사시 이야기하기는 서로 가깝게 관련되어 있다. 중앙아시아에서 "바흐시(baksi)"라는 단어는 시간의 흐름 속에서 둘 다를 가리키기 위해 사용되었다. Erdener가 J. Castagne를 인용한 것처럼, 중앙아시아의 샤먼들에게 있어서 가장 중요한 과업들 중 하나는 서사시를 낭송하는 것이다. 서사시를 낭송하는 것을 제외하면, 샤먼은 권위의 표상이며 미래에 관해 이야기하고 질병을 치료하는 것과 같은 일을 맡아서 수행한다(Castagne 1930: 99). 강한 서사시 전통을 가지고 있는 보굴족, 오스티야크족, 퉁구스족에서 서사시는 샤먼에 의해 낭송된다. 야쿠트족에서 영웅가의 가사와 샤먼에 대한 이야기는 동일하다(Erdener 2008: 265).

Müdami, Çobanoğlu, Seyrani는 사즈를 연주하고 서사시를 낭송하는 바드들인데, 그들은 터키의 민속 문학에서 바드 시가로 불리는 전통의 대표자들이며, 꿈을 꿈으로써 그리고 성인의 손에서 전해 받은 사랑의 음료를 마심으로써 바드 시가를 전수받은 사람들이다.

특히 Müdami와 Çobanoğlu는 그들 스스로 만든 2행 연구(二行連句)의 시, 그리고 대가들(Köroğlu, Aslı ile Kerim, Aşık Garip 등)이 쓴 다른 이야기들 모두를 바드 커피하우스로 이름 붙여진 장소 및 40-50명이 참석할 수 있는 결혼식장과 극장에서 낭송했다.

중앙아시아와 동북아시아에 살았던 투르크 부족들 사이에서는 샤먼이 되기 위해 꿈을 꾸는 것이 필수적이다. Eliade가 언급한 바와 같이, 꿈속의 말은 샤머니즘을 환기하는 것으로 간주되고, 샘과 분수는 지하세계의 신에게 닿기 위해 사용된다. 다양한 문화의 우주에 관한 여러 신화는 땅, 하늘, 그리고 지하의 세 부분으로 구성된다. 구멍을 관통하는 축이 이 부분들을 연결시킨다(Eliada 1974: 13, 16, 259).

Müdami, Çobanoğlu, Seyrani와 비슷하게, 본래 이름은 Adem Şentürk이고, 같은 지역인 아르두누흐의 출신의 Efkari(1900-1980)는 그가 19세 때 병을 치료하기 위해 신성시되는 장소를 방문했다. Efkari는 그곳에서 잠이 들었다. 꿈에서 그는 어떤 늙은 남자의 손에 입맞춤을 하고, 그의 연인인 Belkiye의 손에서 건네받은 세 개의 석류 껍질을 먹고, 그가 지은 2행 연구(二行連句)의 시를 낭송하기 시작하였다(Hinçer 1968: 30). Müdami와 Çobanoğlu와 비슷하게, Efkari는 우리에게 그가 분수 옆에서 잠이 들고 성스러운 포도주를 마신 이후에 사즈를 연주하고 그의 시를 낭송하기 시작했다고 말했다.

동반령(同伴靈)

샤머니즘에서, 동반령과 보호령은 매우 중요하다. 지하세계의 신 Erlik 또는 Bay Ülge에게로 여정을 떠나기 전에, 별 너머의 빛의 신인 샤먼은 무아지경에 빠지고 동반령과 보호령에게 말을 하며, 그들을 위해 기도하고 도움을 요청한다(Eliada 1974: 275-276). 아나톨리아 바드의 동반자들은 Pir, Veli, Hızır이다. 바드들은 이들의 도움과 사랑의 포도 주로 시를 낭송하고 사즈를 연주한다고 믿는다. 민간 설화에서 Hızır는 어려움을 겪고 있는 연인을 도와준다. 예를 들어 *Aşık Garip and Şah Senem* 에서 바드 Garip는 그가 처한 어려운 상황으로부터 구출해 달라고 Hızır에게 도움을 받기 위해 기도한다. 그의 요청에 응하여 Hızır는 그를 Şahsenem이 있는 트빌리시로 순식간에 데려간다(Türkmen, 1974).

새로운 이름과 정체성

위에 제시된 몇몇 예에서 알 수 있는 것처럼, 바로 얼마 전의 아나톨리아 문화에서 그 흔적이 관찰될 수 있는 바드 시가의 전수 기반 그리고 그들의 예술을 행하기 위한 바드의 전수 기반 중 하나는 꿈을 꾸는 것이다. 그들은 꿈을 통해 새로운 이름을 얻는다. Sabit Yalçın은 Müdami라는 이름을, Mehmet는 Seyrani라는 이름을, Adem Şentürk 는 Efkari라는 이름을 얻었고, 그들은 그들의 이름 앞에 바드라는 칭호를 붙임으로써 새로운 정체성을 획득한다. 비슷한 과정이 샤먼들에게서도 확인된다. 현장에서 많은 연구를 해 온 Mricae Eliada는 우리에게 샤먼 후보자가 잠과 무아지경에 빠져들고 이렇게 함으로써 새로운 정체성을 얻는다는 정보를 제공해 주었다(Eliada, 1974: 65).

즉흥 창작

모든 샤먼의 기도는 즉흥적인 것이다. 민속 시에서 사용되는 방법 중 하나이다. 이슬람 문화의 채택, 도시화에 의해 야기된 노동의 분화 때문에 샤먼들은 그들의 재능과 신성함을 잘 드러내기 위해서 바드로 바뀌게 되었다. 이러한 종류의 행위는 바드가 함께 살고 있는 공동체의 나이, 교육, 성별과 같은 요인들에 따라 변화하지만, 주요한 특성은 듣기 좋은 시가 이전에는 읽히거나 불려지지 않아야 했다는 것이다.

체험과 이야기하기(narrations)가 일부 차이에도 불구하고 특히 주요 테마에 관해서는 유사성이 있음에도 불구하고 글로 된 형식으로 바뀌게 된 것을 생각해 보자

상징적 죽음: 꿈

공연의 도구: 북과 사즈

알타이의 샤먼은 자기 환자의 잃어버린 영혼을 지하세계로 데려 가고 Erlik를 찾아간다. 그가 다시 지상으로 돌아올 때, "누군가 그의 북을 갖고 와서 세 차례 친다. 그 소리를 들으면서 샤먼은 그가 마치 잠에서 깨어난 것처럼 그의 눈을 비빈다"(Elida 1974: 203). 그러므로 북은 다른 세계로부터 샤먼의 귀환을 이끌어낸다. 우리는 사즈의 소리가 바드를 깊은 잠에서 깨우는 기능을 가진다는 것을 보아 왔다. 아르트빈의 바드 Osman(바드 Mahiri: 1850-1914)의 이야기가 좋은 예이다. 아침 시

간이고 해가 높이 떠 있음에도 불구하고 Mahiri는 깨어나지 못한다. 시
끄러운 소음과 외침에도 불구하고 그는 일어나지 못하며, 그의 여동생
은 그가 죽은 줄 알고 마을 주민 한 사람을 그의 동네인 에르키니스로
보낸다. 마을 주민은 거기서 바드 Muhibbi를 만나 이야기를 전해주고,
Muhibbi는 그 마을 주민에게 즉시 수의를 돌려주라고 말하면서 그와
함께 Osman(바드 Mahiri)의 마을로 간다. Osman은 그 시간까지 여전히
잠들어 있었다. 바드 Muhibbi는 세 명의 성인에게서 받은 사랑의 포도
주를 마시고 코란을 읽었다. 그는 사즈를 조율한 후에 말했다.

> "당신은 아무 것도 모르고 잠 들어있네
> 일어나서 무슨 일이 일어났는지 내가 알도록 해 주게
> 당신은 성인들과 대화 중인가
> 눈을 떠서 무슨 일이 일어났는지 내가 묻도록 해 주게"

Osman(바드 Mahiri)은 입 주변에 하얀 거품을 물고서 사즈의 소리를
들으면서 눈을 떴다(Gökalp, 1960: 2250). 깊은 잠에 든 바드는 사랑의 포
도주를 마신 다른 사람에 의해 깨어나야만 한다. 만약 그가 홀로 남겨
져 있게 되면 그는 죽을 수도 있다(Özder 1965: 7). 예를 들어 다른 바드
인 Nihani(1885-1967)은 사랑의 포도주를 마신 Sümmani의 도움으로 깊
은 잠에서 깨어났고, 칠디를리의 바드 İlyas는 그의 사즈의 현을 건드린
다른 바드에 의해 깨어났다(Kazmaz 1946: 6). 상징적인 죽음과 삶으로의
귀환이라는 패턴은 샤머니즘의 의례에서 자주 활용된다. 꿈을 통한 바
드 시가의 전수와 다른 바드의 사즈 연주를 통한 깨어남은 이러한 유사
성의 두드러진 특징이다.

결론

모든 신앙 체계는 역사 전체를 통해 스스로의 제도화된 형식을 구성한다. 모든 문화와 그 문화가 갖는 신앙 체계는 둘 다 고유하고 그 고유성만큼 흔하게 발견된다.

서로 다른 경제적 사회적 지위의 사회 내의, 예를 들어 사냥꾼, 수집가, 농사와 목축을 하는 것 안에 있는 샤머니즘의 표현들은 이런 상황을 가장 전형적으로 반영한다.

삶, 우주와 인류의 관련성, 자연을 대하는 인류, 생물을 대하는 자연에 관한 지각과 이해를 위한 근원적인 기반으로 해석될 수 있는 샤머니즘의 흔적은 가장 오래된 정착지 중의 하나이면서 여러 문명의 발상지였던 아나톨리아에서의 삶의 모든 국면들에서 관찰될 수 있다. 그것은 전혀 낯설지 않다. 다른 신앙 체계가 생활 속에 들어오더라도 철학이 그 철학적 핵심을 유지하는 것처럼, 샤머니즘의 흔적은 아나톨리아 문화 안에 존재한다.

샤머니즘적 철학의 깊이를 이해하는 것과 관련하여 구술 전통의 사례의 흔적을 보유한 바드 시가의 전통을 살펴보는 것은 주목할 만한 일이다. 이 논문에서는 상징적인 의미에서 일부 예만 제시되었고, 바드 시가와 시인의 관계, 전수와 공연이 논의되었다. 이러한 세계관은 기독교와 이슬람교와 같은 유일신 종교와 함께 변화했고, 도시로부터 멀리 떨어진 유목민 지역, 반(半)-유목민 지역, 정착 지역들에서 공적인 수피즘(sufism: 이슬람교의 신비주의적 분파)의 형태로 그 형식을 유지하고 있다고 말할 수 있다. 이 영향력은 터키의 민속 문학의 창작물들, 예를 들어 서사시, 성인들의 전설, 2행 연구(二行連句)의 시, 설화, 민스트렐(음악가)과 바드 시가 전통의 작품들에서 널리 확인된다.

🔖 참고문헌

T.C. İçişleri Bakanlığı (1946-1947) *Türkiye'de Meskun Yerler Kılavuzu,* Cilt:I, Cilt:II, İçişleri Bakanlığı Yayınları:Ankara.

Başgöz, İ. (1986), *Folklor Yazıları,* Adam Yayınları: İstanbul.

Bayat, F. (2006), *Anahatlarıyla Türk Şamanlığı,* 4. Basım, Ötüken Yayınları, İstanbul.

Boratav, P. N. (1982), *100 Soruda Türk Halk Edebiyatı,* 4. Baskı, Gerçek Yayınları: İstanbul.

Castagne, J. (1930), "Magie et exorisme chez les Kazak-Kirghizes et autres peoples turcs Orientatux", *Revue des Etudes Islamiques* 4.

Eliada, M. (1974), *Shamanism,* Princeton: Princeton University Press.

Erdener, Y. (2008), 'Murat Çobanoğlu'nun Aşıklığa Başlama Sürecinde Görülen Şamanizm İzleri', *Folklor /Edebiyat* Dergisi, Sayı:54, 2008/4.

Hınçer, İ. (1968), "Aşıklık, Bade İçme, İrtical, Atışma ve Muamma", *Türk Folklor Araştırmaları Dergisi.*

Hoppal, Mihaly (2014), *Avrasya'da Şamanlar,* 2.Baskı, Yapı Kredi Yayınları, İstanbul.

Kadızade Şerhi (1988), *Kadızade Ahmet Efendi-Birgivi Vasiyetnamesi,* Bedir Yayınevi: İstanbul.

Kazmaz, S. (1946), *Aşık İlyas Anlatıyor,* Halk Bilgisi ve Halk Edebiyatı Yayınları: Ankara.

Kökten,İ.K. (1970), 'Yazılıkaya'da ve Kurbanağa Mağarasında (Kars-Camışlı) Yeni Bulunan Diptarih

Köprülü, M. F. (1962), *Türk Saz Şairleri,* Milli Kültür Yayınları: Ankara.

Özder, M. A. (1965), *Doğu İllerimizde Aşık Karşılaşmaları,* Emek Basımevi: Bursa.

Öztelli, C. (1985), *Bektaşi Gülleri,* Özgür Yayın Dağıtım: İstanbul.

Resimleri', *Kars Eli,* 69 (1970).

Radloff, W. (2008), *Türklük ve Şamanlık,* Yayına Hazırlayan: Nurer Uğurlu, Örgün Yayınları:İstanbul.

Turan, M. (1997), Ozanlık Gelenekleri ve Türk Saz Şiiri, 3. Baskı, Başkent Klişe ve Matbaacılık:Ankara

Turan, M. (2001), *Halk Deryasından Damlalar,* 2. Baskı, Ürün Yayınları: Ankara.

Uğurlu, N.(2012), Türk Mitolojisi, Örgün Yayınevi:İstanbul.

AŞIK ŞİİRİ BAĞLAMINDA
ANADOLU KÜLTÜRÜNDE YAŞAYAN ŞAMANİZM

Metin Turan

Folklor Araştırmacıları Vakfı Başkanı

Giriş

Anadolu coğrafyası, 1071 yılından bu yana Müslüman Türkler'in anavatanı olmuş durumdadır. Ancak, Türkler hem göçler yoluyla geldikleri Orta Asya'dan taşıdıkları inançlarını hem de Anadolu coğrafyasında daha eskiden var olan kültürlerin de bileşimiyle 'müslümanlık' anlayışlarını, Müslümanlığın ortaya çıkıp yayıldığı Arap coğrafyası ve halklarından farklı yorumlayıp yaşamışlardır. Bilim insanlarının Anadolu ya da Türk Müslümanlığı olarak kavramsallaştırdıkları bu gerçeklik, en belirgin özelliklerin Şamanist unsurların canlılığında bulmaktadır.

Doğduğum yer, Türkiye'nin bugünkü siyasi haritasından, Anadolu'nun en doğusunda ; Kuzeyde Gürcistan, onun hemen aşağısında Doğu kısımda Ermenistan, yakınında Nahçivan ve güneyinde ise İran'la komşu olan Kars şehrine bağlı 400 nüfuslu bir köydür. Köyün tipik özelliği, M.Ö. 12.000 yılına tarihlenen, yontma taş devrinden kalma mağara resimlerine tanıklık etmesidir. Yaklaşık 14.000 yıllık bir geçmişe sahip olan bu mağara resimleri, türlü doğal erozyonlar yanı sıra insanların da tahribatına uğramışsa da belirgin bir biçimde niteliklerini yansıtır durumdadırlar.

Özellikle, Mihaly Happal'ın Türkçeye de çevrilen Avrasya'da Şamanlar adlı yapıtında şamanların ortaya çıktığı döneme ilişkin, yapmış olduğu yorum, avcı kabilelerin ruhsal durumlarının kaya resimlerine yansıması (Happal,2014:63) şeklindedir. Happal, bu yorumu yaparken, daha çok Rus araştırmacıların arkeolojik araştırmaları ile Joseph Campbell ve Ake Hultkrantz'ın çalışmalarına da başvurmakta ve avcı kabilelerin ruhsal dünyalarında bu kültüre ilişkin formların kaya resimlerine yansımış örneklerinin anlamlı sonuçlar doğurduğu saptamasını yapmaktadır.

Bunlardan söz etmemin iki nedeni vardır. Birincisi Anadolu coğrafyasının bir yerleşim yeri olarak tarihsel anlamda taşıdığı önemi vurgulamak ikincisi de bu kaya resimlerinin tıpkı İç ve Uzak Asya'da; Sibirya, Kazakistan, Kırgızistan, Hakasya, Azerbaycan'da örneklerine rastlanan güneş ve hayvan kültüne ilişkin kaya resimlerinden oluşuyor olmalarıdır. Doğduğum köy olan Camuşlu'da paleotik çağdan kalma bu kaya resimlerine dikkati ilk olarak 1968 yılında, bu köyde öğretmenlik yapan Mustafa Turan yapmış ve arkeolog Prof. Dr. İbrahim Kılıç Kökten burada kazı çalışmaları yaparak bu kazı sonuçlarını bilim dünyasının (1970) dikkatine sunmuştur.

Bu saptamayı Anadolu coğrafyasındaki kültürel derinliğe bir iz olarak belirterek burada noktalıyor, günümüzde de yaşamakta olan Şamanist pratiklerden ve bu pratiklerin oluşturduğu geleneklerden söz etmek istiyorum. Bunların 'şamanizme' dair analizine girmeyeceğim. Zira hem uzmanlık alanım değil hem de bu konuşma için belirlediğim tartışma konusunun dışında duruyor.

Bu konferans metnini yazılı kaynaklardan yanısıra, sözlü kültür içerisinden oluşmuş uygulamalar ve kişisel tanıklığıma dayanan pratikleri göz önünde bulundurarak oluşturmak istedim. Böylelikle, en karakteristik özelliklerinden biri doğayla insanın bir bütünlük oluşturması olan Şamanizmi (Bayat: 2006:22) Anadolu coğrafyasındaki etkisini güncel, yaşanmış ve yaşanmakta olanlar üzerinden anlatmak istedim.

Kars, Kağızman Camuşlu Köyü kaya resimleri. Büyük Pano.

Kars, Kağızman Camuşlu Köyü kaya resimleri. Pano'dan detay.

GİRİŞ

Tarihin en eski yerleşim yerlerinden biri olmak yanında, Hitit, Urartu, Yunan, Roma, Selçuklu, Osmanlı gibi çok sayıda uygarlığa ev sahipliği yapmış olması bakımından Anadolu, zengin bir kültürel çeşitliliğe de sahiptir. Bu çeşitlilik kendisini öncelikle inanç kültüründe gösterir. Şamanizm bu kültürel dokunun hem en arkaik damarını oluşturur hem de birçok unsurunu sözlü aktarım yoluyla sürdürdüğü için yeni dinler ortaya çıktığında da, gelenek ve göreneklerle birlikte güncellenerek günümüze değin taşınmış olur.

Anadolu kültüründe, yaşayagelen Şamanist unsurları hayatın hemen bütün alanlarında görmek mümkündür. Doğum, evlenme, düğün, hastalık, ölüm gibi insan yaşamının türlü evrelerinde bu tür uygulamaları görmek mümkündür. Ancak biz burada genel bir örnekleme yaptıktan sonra, özellikle aşık şiiri bağlamında konuyu irdeleyeceğiz.

GENEL ANLAMIYLA ANADOLU KÜLTÜRÜNDE YAŞAYAN ŞAMANİZM

İçerik olarak semavi dinlerin sahip olduğu katı kurallara bağlı olmayan Şamanizmin, doğal olarak klasik anlamda kitabı, hukuku, kuralları, tapınakları da yoktur. Her coğrafyada, avcı toplayıcılık, hayvancılık ve tarım, köylülük gibi işbölümünün toplumsal ortaklık ve yönetim anlayışının oluşturduğu türlü aşamalara göre içerik kazanır. Bu bakımdan da genel hatlarıyla Şamanizm, "bu dünya" ve "öteki dünya" gibi ikili bir yaşam anlayışı yerine, yaşamı biçimlendirme ve onu kendine yararlı hale getirme pratiğine dönük somut açılımları olan bir inanç biçimidir. Şamanizmde, insan-doğa-hayvan döngüsü içinde bir yaşam felsefesi vardır. Ruhlar arasında gezinir durur. (Armağan, 2008:34-35).

Burada bunların ayrıntılarına girmeksizin, çok çarpıcı birkaç örnekle yetinip, konuyu daha yoğun olarak aşık şiiri bağlamında irdeleyeceğim.

ŞAMAN VE BAHŞİ ADLI YERLEŞİM YERLERİ

Türklerin yaşamlarının vazgeçilmez unsuru olan Şamanizm, toplumu bütünü ile saran bir felsefedir. Bu nedenle, Asya'dan Anadolu'ya yönelen göçebeler beraberlerinde şamanlarını da getirmişlerdi. Kayıtlardaki Şaman ve Bahşi adlı yerleşimler olgunun en belirgin izini oluşturmaktadır. Türkiye'de Meskun Yerler Kılavuzu'na bakıldığında günümüzde Anadolu'da (Elazığ, Muş, Urfa ve Kastamonu şehirlerinde) Şaman adıyla 5, Bahşi adıyla ise (Çorum, Antalya, Sinop, Samsun, Ankara, Çanakkale ve Kocaeli illerinde) 15 yerleşim yeri bulunmaktadır.

DAVUL

Şamanizmden söz ederken, onunla özdeşleşmiş davulu unutmamak gerekiyor. Zira o, şamanın dili ve ruhudur. Radloff'un da üzerinde durduğu gibi "Şaman elbisesinden daha eski olduğu anlaşılan bualet, şaman kıyafetinin bugün artık ortadan kalkmış olduğu yerlerde bile kendini muhafaza etmiştir." (Radloff, 2008:127) Şaman gök, yer ve yer altı gezinmelerine onunla çıkar. Türk ellerinde davulun bir diğer ismi de 'dünür'dür. "Dünür" toplumsal yapının en kutsal birlikteliklerinden birinin adıdır. Günümüzde Anadolu'da evliliği gerçekleşen kız ve erkek tarafları birbirlerine "dünür" diyerek, söz konusu bu Şamanist terimi sosyal ilişkilerinin içerisine almışlardır. Anadolu'da çok sayıda yerleşim adının davullu olduğunu anımsatırsam, söz konusu aracın işlevselliği daha iyi anlaşılır kanısındayım.

AYNA

Şamanın kötü ruhlarla savaşımında kullandığı araçların başında gelen ayna da Anadolu kültüründe bugün aynı işleviyle devam edegelmektedir. Yüksek ateşli çocukların tedavisinde günümüzde de aynanın yardımına başvurulur. Yüksek ateşli 'havale geçirme' hastalığına, Anadolu'nun özellikle Batı bölgelerinde "belen" dendiğinden, "Belen aynası" adıyla ünlenmiştir. Ayrıca, Batı Anadolu Türkmen geleneklerinde gelinlik çeyiz eşyaları arasında, "Gelin Aynası" özel bir önem taşır. (Armağan, 2008:52)

AŞIK ŞİİR GELENEĞİNDE ŞAMANİZMİN İZLERİ

Şamanist unsurların belirgin olarak görüldüğü bir diğer alan ise sözlü halk edebiyatı ürünleridir. Ozan, baksı (kam) geleneğinin Anadolu coğrafyasındaki tipik temsilcileri olan aşık tipi sanatçıların üretmiş oldukları hikaye ve şiirlerle özellikle bunların aşıklığa başlama serüvenleri Şamanist unsurların en karakteristik örnekliğini oluşturur.

Burada altını çizmekte yarar gördüğüm noktalardan birincisi, şamanizmin Anadolu kültüründe başlı başına bir din veya inanç sistemi olarak değil, başka din ve inanç sistemleriyle yaşayageldiğidir.

Bunun gerekçelerini burada ayrıntılarıyla tartışmayacağım. Ancak bilinmesi gereken hususlardan birisi, bu özelliklerin kentleşmenin henüz ilerlemediği, endüstrileşmenin toplum hayatını etkin bir şekilde kuşatmadığı; temel ekonomik uğraşı tarım ve hayvancılığın oluşturduğu bölgelerde görülmesidir. İşbölümünün yaygınlaşması ve kentleşmeyle birlikte bu tür uygulamalar ya bütünüyle ortadan kalkmış ya da özellikle şehir hayatı içerisinde entegrasyonu sağlayamayan aile ve topluluklar arasında, baskın dinsel anlayışın 'batıl' olarak tariflediği pratikler biçiminde kalıntısını göstermektedir.

Aşıklığa Başlamada Rüya ve Esrime

Anadolu aşık şiirinde, aşıklığa başlama, buna erginleşme de denilebilir, çoğunlukla bir rüya ile olmaktadır. Hayat hikayelerinde rüya motifi bulunmayan aşıklar (halk ozanları) da çokcadır. Özellikle islam kültür dairesine girilmesiyle birlikte avcı, göçebe kültürle taşınan kültürel unsurlar erimeye başlamış sürdürülmekte olanlar ise yeni dinin etkisiyle şekil değiştirmiştir.

Türk kültürü içerisinde önemli bir yere sahip olan ve sözlü kültürün aktarımında radyo, televizyon ve internet gibi yaygın iletişim araçlarının varlığına değin etkisini sürdüren; eski işlevini yitirmiş olsa da bu gün bu mecralarda da varlığını koruyan halk ozanlığı, Orta Asya bozkır kültüründen, Anadolu içlerine taşınan ve hatta balkanlara kadar uzanan önemli bir sanat koludur.

Çok büyük bir kesimi örgün eğitim kurumlarından yetişmemiş;

okuma yazma bilmeyen bu kişiler, saz eşliğinde irticalen (doğaçlama) söyleme, günlerce süren hikaye anlatma yetenekleriyle eğlencelik gereksinmeleri karşılamak yanında, bireysel ve toplumsal olayları dile getirerek halkın duygularına tercüman olarak da önemli bir boşluğu doldurmuşlardır. Burada yakın geçmişte varlıklarını sürdüren birkaç ünlü aşığın aşıklığa başlama öykülerinde yer alan rüya veya bir 'güneş kadar parlak' ışık motifine değinerek şamanizmle ilintisini anlatmaya çalışacağım.

Babası da yörenin bilinen aşıklarından Gülistan Çobanlar olan, Aşık Murat Çobanoğlu (1940-2005), Kars'ta dünyaya gelmiştir. Murat, altı kardeşin en küçüğüdür. Henüz 12-13 yaşlarındayken rüya görür ve ilkokuldan ayrılır. Bir gün Kars yaylasına giderken, yol kenarındaki çeşmeden su içmek için, arabadan iner… Araba, öküz arabasıdır. İnip, kısa süreli ihtiyaçları giderip, tekrar arabaya yetişmek mümkün olduğundan, birlikte gitmekte olduğu aile bireyleri onu beklemezler. Bir süre sonra çeşme başında uyuyakalır. Rüyasında peygamber, Hazireti Muhemmed zamanında yaşamış bir veli (kerametli kişi) olan Veysel Karani'yi görür. Rüyasını, 1982 yılında etnomüzikolog Yıldıray Erdener'e şöyle anlatır: "Yaşlı da değildi. Çok fakirane bir çölde yeşil bir örtü arkasında yüzünü görmek istedim ama ancak bardaktaki suyu içtikten sonra yüzünü gördüm. Rüyada bana Kuran'ı okutmaya çalıştı. Rüyadayken Kuran'ı okuduğunu ama uyandıktan sonra okuyamadığını söyleyen oniki onüç yaşındaki Murat'ı çeşme taşının kenarında bulduklarında yüzünün 'rengi kaçkındı'. Murat, 'ilhamlı aşık ya saz sesine uyanır, ya ezan sesine uyanır' diye ekledi. (…) Sonra beni babama götürdüler. Peder dedi ki: "Ben aşık Şenlik'in yanında kaldığım için ilhamlı aşığın ne olduğunu anlarım. "Haramlanırsa ilhamını kaybeder" korkusuyla Gülistan Usta oğlunu kırk gün yanından bir daha ayırmadı. Rüyadan sonra Murat "her gördüğü şeye kendinden söylemeye" başladı ve onbeş gün veya bir ay hiç dışarı çıkmadan babasıyla karşılıklı oturup bütün aşık makamlarını öğrendi. (…) Eski aşıklar gibi rüyasında bir kıza aşık olup olmadığını sorunca: Bir kız siması gösterdiler bana. Aldığım cevapta İran tarafını gösterdiler ama isminin ne olduğunu bilemiyorum… Ondan sonra sevgilimi yani bu hanımı (evlendiği kadını kastediyor. M. T.) ona benzettim (Erdener, 2008:264).

Anadolu'da ünü yaygın aşıklardan biri de Sümmani'dir. Asıl adı Hüseyin olan Sümmani (1860-1915), on bir yaşlarında iken köylerine gelen, hikayeler anlatan bir aşığın etkisinden bir türlü kurtulamamıştır. Bir gün sürüsünü otlattığı Ablak Taşı denilen yerde uyuyakalır. Rüyasında, üç derviş önce Gülperi adlı bir kızın isminin ilk harflerini Sümmani'ye okutur, sonra da kızı gösterirler. Kendisine 'Sümmani' mahlasını vererek, Gülperi'yi ömrü boyunca aramasını söylerler. Bu olayın üzerinden birkaç ay geçer, Sümmani köy odasında bir türkü okuma gecesine katılır. Okuduğu şiirlerden onun badeli aşık olduğu anlaşılır. (Turan, 2011:154)

Rüya görerek aşıklığa başlayan bir başka kişi de asıl adı Sabit Yalçın olan, Aşık Müdami'dir. Murat Çobanoğlu'ndan 22 yaş daha büyük olan

Müdami (1918-1968) de, bir Kuzey Doğu Anadolu şehri olan Ardahan'da dünyaya gelmiştir. "Yedi yaşındayken Müdami'nin hayatında çok önemli bir olay olur. Müslümanların mübarek günü olan bir Cuma günü babası Müdami'ye evde kalmasını ve Kur'an çalışmasını tembihleyerek camiye gider. Babası evden ayrılır ayrılmaz sokaktan gelen neşeli çocuk seslerine dayanamayan Müdami onlara katılır. Birkaç saat sonra babası döndüğünde oğlunu diğer köylü çocuklarla sokakta oynarken bulur. Ağzından burnundan kan gelinceye kadar Müdami'yi döver. (…)

Müdami o gün erkenden uyur ve bir rüya görür. Rüyasında Peygamber ve Halife Osman ile Halife Ali ona Kuran'dan bir bölüm göstererek "Oku Müdami" der. Müdami itaat eder. Sonra, elinde saz tutan yaşlı bir aşık Müdami'yi genç bir kızla tanıştırır ve onları nişanlar. Bu nişan törenin bir parçası olarak onlara aşk badesi sunar. Müdami doluyu içer ve Müdami'ye içinde kendi şiirlerinin olduğu bir kitap gösterilerek Müdami mahlası verilir.

Sabit Müdami uyandığında Kuran'da dahil bütün kitaplar ona "konuşmaya başlar". Kuranı, babasından daha iyi okuyabilmektedir ve kısa bir sürede de kutsal kitabı ezberler.

Ondört yaşındayken Müdami, aynı rüyayı ikinci defa görür. Rüyasındaki kıza aşık olur, kendi şiirini yazarak söylemeye başlar ve saz çalar. Ona göre ancak bu rüyadan sonra bir saz sahibi olmaya cesaret edebilmiş ve saz çalmayı denemiştir. Böylece de aşkın anlamını anlamıştır. (Başgöz, 1998:92-93)

Yukarıda aktarılan her iki aşığın rüyasında da İslam dininin kutsal kitabı Kuran'ı okuma ve böylece aşıklığa geçme motifini görüyoruz.

Bunun ideolojik temelinde iki temel unsurun yer aldığını düşünüyorum: Birincisi İslam kültür dairesine girilmesiyle birlikte, Müslüman Türklerde saz çalmak, olumlu karşılanmamış ve dinsel olarak kötülenmiştir. Öyle ki kimi din adamları fetvalar çıkararak, sazın günah olduğunu ileri sürmüş ve 'şeytan işi' olduğunu savlamışlardır[1]). Buna karşı olarak da bazı halk şairleri, örneğin yine 19. Yüzyılda yaşamış, Bolulu Dertli:

" Telli sazdır bunun adı

Şeytan bunun neresinde?

Ne ayet dinler ne de kadı

Şeytan bunun neresinde?" diye uzayıp giden taşlamasını söylemiştir.[2])

Rüya görme serüvenlerini özetlediğimiz bu iki aşıkın öncüllerinden

---

1) Bunlardan en çarpıcı olanları İmamı Gazali, İmamı Birgivi ve Katip Çelebi'dir. İmamı Birgivi: "Saz dinlemekten kulakları kuramalıdır. Onlardan çıkan ses, nefsin ve şeytanın lezzet sesidir" demektedir. (Kadızade Şerhi,1998)

2) Bu fikrimi destekleyen bir örnek de 1984 yılında, kendisine yönelttiğim soruya, verdiği yanıtta Aşık Yaşar Reyhani (1932-2006) dile getirmişti. Kendisiyle ilgili anlatmalar ve yazılı kaynaklarda, Reyhani'nin aşıklığa başlayışı, 12-13 yaşlarında iken, Aşağı Tahirhoca Köyü'nün yakınlarındaki Göreşken Baba türbesi civarında uyurken, pir elinden dolu alıp, badeli aşıklar arasına karıştığı yönündedir. Oysa, kendisi sorumu, dinsel baskılardan kurtulmak, saz çalmayı topluma kabul ettirebilmek için mistik ve dinsel yönü bulunan böyle bir hikayeye gerek duyduğu yönündeydi.

ve orta Anadolu'da, Kayseri şehrinde dünyaya gelen ve asıl adı Mehmet olan Seyrani (1807-1866)'nin rüya görmesi ise şöyledir: "Onbeş yaşına erdiği zaman, mahalle camisinin imamı olan ve günlerde hasta olan babası, gece gördüğü ay aşığını sabah oldu zannederek, oğlu Mehmet'ten anahtarı alıp, cemaatin dışarıda kalmaması için camiiyi açmasını ister. Anahtarı alan Mehmet camiiye gittiğinde cami kapısının açık olduğunu, açık kapıdan dışarıya süzülen kandil ışıklarını görür. Tereddüt içinde camiiye giren Mehmet iki saf halinde nurani, aydınlık yüzlü, ak sakalı, iri yapılı insanların namaz kıldıklarına bakarak, "hayırdır inşallah" diyerek, safta boş olan yerde namaza durur. Namazın bitiminde selam ve duadan sonra, bunlardan biri Mehmet'e "Yaklaş oğul, yaklaş" diye seslenir. Bu mübarek zatın yanına yaklaşan Mehmet, el göğüste kıyam ederek diz çöküp oturur. Pir elinde, şarap dolu bir kadehi Mehmet'e uzatır, kadehi alan Mehmet, dünyavi şarap zannıyla badeyi içmek istemez. Badeye şüphe ilen bakan Mehmet'e pir tekrar seslenir: "İç oğul, iç... Dostun elinden dost şarabını iç ki hidayete eriş" diyen bu gönül dostunun emrine uyarak badeyi için Mehmet'e pir: "Sen de düştün aşkın deryasına yüz yüzebildiğin kadar" diye temennide bulunduktan sonra hep birlikte camiiden çıkarlar.

Bu yeni edindiği arkadaşlarına "Anahtarı eve bırakayım ben size yetişirim" diyerek eve koşar. Anahtarı eve bırakan Mehmet, Develi'de Libe diye bilinen semt istikametinde giden arkadaşlarının peşinden koşar, dağı, taşı köyleri, kasabaları arasa da onları bulamaz. Bitkin bir halde Bileç'teki bağlarına gelir, uyuyakalır. O gün tesadüfen bağa giden anası Emine hanım tarafından bulunur. Yavrusunu bağrına basarak, öper: "Mehmet'im buraları seyrana mı geldin, seyranım" der demez, kayıptan bir ses Mehmet'in kulağına erişir: Anan senin mahlasını söyledi, bu mahlasla çal söyle diye hitap ederler. O tarihten itibaren Mehmet ismi tarihe karışır, Seyrani doğar."(Turan, 1997: 323-324).

Işıkla birlikte aşıklığa başlayan bir başka isim de Kağızmanlı Hıfzı (1884-1915)'dır.

Şamanlar ve Destan Anlatıcı Aşıklar

Aşık şiirinin kaynaklarına dair literatüre bakıldığında, (Köprülü,1962; Boratav, 1982; Başgöz,1986; Öztelli, 1985 Turan, 1997) Anadolu aşıklarının atalarının şamanlar (kam) olabileceğini gösteren yaklaşım yaygındır. İslam dininin kabulünden önce özellikle Sibirya'daki Türk boyları arasında yaşayan şamanlar avlanma törenlerinin başarılı geçebilmesi için destanlar (epic) söylerlerdi. Şamanlık ve destancılık birbiriyle sıkı sıkıya bağlıydı. Zamanla Orta Asya'da kullanılan 'bakşi' sözcüğü bu iki mesleği de içine alır. J. Castagne'den Erdener'in aktardığına başvurursak; Orta Asya'daki Türk şamanlarının önemli görevlerinden birinin destan söylemek olduğunu yazar. Destan söylemenin dışında şaman, gelecekten haber veren, hastalıkları tedavi etmek gibi işleri de üstlenen ve dinsel otorite olarak konumlanan kişilerdir (Castagne, 1930:99). Kuvvetli bir destan geleneği olan Vogul, Ostyak ve Tunguzlar'da da destanlar şemanlar tarafından icra edilir.

Yukutlarda kahramanlık şarkılarının sözleri ile şamanlar hakkında hikayeler birbirinin aynıdır. (Erdener, 2008:265)

Yukarıda rüya görerek ve bir pir, kutsal kişi tarafından dolu içirilerek (badelendirilerek) aşıklığa başlayan Müdami, Çobanoğlu ve Seyrani, Türk halk edebiyatı içerisinde, aşık edebiyatı olarak adlandırılan geleneğin temsilcileri olarak saz çalıp, destan söyleyen aşıklardır. Bunlardan özellikle Müdami ve Çobanoğlu hem kendi düzdükleri hem de ustalarından duydukları (Köroğlu, Aslı İle Kerim, Aşık Garip vb.) hikayelerini aşık kahveleri olarak adlandırılan mekanlar yanı sıra 40-50 kişinin toplanabildiği köy odaları; düğün salonları veya daha geniş katılımın sağlandığı sinema salonlarında anlatan kişilerdir.

Orta Asya ve Kuzey Doğu Asya'da yaşayan Türk boyları arasında şaman olabilmek için rüya görmek şarttı. Eliada'nın da üzerinde durduğu gibi, rüyada atalarını görmek şamanlığa bir çağrı olarak düşünülür ve pınarları, çeşmeleri, su başlarını yer altı tanrısına ulaşmak için kullanırlar. Birçok kültürlerin mitolojilerinde evren yeryüzü, gökyüzü ve yerin altı olmak üzere iç kısımdan oluşur. Ortadaki bir delikten geçen bir eksen bu üç kısmı birbirine bağlar (Eliada, 1974:13, 16,259)).

Tıpkı, Müdami, Çobanoğlu ve Reyhani gibi aynı bölgenin insanı ve asıl adı Adem Şentürk olan, Ardanuçlu Efkari (1900-1980) de ondokuz yaşındayken, yakalandığı hastalıktan kurtulması amacıyla kutsal kabul edilen ve bir su yakınında bulunan ziyarete götürülür. Orada yatıp uyuyan Efkari, rüyada bir ihtiyarın elinin içini öper ve sevgilisi

Belkiye'nin elinden üç nar tanesi yiyerek kendinden deyişler söylemeye başlar (Hınçer, 1968:30) Görüldüğü gibi Aşık Efkari de, tıpkı Murat Çobanoğlu ve Aşık Müdami gibi bir pınar başında uykuya daldığını ve dolu(bade) içtiğini saz çalıp şiir söylemeye bundan sonra başladığını ifade etmektedir.

Yardımcı Ruhlar

Şamanlıkta yardımcı ve koruyucu ruhlar çok önemlidir. Yeraltı Tanrısı Erlik Han'a veya yıldızların ötesindeki ışık Tanrısı Bay Ülgen'e yolculuğa çıkmadan önce kendinden geçen şaman yardımcı ve koruyucu ruhlarla konuşur, onlara dua eder ve yardım ister (Eliada, 1974:275;276). Anadolu aşıklarının başlıca yardımcıları ise Pir, Veli veya Hızır[3])'dır. Aşıklar onların yardımı ve dolu içirmesiyle dil bağlarının çözüldüğüne, saz çalıp şiirler söylemeye başladıklarına inanırlar. Halk hikayelerinde de Hızır darda kalan aşığa yardımcı olur. Örneğin, Aşık Garip ve Şah Senem hikayesinde çok sıkışan Aşık Garip, ağlayarak kendisini bu zor durumdan kurtarması için Hızır'dan yardım diler. İmdadına yetişen Hazır, birkaç saniye sonra onu Şah Senem'in

---

3) Halk inanışında bir kült seviyesine yükselmiş olan Hızır, havada dolaşabilen bir varlıktır. Cisimsiz ve göze görünmeyen, türlü nesne ve canlıların şekline bürünerek dolaşabilen bir varlık. İstediği zaman görünebilir. Ancak, kendini tanıtmadığı sürece, kimse onu tanıyamaz. Türk halk kültüründeki Hızırla ilgili inançların büyük bir kısmı, doğu kaynaklarıyla örtüşür niteliktedir. Bu inanışlara göre, bir peygamber olarak kabul edilen Hızır, darda kalanların yardımına koşan, nur yüzlü bir varlıktır. (Turan, 2011:57).

oturduğu Tiflis'e götürür (Türkmen, 1974).

Yeni Bir İsim ve Kimlik Kazanma

Yukarıda birkaç örnek üzerinden de anlaşılacağı üzere, Anadolu kültüründe yakın zamana kadar izleri belirgin olarak görülen aşıkların, bu sanatı icra etmelerine başlamalarında temel dayanaklarından birini rüya oluşturmakta. Bu rüya aracılığıyla hem yeni isimler almaktalar: Sabit Yalçın, Müdami adını, Mehmet; Seyrani, Adem Şentürk: Efkari isimlerini ve bu yeni adlarının önüne de Aşık sıfatını ekleyerek yeni bir kimlik kazanmaktadırlar. Benzer bir süreci şamanlar da görmekteyiz. Bu alanda çok sayıda çalışmaya imza atmış bulunan Mricae Eliade, şaman olmak isteyen bir adayın derin uykuya dalıpta kendinden geçtiğinde yeni bir dil öğrendiğini ve yeni bir isim aldığını, böylece yeni bir kimlik kazandığını belirtiyor (Eliade, 1974: 65).

Doğaçtan (İrticalen) Söyleme

Şamanın tüm yakarışları doğaçtandır. Halk ozanının, İslami kültür dairesine girilmesi ve özellikle 11. Yüzyıldan itibaren şehirleşmenin getirmiş olduğu işbölümü neticesinde aşık tipine dönüşen sanatçıların yetenek ve kutsiyetlerini topluma kabul ettirmek bakımından başvurdukları yöntemlerden birisi, şiir ve hikayelerini doğaçtan söylemeleridir. Bu icra yöntemi, aşık tipi sanatçının bulunduğu topluluğun yaş, eğitim, cinsiyet gibi sosyal düzeyine göre değişmekte ama başlıca ayrıcalığını belirlenen konulara göre söylenecek ezgili şiirlerin daha önceden yazılmamış ve söylenmemiş olması oluşturmaktadır.

Tecrübe ve yazılı hale getirilmiş sözlü anlatılara bakıldığında, doğaçtan söylenenlerin kimi farklılıkları olmasına rağmen, özellikle ana tema konusunda benzerlik taşıdıkları da ayrı bir gerçektir.

Simgesel Ölüm: Rüya
İcra Aletleri: Davul ve Saz

Altay şamanları, hastasının kaybolan ruhunu bulup yeryüzüne getirmek için yer altı dünyasına iner ve Erlik Han'ı ziyaret eder. Yeryüzüne dönüp oturunca, "biri şamanın elinden davulunu alır ve üç defa vurur. Davul sesini duyan şaman uykudan uyanıyormuş gibi gözlerini oğuşturur" (Eliade, 1974:203). Böylece şamanın başka bir dünyadan gelmesine davul vesile olur. Aşıkları derin uykudan uyandırmada ise saz sesinin işlev kazandığını görmekteyiz. Artvinli Osman, Aşık Mahiri (1850-1914)'nin hikayesi bu benzerliğe güzel bir örnektir. Sabah olmasına, güneş ışıklarının yükselmesine karşın, Aşık Mahiri uykudan uyanamamıştır. Bağırıp çağırmalara karşın uyanmayınca, kız kardeşi Mihriban, kardeşinin öldüğünü sanır ve kefen aldırmak için köylerinden bir tanıdığı kasabaları Erkinis'e gönderir. Orada usta aşıklardan Aşık Muhibbi ile karşılaşan köylü, olanları anlatınca Aşık Muhibbi adamın aldığı kefen bezini hemen geri vermesini söyler ve birlikte Osman'ın (Aşık Mahiri) köyüne gelirler. Bunca zaman geçmiş olmasına karşın, Osman hala uykudadır. Aşık Muhibbi de rüyasında üç pirin elinden bade içmiş ve diğer badeli aşıklar gibi o da Kuran okumayı öğrenmiştir. Aşık Muhibbi sazına düzen verdikten sonra:

"Ne düşmüşsün çok, hab-ı gaflete
Uyan yavru uyan göreyim nolmuş?
Çok mu daldın erenlerle sohbete
Aç gözün uykudan sorayım nolmuş?"

Diye çalıp söylemeye başlar. Ağzının etrafında beyaz beyaz köpükler oluşmuş olan Osman (Aşık Mahiri) saz sesini duyunca ağır ağır gözlerini açar (Gökalp, 1960:2250) Öldü sanılan bir aşığı, badeli bir aşığın saz çalarak uyandırması gerekir. Eğer kendi haline bırakılırsa uzun süre kendine gelemez (Özder, 1965:7). Buna benzer örnekleri çoğaltmak mümkündür. Örneğin, Aşık Nihani (1885;1967) yine badeli bir aşık olan Sümmani'nin yardımıyla, Çıldırlı Aşık İlyas ise başka bir aşığın sazının tellerine vurması ile derin uykudan uyanırlar (Kazmaz, 1946:6). Simgesel ölüm ve yeniden hayata dönme şamanlığa giriş ayinlerinde sıkça görülür. Aşık adaylarının rüyada mesleğe atılmaları ile derin uykudan badeli bir aşığın saz çalması ile uyanması da bu benzerliğin belirgin örnekliğini oluşturmaktadır.

⊞ SONUÇ

(1946-1947) *Türkiye'de Meskun Yerler Kılavuzu, Cilt:I,Cilt:II*, İçişleri Bakanlığı Yayınları:Ankara.

Başgöz, İ. (1986), *Folklor Yazıları*, Adam Yayınları: İstanbul.

Bayat, F. (2006), *Anahatlarıyla Türk Şamanlığı*, 4. Basım, Ötüken Yayınları, İstanbul.

Boratav, P. N. (1982), *100 Soruda Türk Halk Edebiyatı*, 4. Baskı, Gerçek Yayınları: İstanbul.

Castagne, J. (1930), "Magie et exorisme chez les Kazak-Kirghizes et autres peoples turcs Orientatux", *Revue des Etudes Islamique*s 4.

Eliada, M. (1974), *Shamanism*, Princeton: Princeton University Press.

Erdener, Y. (2008), 'Murat Çobanoğlu'nun Aşıklığa Başlama Sürecinde Görülen Şamanizm İzleri', *Folklor /Edebiyat* Dergisi, Sayı:54, 2008/4.

Hınçer, İ. (1968), "Aşıklık, Bade İçme, İrtical, Atışma ve Muamma", *Türk Folklor Araştırmaları Dergisi*.

Hoppal, Mihaly (2014), *Avrasya'da Şamanlar*, 2.Baskı, Yapı Kredi Yayınları, İstanbul.

Kadızade Şerhi (1988), *Kadızade Ahmet Efendi-Birgivi Vasiyetnamesi*, Bedir Yayınevi: İstanbul.

KAYNAKÇA

Kazmaz, S. (1946), *Aşık İlyas Anlatıyor*, Halk Bilgisi ve Halk Edebiyatı Yayınları: Ankara.

Kökten,İ.K. (1970), 'Yazılıkaya'da ve Kurbanağa Mağarasında (Kars-Camışlı) Yeni Bulunan Diptarih

Köprülü, M. F. (1962), *Türk Saz Şairleri*, Milli Kültür Yayınları: Ankara.

Özder, M. A. (1965), *Doğu İllerimizde Aşık Karşılaşmaları*, Emek Basımevi: Bursa.

Öztelli, C. (1985), *Bektaşi Gülleri*, Özgür Yayın Dağıtım: İstanbul.

Resimleri', *Kars Eli*, 69 (1970).

Radloff, W. (2008), *Türklük ve Şamanlık*, Yayına Hazırlayan: Nurer Uğurlu, Örgün Yayınları:İstanbul.

Turan, M. (1997), Ozanlık Gelenekleri ve Türk Saz Şiiri, 3. Baskı, Başkent Kilişe ve Matbaaclık:Ankara

Turan, M. (2001), *Halk Deryasından Damlalar*, 2. Baskı, Ürün Yayınları: Ankara.

Uğurlu, N.(2012), *Türk Mitolojisi*, Örgün Yayınevi:İstanbul.

영웅서사시와 샤머니즘

쇼미르자 투르디모프

우즈베키스탄 타슈켄트 국립 우즈벡어문학대학 민속학·방언학과장

샤먼과 민속서사시 구송 연행자인 '바흐쉬(bakhshi)'의 공통점은 무엇보다도 샤먼의 개념을 표현하는 용어들에서 잘 보여주고 있다. 우즈벡인들에게 샤먼이라는 용어는 대부분 학술적 문헌에서 사용되었고 이를 통해 많은 사람들에게 알려지기 시작했다. 사람들은 샤먼을 '쿠시노치(qushnoch)', '바흐쉬(bakhshi)', '파르크혼(parkhon)'이라고 부르기도 하며, 그 중 민중의 '영혼의 치유자'는 가장 널리 알려진 명칭이다. 특히, 페르가나 분지(Fergana valley), 타슈켄트(Tashkent), 지자흐(Jizzakh)와 같은 지역, 그리고 국가의 일부 남부 지역에는 샤먼을 바흐쉬(bakhshi)라고 부르는 전통이 있다. 카자흐인들에게도 바흐쉬라는 단어는 샤먼을 나타낸다. 우즈베키스탄 남부 대부분의 지역에서 바흐쉬는 다스탄(dastan: 서사시)의 구송 연행자를 의미하며, 샤먼은 '쿠시노치'나 '파르크혼'이라고 부른다. '샤먼'과 '민속서사시 연행자'로서의 단어 바흐쉬의 의미는 구전 서사 창작물(bakhshichilik)과 샤머니즘이 같은 뿌리를 가지고 있다는 것을 말해주며, 이러한 공통점은 민속학에서도 언급되어오고 있다.[1]

---

1) Жирмунский В.М., Зарифов Х.Т. Узбекский народный героический эпос. М.:

"샤머니즘의 세계관은 인간의 주변 세계에 살면서 혼(魂: soul)의 형상으로 생명체 안에 머무르는 다양한 종류의 영(靈: spirit)에 대한 믿음에 기반하고 있다"[2]. "샤머니즘의 기본적인 특징은 인간 군상과 영(靈) 사이의 특별한 매개자들의 필요에 대한 믿음이며, 이른바 영(靈) 스스로 이 매개자들을 선택해 특별한 존재로 만들고 가르친다. 매개자인 샤먼의 의무는 영(靈)을 모시고 영(靈)의 도움을 통해 자기 부족민들을 불행으로부터 보호하는 것이다"[3].

샤머니즘의 세계관에 따르면, 샤먼(매개자)이 될 자격이 있는 후보자의 결정과 그가 샤먼이 될 것을 동의하게 되기까지의 과정은 세 단계의 통과제의(initiation)로 이루어진다.

　　a) 영(靈)에 의한 선택
　　b) 샤머니즘에 의한 발병 (신병(神病, 巫病))
　　c) 영(靈)의 도움을 통한 샤먼으로의 재생

샤머니즘의 세계관을 따르는 모든 민족에게 이러한 통과제의 과정은 거의 동일하며, 우즈벡 샤먼들의 무속행위도 이것을 증명한다. 이 통과제의 과정에서 민족의 수호령(guardian spirits)인 '모모라르(momolar)'와 '오타크혼라르(otakhonlar)'는 무의(巫儀)를 지도하기 위해 샤먼의 육체는

Государственное издательство художественной литературы. 1947. – 520 с.; Мирзаев Т. Халқ бахшиларининг эпик репуртуари. Тошкент: Фан, 1979. – 152 с.; Эшонкул Ж. Эпик тафаккур тадрижи. Тошкент: Фан, 2006. – 122 с.; Турдимов Ш.Г. "Гўрўғли" достонларининг генезиси ва тадрижий босқичлари. Тошкент: Фан, 2011. – 240 с.

2) Басилов В.Н. Избранники духов. М.: ИПЛ, 1984. – 208 – 9.

3) Басилов В.Н. Избранники духов. М.: ИПЛ, 1984. – 208 – 9.

남겨둔 채 그의 영(靈)을 자신의 특별한 세계로 데리고 간다. 바로 이
때 샤먼으로 선택된 사람들은 '신병'을 앓는다. 강력한 샤먼들에게는 좀
더 이른 연령대인 3-5세에, 약한 샤먼들에게는 10-18세에 '신병'이 나타
난다. 샤머니즘의 세계관은 이러한 '재생'의 과정을 보통의 사람이 샤먼
으로 전환되는데 있어 중요한 요인으로 여기며, 그 결과 수호령은 새로
운 후계자이자 협력자를 얻는다.

무속행위에 살아있는 이러한 관념들과, 특히 영웅서사시를 위한 기
준으로서 제시되는 고대 서사시 속 주인공 영웅인 '알프들(alps)'의 체계
에 관한 이론은 몇몇 중요한 이론적 쟁점에 대한 해결의 실마리를 던져
준다. 영웅서사시 『구로글리의 탄생(Guroghlining tughilishi)』 속 '젊은 시
절 영웅의 모험'과 '알프(alp: 영웅)의 병', 혹은 영웅의 '재탄생'과 '알프로
의 인정'과 같은 모티프들은 샤머니즘의 통과제의 관념에 상응한다.

본 논문에서는 영웅서사시 속 영웅성(*alp*-ness) 체계에 나타난 샤머니
즘 세계관의 뿌리를 샤먼의 통과제의 과정과 비교해 살펴보도록 할 것
이다.

1. 미래의 영웅 알프는 아직 태어나기 전에는 신성한 수호령(eranlar)
의 보호 아래에 있다가, 첫 번째 단계에서 하늘과의 '비밀스런 수태'의
결과로 태어난다. 샤머니즘의 무속행위에서 미래의 샤먼은 태어나기 전
에 이미 특정한 신령의 보호를 받는다고 학자들은 언급하였다[4]. 『구로
글리(Guroghli)』 서사시에서 영웅의 주요 수호자인 히즈르(Hizr)는 구로
글리를 '아들' 혹은 '영적 아들'이라고 부른다. 이 시의 라카이(Laqay) 판

---

4) Басилов В.Н. Избарнники духов. М.: ИПЛ, 1984. – 208. С. 59.

본에서는 주인공의 어머니가 히즈르의 눈길로 임신을 하게 된다.

2. '알프 병(*alp* disease) 발병' 과정에서의 영웅의 나이.

샤머니즘의 세계관에 의거하면 가장 강력한 샤먼들은 '신병'을 3-5세 즈음에 얻는다. 구로글리의 경우 '알프 병'을 3-7세 때 앓게 된다.

3. 샤머니즘과 영웅성 체계에서 보면 서사시의 수호자는 자신의 은신 처에서 주인공에게 영웅의 지혜를 가르친다. 예를 들어 구로글리는 신령계의 수장인 히즈르와 40명의 신령들(chiltons)과 맞닥트린 아스카르 토흐(Asqartogh) 산의 동굴에서 수련을 받고, 그 결과 잃어버렸던 자신의 신화 속 말을 찾게 되고 시험에도 통과한다.

4. 평범한 사람에서 알프 혹은 정복자로서의 영웅으로의 재탄생.

샤머니즘 체계에서, 특히 시베리아 샤먼의 주술행위에서 수호령은 산 속 동굴이나 인적 없는 계곡에서 미래의 샤먼의 분해된 육신을 집어 삼키거나 때로는 솥에 끓이고 단련시킨 후 다시 사람의 모습으로 돌려 놓는다. 그 결과 평범한 사람은 샤먼으로 탈바꿈한다.

서사시 『구로글리』에서도 영웅으로의 재탄생 과정에 관한 시적 묘사를 찾아볼 수 있다. 이 시의 투르크멘(Turkmen) 판본에서 신령들(erans)은 버즘나무 아래에서 영웅의 흉부를 찢고 빛으로 그의 장기를 씻어내고 천상의 생명수(antahur)를 대접한다. 이 서사시의 우즈벡 판본 에서는 신령들이 영웅에게 천상의 음료를 대접하여 그를 무적의 정복자 이자 통치자로 탈바꿈시키고 자신들의 반열에 올린다. 아제르바이잔 (Azerbaijani) 판본에서 영웅은 충돌한 별들의 빛이 물속에 들어가 물결

칠 때 마법의 샘에서 나온 물을 마신 후에 용사의 힘을 얻게 된다. 서사
시의 모든 판본에서 영웅으로의 재탄생은 산이나 동굴, 버즘나무(신성목
(神聖木)) 아래, 신비의 샘 근처와 같은 장소에서 일어난다5). 영웅의 재
탄생이 일어나는 장소는 지구의 중심인 배꼽에 관한 투르크 민족들이
우주의 구조를 이해하는 신화적 관념과 유사하거나 근접하게 해석된다.
다른 종교들의 영향을 덜 받은 알타이 투르크인들(Altaic Turks)의 세계
관에서 이러한 관념들의 전반적인 모습은 다음과 같다: "산과 그 산의 꼭
대기에 우유 호수(milk lake)가 있으며, 이 호수의 가운데에 섬이 있는데,
바로 그 곳에 하늘과 땅을 잇는 황금 잎을 가진 거대한 포플러 나무가 있
다. 이 장소는 지구의 배꼽(the Navel of Earth)이라고 불린다."6)

중앙아시아에 거주해 온 사람들의 고대 신화적 관념에 따르면, 인간의
영혼은 아스카르토흐(Asqartogh) 산의 꼭대기에 있는 우유 호수에 살고
있었다. 인간의 영혼이 이 호수에서 현세로 옮겨가 인간으로 태어난 직
후에 우유 호수 가운데서 자라던 포플러 나무에는 새로운 잎이 하나 더
돋아난다. 이 잎은 인간의 일생동안 자라나고, 하늘에서 천명이 내려와
그의 별이 하늘에서 무저갱(無低坑)으로 떨어지면 그의 잎도 가지에서 떨
어진다. 인간의 삶이 끝나 그의 별이 하늘에서 떨어지고 그의 잎도 지게
되면 그의 영혼은 아스카르토흐 산으로 다시 돌아간다고 여긴 것이다.

5. 영웅이 수호령에게 직접 용사의 갑주(甲冑)를 받게 되는 과정은 영
(靈)에 의해 지정된 시간에만 샤먼이 자신들의 무구(巫具)인 다프(daff:

---

5) Гўрўғлининг туғилиши / Айтувчи Муҳаммад Жомрод ўғли Пўлкан. Нашрга
   тайёрловчи: М. Муродов. Тошкент: Бадиий адабиёт нашриёти, 1967. – Б. 129.
6) Басилов В.Н. Избранники духов. М.: ИПЛ, 1984. – С. 70.

'dungur')를 얻게 되는 샤머니즘의 전통과 서로 상응한다7). 샤먼이 자신의 옷(chapan)에 패용하는 부적(tumar) 역시 수호령의 유형와 서열에 따라 정해진다8).

6. 서사시에서 영웅이 주술적 힘을 얻게 되는 것은 고대 서사시의 영웅성 발현 체계에서 가장 중요한 원칙의 하나이다. 이 과정이 우즈벡 판본에서는 구로글리의 눈에, 아제르바이잔 판본에서는 영웅의 목소리에 반영되고 있으며, 투르크멘 판본의 경우 영웅이 그의 말과 함께 부상당했을 때, 별을 바라본 후에 치유되는 것에 반영되고 있다. 의미론적 관점에서 이러한 특징은 샤머니즘 관념 체계에도 존재한다.

7. 영웅이 수호령(erans)에게 소원을 간청해 얻는 것과 수호령이 영웅의 운명을 예언하는 것.

이것은 무엇을 의미하는가? 우선, 이것은 샤먼과 마찬가지로 용사 역시 천권(天權)에 의해 선택된 사람이라는 것을 말한다. 다시 말해 그의 운명은 이미 정해져 있으며, 용사이자 영웅의 임무는 이미 지워졌기 때문에 그는 반드시 이 천명을 완수해야만 한다.

영웅의 소원을 들은 수호령(erans)은 그에게 약속한다. 즉, 수호령들의 거처에서 탈바꿈하게 된 샤먼과 마찬가지로, 주인공이 알프로서 다시 태어난 이후 그는 알프의 임무를 수행하는 내내 자신의 수호령들의 보호를

---

7) Басилов В.Н. Избарнники духов. М.: ИПЛ, 1984. – С. 77.
8) Басилов В.Н. Избарнники духов. М.: ИПЛ, 1984. – С. 117; Гўрўғлининг туғилиши / Айтувчи Муҳаммад Жомрод ўғли Пўлкан. Нашрга тайёрловчи; М.Муродов. Тошкент: Бадиий адабиёт нашриёти, 1967. – Б. 132, 134-135; Короғлу / Тартиб едани: М.Н. Таhмасиб. Бакы, 1959. – Б. 33.

받으면서 그들의 도움으로 항상 자신의 목적을 이루게 될 것이다.

8. 영웅의 힘과 수호령의 힘이 밀접하게 연결된 점은 샤먼이 수호령을 통해서 직접적으로 자신의 주술행위를 하는 것과 유사하다.

9. 영웅이 수호령의 거처로부터 귀환한 후에 알프로서 인정받는 것. 이 모티프는 서사시에서 알프의 궁극적인 완성과 관련된 플롯으로 종결된다. 다시 말해 구로글리가 그의 말과 함께 수호령의 거처로부터 귀환하여 참빌(Chambil)의 통치자가 되는 것은, 샤먼이 모든 '모험'을 겪은 후에 자기 부족민들에게 돌아와 진정한 샤먼으로 인정받게 되는 것과 유사하다. 수호령의 도움으로 자기 부족민들을 치료하고 그들의 문제를 해결해주는 샤먼과 마찬가지로, 알프는 자기 민족에게 힘을 보태고 속박에서 벗어난 그들을 통합시켜 하나의 창조적인 에너지로 전환시킨다. 호위무사와 현인, 장로(aqsaqal)들을 규합하여 약화되었던 왕권을 새로이 일으킨다. 민족의 명예와 위엄을 지키고 염원을 달성케 하여 궁극적으로는 인류의 선을 위해 헌신한다.

서사시 『구로글리』에 나타난 영웅성 모티프와 샤머니즘 체계의 비교 분석은 '영웅성'과 '샤머니즘' 체계가 고대 투르크 민족들에게 독특한 하나의 전통 체계 속에 존재했었다는 점을 입증하고 있다. 이들 체계에 따르면, 샤먼이 아닌 사람은 '영(靈)의 세계'에 들어갈 수 없다. 영웅성 체계에서도 역시 천권(天權)에 의해 준비되지 않은 사람은 영웅의 세계에 들어갈 수 없다. 샤먼은 수호령을 통해 '영(靈)의 세계'와 연결되어 있다. 알프에게도 역시 그를 지하계와 천상계로 연결시켜 주고, 여러 세계들 간에 자유롭게 돌아다닐 수 있게 도와줄 뿐 아니라 온갖 것을 지원해주는 수호령이 존재한다고 여겨왔다. 이러한 세계관의 근원은 인간과 영(靈)은 '선택된' 대상을 통해서만 접촉할 수 있다고 여기는 고대 물활론적(animistic) 관념과 연관되어 있다.

샤머니즘 체계의 세계관과 직접적으로 상응하는 서사시 『구로글리』의 모티프들은 이 서사시가 물활론적 관념을 기반으로 만들어졌으며 고대 신화적(mythopoeic) 세계관의 산물이라는 것을 증명한다.

한편 민중서사시(Dastan) 『알퍼므시(Alpomish)』에 기술된 영웅성 체계의 전통은 고딕 서체로 강조된 서사시의 도입부에 반영되어 있다.

구로글리는 수호령(erans)의 도움으로 지상과 천상으로 자유롭게 이동할 수 있으며 세상의 모든 학식을 얻고 모든 언어도 구사하게 된다. 눈길만으로 심지어 바위조차 녹여버릴 수 있다. 그는 악기를 연주하며 노래를 부르기도 한다. 아제르바이잔 판본을 보면, 그는 구송 연행자인 바흐쉬와는 비교도 할 수 없으며, 하늘과 땅은 그의 목소리에 전율한다.

그는 수호령에게 받은 흑백 깃털로 다양하게 변신을 할 수도 있다. 샤먼들 중에도 구로글리의 한두 가지 재능을 가진 사람들이 있다. 그러나 그 어떤 샤먼도 서사시 영웅의 모든 능력은 가지고 있지 않다. 게다가 단 한 명의 샤먼에게도 민족을 규합하고 국가를 재건하는 과업이 부여되지는 않는다. 이는 오로지 고대 서사시의 주인공인 영웅 알프에게만 허락된다. 만약 샤먼이 그런 일을 한다면, 그의 임무는 샤머니즘의 범위를 벗어나 영웅성의 범주로 넘어가게 된다. 다시 말하자면 샤머니즘은 알프 체계 관념의 일부라고 할 수 있다. 왜냐하면 알프는 동시에 위대한 샤먼이기 때문이다. 알프의 샤먼성은 가장 위대한 샤먼보다 더 위에 있으며, 예언가나 수피(sufi)의 계시와 동등한 위치에 있다. 한편 알프는 동시에 가장 위대한 구송 연행자인 바흐쉬이기도 하다. 이로서 알프 체계의 한 줄기로서의 샤머니즘 체계는 이후 독립적인 체계로서 발전하게 되었다. 오늘날 알프 체계의 관념이 문학적 코드로서 서사시에 표현되고 있다면, 샤머니즘 체계의 관념은 마치 살아있는 과정처럼 민족의 의식과 세계관에 살아 숨 쉬고 있다.

　우즈벡의 서사시가 순수 문학적 재고(再考)에 이르기까지 모든 발전 단계를 거쳐 왔다면, 샤먼 서사시의 발자취는 과거 역사의 사례로서만 남겨졌다.

　민속학자인 오은경의 연구에 기반을 두면, 세계 다른 민족들, 특히 한민족에게는 샤먼 서사시, 샤먼 서사가요(epic songs), 의식들의 실례가 있다9). 이러한 사실과 자료들은 민족 서사시의 발전 단계를 규정할 중요한 실제적 자료들이 될 수 있을 것이다. 우즈벡과 한국의 서사시, 민족 구송전승 예술에 관한 비교 연구는 세계 민속학의 발전과 현 상태에 대한 중요한 이론적 결론을 제공할 수 있을 것이다. 현재와 같은 세계화 시대에 인간의 윤리체계를 위한 공헌과 모든 종류의 예술의 발달에서 차지하는 서사시의 역할은 그 무엇과도 비교할 수 없는 의미를 갖는다. 따라서 전 세계 모든 서사시의 표본에 관한 연구는 당면한 이론적 과제의 하나로 남아 있다.

---

9) Ингёнг О. "Алпомиш" ва "Жумўнг" достонларининг қиёсий-типологик таҳлили (Comparative typological analysis of folk poems "Alpomish" and "Jumong"). Тошкент, "Turon zamin ziyo", 2014. – 220.

ЭПОС И ШАМАНИЗМ

Шомирза Турдимов

доктор филологических наук,
Заведующий кафедрой фольклористики и диалектологии
Ташкентского государственного университета
узбекского языка и литературы имени Алишера Навои

В нашей статье мы вкратце расскажем о сходствах и различиях системы шаманства и системы алпов – героев в архаическом эпосе, а также приведем примеры из тюркских народных эпосов.

Общность между шаманом и народным сказителем – "бахши" в первую очередь наглядно проглядывается в терминах, которые выражает понятие шаман. Термин шаман использовался в узбекском народе в основном в научной литературе и через это стал известен многим. Шаманов среди народа все еще называют не как иначе как "кушноч", "бахши", "пархон" (широко распостраненные названия народных "целителей душ"). В частности, в Ферганской долине, Ташкенте, Джизаке и некоторых районах южных регионов есть традиция величать шаманов как "бахши". И среди казахского народа слово бахши применяется к шаманам. В большинстве районов юга страны слово бахши означает исполнителей народных дастанов (поэм), а шаманы называются "кушноч" или "пархон". Значение слово бахши как "шаман" и "эпический сказитель" говорить о том, что эпическое устное творчество (бахшичилик) и шаманство имеет один корень и эта общность отмечена в фольклористике[1].

"Мировоззрение шаманства основано на вере в разного рода духов, которые населяют окружающий человека мир и пребывают в живых существах в виде души."[2] "Основным признаком шаманства является вера в необходимость особых посредников между человеческим коллективом и духами, которых будто бы избирают, делают людьми особого рода и обучают сами духи. Обязанность посредников-шаманов – служить духам и с их помощью охранять от бед своих соплеменников."[3]

Согласно мировоззрению шаманства, определение достойного кандидата на шаманство и процесс, текущий до его согласия стать шаманом проходит три степени инициации:

---

1) Жирмунский В.М., Зарифов Х.Т. Узбекский народный героический эпос. – М.: Государственное издательство художественной литературы, 1947. – С. 520; Мирзаев Т.Халқ бахшиларининг эпик репуртуари. – Тошкент: Фан, 1979. – 152; Эшонкул Ж. Эпик тафаккур тадрижи. – Тошкент: Фан, 2006. – 122; Турдимов Ш.Г. "Гўрўғли" достонларининг генезиси ва тадрижий босқичлари. Тошкент, Фан. 2011. – 240.

2) Басилов В.Н. Избранники духов. – М.: ИПЛ, 1984. – 208 – 9.

3) Басилов В.Н. Избранники духов. – М.: ИПЛ, 1984. – 208 – 9.

а) избрание духами;

б) "заболеть" шаманством (шаманская болезнь);

в) пересотворение духами в качестве шамана.

Во всех народах мира, следующих мировоззрению шаманства, данный путь инициации проходит практически одинаково и это подтверждается и в практике узбекских шаманов. В процессе этой инициации народные духи-покровители – "момолар", "отахонлар" – забирают его дух (при этом оставляют тело шамана) в свое особое место, чтобы обучить искусству шаманства. Именно в это время избранные "заболевают" "недугом" шаманства. У сильных шаманов это случается в более раннем возрасте – от трех до пяти лет, а у слабых от 12 до 18 лет. Согласно мировоззрению шаманства, этот процесс "перевоплощения" считается главным фактором в превращении простого человека в шамана и в результате духи-покровители получают нового последователя и партнера.

Эти представления, которые живут в практике шаманства, в частности, наша теория о системе "алп"ов – главных героев в архаическом эпосе, предлагаемая в качестве критерия для героических поэм имеет значение тем, что вносит ясность в ряд теоретических вопросов.

Комплекс мотивов "приключения героя в молодости", "алпская болезнь" или "перерождение" героя и его "утверждение в качестве "алп"а в поэме "Рождение Гуроглы" гармонируют с представлениями инициации в системе шаманства.

Постараемся сравнительно сопоставить корень мировоззрения шаманства в системе алпства в героических эпосах с путями инициации шамана.

1. Еще до своего рождения будущий герой - алп находится под покровительством святых духов-покровителей (эранлар), в первом периоде они рождаются в результате "таинственного оплодотворения" с небес. Исследователи отмечали, что в практике шаманства будущий шаман еще до рождения находится под покровительством определенного святого духа.[4] В поэме Гуроглы главных покровитель героя Хизр называет Гуроглы "сын"ом, "духовным сыном". В лакайской версии поэмы мать главного героя беременеет непосредственно от взгляда святого Хизра.

2. Возраст героя в процессе "заболевания болезнью алпства. Согласно мировоззрению шаманства, самые сильные шаманы сталкиваются этим в 3-5 летнем возрасте. И здесь Гуроглы подвергается этому в 3-7 возрасте.

3. Эпический покровитель в системе шаманства и алпства

---

4) Басилов В.Н. Избранники духов. – М.: ИПЛ, 1984. – 208. – С. 59.

обучает героя премудростям богатырства в обиталище покровителей. Например, Гуроглы обучается на горе "Аскар", в пещере, где сталкивается с представителями мира духов – с Хизр и 40 святыми (чилтанами), и впоследствии находит своего потерянного эпического коня и проходит испытания.

4. Перерождение героя из простого человека в качестве алпа или завоевателя. В системе шаманства, в частности, в практике сибирских шаманов духи-покровители (в горной пещере, в безлюдном ущелье) съедают расчлененное тело будущего шамана, иногда варят в казане, закаляют и снова приводят в человеческий облик. В результате – простой человек превращается в шамана.

"В поэме Гуроглы мы встречаемся с поэтическим описанием процесса перерождения героя. В туркменской версии поэмы святые духи разрывают грудь героя, омывают все органы светом, угощают небесным живительным напитком (шароби антаҳур). В узбекской версии поэмы духи угощают героя небесным напитком и превращают его в непобедимого завоевателя и правителя и принимают в свои ряды. В азербайджанской версии герой обретает богатырскую силу после того, как пьет воду из магического родника во время отражения света двух звезд. Во всех версиях эпоса перерождение героя проходит в горах, пещерах, под чинарой (святым деревом) и при таинственных родниках.[5)] Место, где перерождается главный герой имеет схожее или близкое поэтическое толкование с мифологическими представлениями тюркских народов о структуре всей вселенной о пупе – центры земли. Универсальная сцена этих представлений представлена в мировоззрении алтайских тюрков, которые менее других подвергались влиянию других религий таким образом: "Гора, молочное озеро на вершине горы, островок посреди озера и там – огромный большой тополь с золотыми листьями, который соединяет землю и небо. Это место называлась пупом земли"[6].

Обычно, согласно древним мифологическим представлениям народа, понималось, что духи людей обитают в этом молочном озере на горе Аскартаг. После того, как человеческий дух переходит из озера в этот светлый мир и рождается, в тополе, растущем посреди молочного озера появляется еще один лист. Понималось, что этот лист растет на протяжении всей жизни человека, и когда придет приказ с неба, его звезда падает с небесной бездны и срывает этот лист. Представлялось, что когда жизнь человека кончается, его звезда спадает с неба, а его лист – с дерева, его земной дух снова направляется в сторону горы Аскартаг.

5. Процессы получения героя богатырских воинских доспехов от

5) Гӯрӯғлининг туғилиши / Айтувчи Муҳаммад Жомрод ӯғли Пӯлкан. Нашрга тайёрловчи: М.Муродов. – Тошкент: Бадиий адабиёт нашриёти, 1967. – Б. 129.
6) Басилов В.Н. Избранники духов. – М.: ИПЛ, 1984. – С. 70.

рук духов покровителей созвучны (гармоничны) с получением шаманом в системе шаманства своих орудий – дойра (дунгур) от духов только в назначенное ими время.[7] Обереги (тумары), которые вешаются в одежду (чапан) шамана также выбираются исходя из вида и класса духов покровителей[8].

6. Обретение магической силы героем в эпосах является одним из основополагающих принципов в системе представлений алпства – эпического героя в архаическом эпосе. Этот процесс в узбекской версии отражается на глазах Гуроглы, а азербайджанской версии в голосе героя, туркменской версии – в том, что когда герой получает ранение вместе со своим конем и получает исцеление после того, как видит звезду. С семантической точки зрения данный характер находит свою параллель и в системе представлений шаманства.

7. Выпрашивание героем желаний от духов покровителей и предсказание ими судьбы героя.

О чем говорит все это? Во первых, и богатырь, как и шаман, является выбранным (небесными силами) личностью. То, что его

---

7) Басилов В.Н. Избранники духов. – М.: ИПЛ, 1984. – С. 77.

8) Басилов В.Н. Избранники духов. – М.: ИПЛ, 1984. – С. 117; Гўрўғлининг туғилиши / Айтувчи Муҳаммад Жомрод ўғли Пўлкан. Нашрга тайёрловчи: М.Муродов. – Тошкент: Бадиий адабиёт нашриёти, 1967. – Б.132, 134-135; Короғлу / Тартиб едани: М.Ҳ. Таhмасиб. – Бакы, 1959. – Б. 33.

судьба предназначена заранее, миссия алпства – геройства выпала на его долю и он должен выполнить это поручение.

Услышав желания героя духи-покровители дают ему обещания. То есть, после того, как герой перерождается в качестве алпа, как и шаман, перевоплощенный в обиталище духов-покровителей, после этого на всем протяжении всей миссии алпства будет находится под защитой своих покровителей и с их помощью всегда достигает своих целей.

8. То, что сила героя всегда тесно связано с силой духов покровителей гармонично с тем, что шаман выполняет свои практики непосредственно посредством духов покровителей.

9. Признание героя алпом после возвращения от духов покровителей. Этот мотив заканчивает в эпосе линию, связанную с окончательным формированием алпства. То есть, если мыслить логически, возвращение Гуроглы из обиталища духов покровителей вместе со своим конем, становление правителем Чамбиля, гармонирует с возвращением шамана к своим соплеменникам после всех "приключений" и его признанием в качестве настоящего шамана. Как и шаман, который лечить своих родных соплеменников с помощью духов и решает их проблемы, так и алп добавляет силу силе народа, объединяет разнузданный народ, превращает их в одну созидательную силу. Собирает

вокруг себя воинов-защитников, мудрецов-аксакалов, заново создает свое ослабленное государственность. Защищает честь и достоинство народа, способствует достижению мечты, и в конечном счете, служит во благо человечества.

Сравнительный анализ мотивов алпства, лежащих на основе эпоса Гуроглы с системой шаманства доказывает, что среди древних тюркских народов система "алпства" и "шаманства" стояла в своеобразной единой системе традиций. Согласно этим системам, человек, который не является шаманом, не может войти в "мир духов". Точно так же в системе алпства, человек, не подготовленный небесными силами на мог войти в мир геройства. Представлялось, что шаман имеет тесные связи с миром духов через покровителей. В свою очередь, и алп имеет духов покровителей, которые связывает его с подземным и небесным миром и помогает ему легко путешествовать между разными мирами, всячески поддерживают его. Корни этих мировоззрений связываются с древним анимистическими представлениями, согласно которым люди и духи контактируют посредством "избранных".

Мотивы эпоса Гуроглы, непосредственно гармонирующие с мировоззрением системы шаманства доказывают, что данный эпос был сформирован на основе анимистических представлений и является плодом древне мифопоэтического мировоззрения.

Традиции системы алпства, описанные в дастане "Алпамыш" отражены в начальной части поэмы, подчеркнутые черным шрифтом.

Гуроглы с помощью духов покровителей свободно может передвигаться на земле, на небе, знает все языки и науки. Взгляд может расплавить даже камень. Поет, играя на музыкальном инструменте (в азербайджанской версии он несравненны сказитель-бахши Небо и земля содрогается от его голоса).

С помощью черно-белых перьев, подаренных духами-покровителями может обрести разные облики. И среди шаманов бывают личности, имеющие одним или двумя дарами Гуроглы. Но ни один шаман не обладает всеми способностями героя эпоса. Более того, ни одному шаману не поручается миссия объединить народ и воссоздать государство – такое под силу только алпу (главному герою в архаическом эпосе)! Если шаман приступает к этому делу, то его миссия выходит за рамки шаманства и переходит в круг алпства. Говоря иначе, шаманство становится одним из частей представлений системы алпов. Потому что, алп одновременно является и великим шаманом. Шаманство алпа стоит выше самого великого шаманства и находится в одном ряду с откровениями пророков или суфиев. В то же время алп одновременно является самым великим бахши-сказителем. Исходя из этого, система шаманства как один из ветвей древней системы алпов впоследствии получила развитие как самостоятельная система.

Если сегодня представления системы алпов выражаются в эпосе в качестве художественных кодов, то представления системы шаманства живут в сознании, мировоззрении народа как живой процесс.

Узбекский эпос прошел все степени развития, доходя до чисто художественного переосмысления, а следы шаманского эпоса остались в нем только как примеры исторического прошлого.

Основываясь на исследованиях фольклористки Ингёнг О можем сказать, что и у других народов мира, в частности, среди корейского народа имеются образцы шаманского эпоса, эпические шаманские песни и обряды[9]. Этот факт и данные могут дать важные фактические данные в определении степеней развития народного эпоса. Сравнительное исследование узбекского и корейского эпоса, устного народного искусства дают возможность делать важные теоретические выводы о развитии мировой фольклористики и о его сегодняшнем дне. В настоящий век глобализации значение эпоса в служении человеческой нравственности, в развитии всех видов искусств имеет несравненное значение. Исходя из этого, исследование всех эпических образцов в международном разрезе остается одним из актуальных теоретических проблем.

---

9) Ингёнг О. "Алпомиш" ва "Жумўнг" достонларининг киёсий-типологик тахлили (Comparative typological analysis of folk poems "Alpomish" and "Jumong"). Тошкент, "Turon zamin ziyo", 2014. – 220.

키르기스 민간전승의 샤머니즘적 유물

아셀 이사예바

키르기스스탄 국립 과학아카데미 어문학연구소 고문서실장

키르기스 민족의 민간전승은 키르기스 민족의 정신생활, 민족 자주, 민족 정체성 등과 불가분의 관계에 있다. 키르기스인의 구비 전통은 여러 갈래로 나누어져 있으며 다차원적이며 다양한 형태를 띠고 있다. 이는 오랜 기간에 걸쳐 축적된 경험, 종교관, 철학관, 윤리관, 미학 등이 민간전승을 풍부하게 만들었을 뿐만 아니라, 도덕적 규범들이 언어로 기록되면서 매우 다양한 형태로 구현되어 전승되었기 때문이다.

고도로 발달된 키르기스인의 정신관, 우주관, 즉 종교관은 텡그리 신앙과 관련되어 있는데, 샤머니즘은 단지 이 근본적인 세계관의 일부일 뿐이다.

키르기스 민족의 문명 발전을 살펴보면 흥망의 드라마틱한 순간들이 많았다. 9세기가 되어서야 키르기스 칸국 또는 키르기스 대국이 형성되어서 국가 조직으로서의 전성기를 누렸으며, 문명의 번성과 함께 문자도 발달하게 되었다. 투르크 민족의 공통 유물인 룬 문자야 말로 5-15세기 동안 키르기스 민족들의 발전에 큰 영향을 끼친 중요한 요소였다. 이 분야의 석학인 S.E. 말로프는 자신의 저서 『고대 투르크 비문』에서

당시 키르기스가 매우 강력한 국가였다는 점을 근거로 들며 룬 문자의
영향력을 다음과 같이 설명하였다. "5세기의 예니세이 비문에 쓰인 언
어는 고대 키르기스어이다"[1]. "키르기스족은 위구르족과 경쟁하였으며,
예니세이 지역에서 강력한 국가를 형성하였다. 키르기스족이 이곳을 지
배하였다"[2].

비록 문자와 민간전승이 동시에 발전해 나갔지만, 민간전승이 문자
의 영향을 받지는 않았다. 고대 룬 문자는 비문에 연대기를 기록하는
용도로 사용되었는데, 돌에 문자를 새기는 데에는 면적상 한계가 있었
기 때문에 문학 텍스트를 기록할 수 없었다. 그에 반해, 구전 형식의 민
간전승은 민중의 여러 사회적 요구를 충족 시켰으며, 또한 기록의 형태
도 아니었다. 미국의 저명한 민속학자 A. 로드는 이런 상관관계를 다음
과 같이 언급하였다. "문자가 있다고 해서 꼭 기록문학이 있는 것은 아
니며, 기록문학이 반드시 구비 전통에 영향을 끼치는 것도 아니다"[3].

이처럼, 구비 문학은 민족의 정신적 성장이라는 부분에서 중요한 기
능을 담당하고 있었으며, 또한 정신적 욕구를 충족시켜주는 역할을 하
고 있었다.

일반적으로 키르기스 구비문학은 다음과 같이 분류된다.

- 구전 시가(서사시)
- 신화, 사가, 전설
- 운문 작품 (노래 – 노동요, 의식요, 사랑요, 테르메, 사나

1) Малов С.Е. Енисейская письменность тюрков: Тексты и переводы. –
Москва-Ленинград, 1952. – с. 8.
2) Малов С.Е. Енисейская письменность тюрков, с. 7.
3) Лорд А.Б. Сказитель. – М.: Издательская фирма «Восточная литература» РАН,
1994. – с. 153.

트-나스이야트, 아이트이쉬, 아르만, 코쇼키)

- 산문 작품 (민담, 비허구적 산문)
- 운율이 있는 짧은 작품 (속담, 격언, 수수께끼, 소담)
- 축복, 축사, 저주문, 주문

저자는 발표를 위해 샤머니즘의 흔적이 남아있는 키르기스족의 주요 구비 문학 작품인 서사시『마나스』와 고대 서사시인『에르 토쉬튜크』, 『코드조드자쉬』를 살펴보았다. 이 서사시들은 오래 전부터 존재해왔기 때문에 고대의 세계관과 우주관, 샤머니즘의 흔적들을 찾아보기에 좋은 작품들이라 판단된다.

물론 신화와 전설에도 고대 관념이 잘 나타나며, 축복, 축사, 저주, 주문 등의 문학 장르에는 텡그리 신앙, 특히 샤머니즘 같은 고대 종교관이 직접적으로 드러나기도 한다.

텡그리 신앙은 유라시아 대륙에서 자리 잡고 있던 여러 민족들의 지배 종교였기 때문에 하늘 경배와 삼분법적 세계관(천계, 중간계, 하계) 등은 이들에게서 공통적으로 나타나는 세계관적 요소였다. 특히 하늘 숭배 사상은 오늘날에도 남아있다.

키르기스인에게 가장 의미 있고 대표적인 구전 서사시는 전 민족을 하나로 결합시키는『마나스』이다. 이 서사시는 부족과 씨족에 상관없이 키르기스족이 살았던 전 지역에서 나타나는데, 이는 특정 부족과 씨족이 만들어낸 '짧은 서사시'와 차별되는 점이다. 서사시『마나스』는 바로 키르기스족만의 전유물인 셈이다. E.S. 멜레틴스키는 "『마나스』는 오직 키르기스인들 만의 것이며, 그 내용은 키르기스 민족의 역사적 운명을 이야기하고 있다"고 언급한 바 있다.[4]

---

4) Мелетинский Е.М. Киргизский эпос о Манасе // История всемирной

서사시『마나스』는 오랜 시간, 여러 단계에 걸쳐 최초 형태에서부터 영웅 서사시까지 발전하였다. 따라서 그 양도 매우 방대하다. 예를 들어, 사야카바이 카랄라예프가 구송한 판본은 50만 행이나 되는데 이것은 현존하는 가장 긴 판본이다.

서사시『마나스』는 고대 키르기스 민족들의 국민성에 바탕을 두고 있으며, 역사적 대사변에서 그들이 거둔 승리에 관한 내용이라 점이 특징적이다. 이것은 서사시에 나타나는 영웅적 주제들이 국가 통일을 이룬 민족들에게서 자주 나타난다고 주장한 러시아 학자 N. 네클류도프의 견해를 뒷받침해 주고 있다. 서사시에는 당시 그 민족을 침략했던 적의 모습들과 전쟁의 장면들이 현실감 있게 그려져 있다.

서사시『마나스』는 3부작으로 구성되어 있으며, 내용적으로는 수대에 걸쳐 나타난 영웅(마나스, 그의 아들 세메테야, 손자 세미테카)에 관한 이야기가 서사시 전개상의 주요 틀이다.

키르기스 공화국 국립과학아카데미 고문서실에 다양한 판본들이 (38개의 판본 - 3부작에서부터 단편 기록물까지) 보관되어 있는데, 이들은 서사시『마나스』,『세메테이』,『세이테크』와 동일한 작품으로 간주된다. 왜냐하면 이들의 전체적인 줄거리 체계, 주제, 형식이 통일성이 있고, 이념적 지향성 또한 동일하며, 예술적 기법도 전통적이며 또한 관습적으로 굳어진 형태의 표현들이 서로 유사하기 때문이다. 그리고 민중들은 이미 오래 전부터 이야기의 중심이 되는 주요 사건들과 주요 구성요소들을 잘 알고 있었다.

서사시『마나스』속에 남아있는 샤머니즘적 요소를 분석하기 전에,

литературы. Т.3. – М.: Наука, 1985. – c. 583.

우선 음송술과 여기에 나타난 범민족적 공통성을 살펴볼 필요가 있다. 저명한 민속학자 H. 코로글르이는 민간전승의 최초의 용도는 특정한 의례 및 종교 의식과 관련이 있기 때문에, 샤먼이 구비 서사 전통의 기원이라고 생각했다.5) "키르기스인, 카자흐인, 우즈벡인들은 이 단어(바크스이, 바크쉬이)를 주술적인 노래와 두따르 연주를 통해 악귀를 쫓는 '주술사, 마법사, 민간 치료사'로 이해하고 있다. 따라서 고대 투르크인들은 가수의 노래에는 주술적인 힘이 깃들어 있으며, 서사시를 읊던 음송가라는 직업이 의례요와 관련 있다고 생각했다. 샤머니즘이 이슬람교로 바뀌면서 제사장으로서의 샤먼의 지위는 이슬람교의 성직자에게로 전이되었고, 음송가에게는 샤머니즘의 징표인 음악과 노래만 남게 되었다".6) H. 코로글르이는 일부 마나스치(마나스에 관한 키르기스 서사시 음송가: 쵤디베크)들이 병을 고치는 능력을 가지고 있었고, 예전에 이들이 병자가 있는 집에 가서 치료목적으로 서사시를 낭송하기도 하였다는 사실에서 음송가들과 샤머니즘의 관계를 입증하였다. 이를 바탕으로 음송술과 마나스치를 보호하는 신성한 힘들 간에는 어떤 상관성이 있음을 추정할 수 있다. 실제로 키르기스인들은 아직도 마나스치의 음송이 사람이나 가축의 병을 고칠 수 있다고 믿고 있다.

『마나스』에는 여러 고대 모티프들이 나타나는데, 이들은 투르크-몽골 민족들의 서사 작품에서 흔히 볼 수 있다. 『마나스』의 주요 모티프로는 '무자식', '약혼녀 획득', '외눈 거인과의 투쟁'을 들 수 있는데, 이들은 전 세계의 서사시에서도 즐겨 사용되었다. 서사시에 나타난 여러 고

---

5) Короглы Х. Шаман, полководец, озан. – Советская тюркология. – 1972. – №3.; Короглы Х. Сказительство у тюрков / Рукописный Фонд Кыдырбаевой Р.З.
6) Короглы Х. Сказительство у тюрков / Рукописный Фонд Кыдырбаевой Р.З.

대 모티프들의 경우, 이야기가 계속 발전하고 변형되면서 원래의 형태는 구별하기 힘들어졌지만, 그것이 뜻하는 것이 무엇인지는 알 수 있다 (예를 들면, 카느이케이와의 결혼(고대 용사의 결혼)).

서사시 『마나스』는 오늘날까지 영웅 장르 형태로 전해져 왔기 때문에, 이 서사시의 주제는 표면적으로 영웅에 관한 이야기이다. 마나스는 신화적 존재들과 그리고 역사적으로 실존했던 적, 즉 거란족과도 싸웠다 (오이라트 전쟁을 치르면서 칼마크족에 관한 이야기가 추가되었다).

비록 이 서사시의 경우, 주제가 영웅화되고, 내용이 이슬람화 되면서 그 내용이 변형되긴 했지만, 고대의 요소들이 큰 비중을 차지하고 있음을 쉽게 알 수 있다. 전투에 나가기 전 마나스는 하늘과 자연신을 숭배한 고대 종교인 텡그리 신앙이 만연했던 시대에 사용했던 정형적인 어구를 사용한다:

> 털복숭이 가슴의 땅이 나를 벌하여도
> 끝없이 높은 하늘이 나를 벌하여도.

키르기스인들의 고대 애니미즘 신앙은 마나스와 함께 있는 동물들의 모습에도 나타난다. 세계가 삼분법적으로 나누어진 것처럼, 동물들도 다음과 같이 3 부류로 나뉜다: 천계를 대표하는 괴조 알프카라쿠쉬(시무르그), 중간계를 대표하는 사자와 호랑이, 하계를 대표하는 아쥐다아르(용).

> 길이가 70폭이나 되는 용...
> 날카로운 이빨을 가진 호랑이가
> 다른 여섯 마리 호랑이들과 뒤엉켜있네
> 알프카라쿠쉬는 숲 위를 빙빙 돌다가

무너지는 산처럼 하늘에서 내려가네
동물들을 바라보는 사람들은
먼 곳에서 이것을 보지만 무서워 벌벌 떨고 있다네[7]

서사시에 등장하는 동물들은 고전적으로 주인공의 보호자 역할을 담당한다. 동물들이 적으로부터 주인공을 지키는데 결정적인 역할을 하는 영웅담과는 달리, 영웅 서사시에서는 이들의 비중이 작아졌다. 서사시의 주인공은 점점 독립적으로 변화해갔으며, 신화적인 요소들은 표면적으로 드러나지 않게 되었다. 그럼에도 불구하고 서사시 『마나스』에서 신화적 동물의 등장이 여전히 중요한데, 이는 실존 동물이든 신화적 동물이든 수호자에 대한 고대 신앙의 흔적을 현대인들에게 전달해주기 때문이다.

서사시에는 예니세이 강변에서 거주했던 키르기스족의 고대 생활상이 민족지학적 관점으로 기술되어 있다. 코케테이의 유언을 예로 들 수 있는데, 그의 유언에는 고대 장례식 과정이 기술되어 있는데, 이것은 이미 오래 동안 행해지지 않아서 현재에는 잊힌 것이다. 서사시에 등장하는 인물 중 한 명인 코케테이 칸은 후손에게 날카로운 단검으로 죽은 자기 몸을 긁어내고, 말젖술로 남은 뼈를 씻으라고 유언했다.

단검으로 (나의 몸을) 깎아라
말젖술로 (나의 몸을) 씻어라.[8]

---

7) Манас: Кыргыз элинин баатырдык эпосу. 8- жана 9-китеп: Сагымбай Орозбак уулунун айтуусу 6-ча академиялык бас. / Түзгөн жана даярдаган С.Мусаев. – Б.: Турар, 2014. – 234 б.
8) Манас: Кыргыз элинин баатырдык эпосу. 8- жана 9-китеп, 16 б.

여기에는 죽은 사람의 뼈만 땅에 묻었던 키르기스인의 고대 의식이 언급되어 있다. 이 사라진 의식의 의미가 언어에('cөөк көйү')에 남아있 는데, 이것은 키르기스어로 '매장하다'이며, 직역하면 '뼈를 땅속에 묻다' 라는 의미를 지닌다.

서사시에 나타나는 최고 수호신에 대한 신앙의 흔적은 신화적 인물 인 칠텐에서 찾을 수 있다. 이들은 마나스의 수호자로서 서사시에서 중 요한 위치를 차지하고 있다. 칠텐은 어린 마나스에게 영웅이 될 것이라 고 알려주고, 용사로서의 의식을 치러주었다. 작품 속에서 이들은 자유 자재로 모습을 취하며, 오직 마나스에게만 그 모습을 드러냈는데, 이것 은 마나스가 중요한 역할을 담당할 선택받은 자임을 강조하는 이야기적 장치이다. 그들은 마나스에게 미래의 친위대를 보여주었다.

어디를 보든지 간에
눈길이 가는 곳 마다
철제 갑옷을 입고 있는
군인들이 빼곡히 서있다.
금관을 쓰고 있고
흰 수염이 난
한 사람이 그들 앞에 서있다.[9]

서사시의 또 다른 주요 등장인물로는 마나스의 의형제이자 친위병인 알맘베트가 있다. 그는 수메르의 서사시인 『길가메시』의 길가메시와 엔키두처럼, 서사시에서 마나스와 짝을 이루면서 중요한 역할을 한다.

---

9) Манас: Сагымбай Ор-озбак уулунун варианты боюнча. – I китеп. – Ф.: Кыргызстан, 1978. – 120 б.

작품 속에서 그는 용으로부터 신비한 능력을 부여 받은 군인으로 나온
다. 수많은 전투가 있었지만 자연현상에 영향을 끼치는 마법돌인 '자이-
타샤'의 도움으로 날씨를 바꾼 것 외에는 알맘베트는 한번도 그 능력을
사용하지 않았다.

> 칼므이크어로 저주하고
> 중국어로 몇 번 저주하고는
> 자이-타샤를 물속으로 떨구었다.
> 눈을 가늘게 뜨고 있는데
> 비가 왔다
> 우박이 떨어지기 시작했고...
> 모든 것이 안개에 휩싸였다.[10)]

위 예문에서는 알맘베트가 마법을 쓰는 장면이 직접적으로 언급되어
있는데, 이 마법은 특별한 능력을 갖춘 인간이 자연에 초자연적인 영향
을 끼칠 수 있다는 믿음과 관계된 것이다. 서사시의 등장인물들은 제례
의식을 통해 초자연적인 힘에 영향을 주어 전투에서 큰 성과를 거두기
를 원했다.

또 다른 흥미로운 고대 샤머니즘적 관념의 잔존물로는 고대 토템 신
앙에 바탕을 둔 남성의 참여 없이 처녀가 아이를 갖는 처녀생식 또는
단성생식이 있다. 바로 알맘베트가 단성생식으로 태어난 인물이다. 그
는 투르크-몽골 서사시에서 자주 사용되는 모티프인 '천상의 빛'으로 잉
태되었다. 이런 출생의 모티프를 통해 그의 행동들뿐만 아니라, 세속에
서의 아버지인 소오룬두크를 살해한 일화가 설명된다.

---

10) Манас: Кыргыз элинин баатырдык эпосу. 8- жана 9-китеп, 105 б.

'수호명' 같은 부적에 대한 고대 신앙도 서사시에서 중요한 위치를 차지한다. 등장인물들 중에 '보크무룬'이라는 이름을 가진 사람이 있는데, 그 이름을 직역하면 '콧물을 훌쩍거리는 코'라는 뜻이다. 아이들을 훔쳐가는 '더러운 존재'인 악령을 속이기 위한 방편으로 여러 민족들이 이런 이름을 사용하였는데, 이런 이유로 '고약한 냄새가 나는'이라는 의미가 들어있거나, 비호감적인 의미를 지닌 단어들을 이용하여 이름을 지었다. 코케테이가 자신의 외아들의 이름을 '콧물을 훌쩍이는, 코흘리개'로 지은 것도 바로 이런 이유에서였다.

서사시 『마나스』에는 민간 의학의 흔적들도 나타난다. 민간 의학은 풀이나 동물의 일부, 광물을 이용한 치료 행위로서, 오랫동안 쌓여온 많은 경험적 지식에 기초를 둔 것으로 전문적인 의학적 비밀을 갖고 있는 특별한 능력을 지닌 엠치같은 사람이 행하였다. 민간 의학이 가장 잘 나타나는 장면은 카느이케이가 자신의 부상당한 남편 마나스를 치료하는 부분이며, 그녀가 남편을 살리기 위해 어떤 약을 사용했는지 잘 기술되어 있다.

상술된 예들을 통해 키르기즈인들이 알타이에서 텐샨으로 이주한 것과 이슬람교의 입교가 샤머니즘의 약화, 샤머니즘적 활동 및 요소들의 제거와 소멸에 결정적인 영향을 주었음에도 불구하고, 『마나스』에는 샤머니즘과 텡그리 종교의 흔적들이 많이 남아있음을 알 수 있다. 이처럼 고대 세계관의 흔적이 서사시에 남아있게 된 것은 서사시 음송의 전통성과 불변성 덕분이다.

샤머니즘의 흔적이 남아있는 키르기스족의 다른 서사시도 몇 편 있는데, 『마나스』에 비해 분량이 적기 때문에 '짧은 서사시'라고 부른다. 이 중 『코드조드자쉬』라는 고대 서사시가 있는데, 이 서사시의 모티프는 그루지아족(그루지아 수렵 서사시), 카라차이-발카르족(『비이뇨게르』)등 다른 민족들에게도 발견된다.

이 서사시의 내용은 사냥할 때 운이 좋으며, 능숙하고, 씨족원들에게 도 존경 받는 사냥꾼이 어느 한 순간에 지나치게 많은 짐승을 잡게 되 고, 인간과 짐승의 수호신이 서로의 상호관계를 조정하기 위해 맺은 비 밀계약을 어기게 되면서 겪게 되는 사건들에 관한 이야기이다.

사냥은 인간의 가장 오래된 경제활동이기 때문에, 산짐승의 수호신 을 화나게 해서 벌을 받는 사냥꾼에 대한 모티프 또한 아주 오래된 것 이라 볼 수 있다. 사냥은 인간이 생존하는 방법 중 가장 보편적인 최초 의 노동 형태였다. 사냥의 실패는 한 사람, 그의 가족 그리고 씨족의 죽 음을 의미했기 때문에, 사냥에는 여러 신비한 의식들이 존재했다. 성공 적인 사냥을 하기 위해 인간은 여러 가지 금기사항들을 지켰으며, 수호 신의 동정을 얻기 위해 의식을 행하였다.

E.B. 비르살라제는 최고신의 경우 우제류 동물, 산짐승, 물짐승 등 한 가지 종만을 보호한다고 보았으며, 이들이 다음과 같은 특징을 지니 고 있다고 언급했다: "짐승들의 지배자 또는 수호자, 짐승들의 목부는 본래 동물 형상을 하고 있다. 산짐승 암컷, 즉 긴 꼬리 들양 또는 사슴, 새, 멧돼지 암컷의 모습으로 나타난다".11) 서사시 『코드조드자쉬』에서 최고신 카이베렌은 산양 암컷의 모습을 하고 있으며 우제류 동물의 수 호신으로 나온다. 수르 에치키는 여성 수호신인데, 고대 모권제 시대와 관련이 있다.

수르 에치키는 최고신 카이베렌이 지상에서 변한 형태이며, 사냥꾼

---

11) Вирсаладзе Е.Б. Грузинский охотничий миф и поэзия. – М., 1976. – c. 33

에게 이 세계에서의 자신의 지위를 설명했다.

> 어머니-수호자 카이베렌이 바로 나다
> 사냥꾼아, 너는 내가 주는 풍요를 귀하게 여길 줄 모르는구나[12].

카이베렌은 인간에게 보이지 않는 최고신의 보편적 형상이며, 수르 에치키는 그의 지상에서의 형상이다. 키르기스족의 민속에서는 수르 에치키에게 남편이 있는데, 그것은 산양 알라바쉬이며, 서사시에서 남성의 근원으로 나타난다.

키르기스족의 서사시에서 알라바쉬는 동물을 수호하는 여성신의 남편으로만 등장한다. 알라바쉬에게는 수르 에치키보다 더 높은 지위가 아닌, 그녀와 동등한 지위가 부여되었다. 『코드조드자쉬』에서 처음에 알라바쉬는 자신의 가축이 지낼 장소와 이주 경로를 결정하는 수르 에치키에게 복종하는 수동적인 인물로 그려졌다. 그러나 예지몽을 꾼 수르 에치키가 알라바쉬에게 사냥꾼 코드조드자쉬가 절대 찾을 수 없는 안전한 장소를 찾아보라고 요청했다. 하지만 알라바쉬는 자식들을 보호할 수 있는 안전한 장소를 찾지 못했고, 자손을 번성시키는데 필요한 자신의 생명조차도 지키지 못했다. 수르 에치키는 자식들을 잃고 난 후 알라바쉬만 있으면 카이베렌의 혈통을 이어갈 수 있었기 때문에 목숨만은 살려달라고 코드조드자쉬에게 요청했다. 그러나 코드조드자쉬는 수르 에치키의 애원을 들어주지 않았고, 혈통을 이어갈 기회조차 주지 않았다. 이 때문에 수르 에치키는 격분하여 그를 저주하였다.

서사시 『코드조드자쉬』에는 고대 애니미즘, 토테미즘 신앙은 거의

---

12) Коджоджаш: Эпос. / Б.: Шам, 1996. – c. 128.

예전의 모습 그대로 오늘날까지 유지되고 있으며, 또한 사냥꾼 코드조드자쉬의 화살이 통하지 않는 수르 에치키 모습으로 구현된 최고신의 강대함에 대한 믿음도 잘 보전되어 있다.

> 한번에 화살을 10개씩을 쐈지만
> 그는 명중시키지 못했네
> 수르 에치키의 신비한 힘을
> 사냥꾼 코드조드자쉬는 몰랐네.13)

수르 에치키는 인간의 현실감각을 조정하는 자신의 능력으로 코드조드자쉬를 매우 험한 절벽의 꼭대기로 데려갔다.

서사시『에르 툐쉬튜크』또한 다른 고대 서사시(『코쿨』,『코드조드자쉬』)들과 마찬가지로 키르기스 민족의 역사를 담고 있는 귀한 자료이다.『에르 툐쉬튜크』는 다른 투르크 민족들의 서사시들과 형태적으로 동일하며, 내용적으로 비슷하다. 이것은 그들이 공통적인 역사를 지니고 있으며, 경제적, 정치적, 문화적으로 상호 밀접한 관계를 맺고 있었음을 의미한다. 그리고 민족의 발생시기와 장소, 그리고 시베리아와 알타이 지역에서 거주한 공통점 또한 유사한 작품이 발생하게 된 원인이 되었을 것이다.

최근 연구 동향을 살펴보면 서사적 모티프의 분포권이 현저히 넓어졌다. 미국의 인디언들에게서도 서사적 모티프들을 발견하였다. U.E. 베레즈킨은 논문 '지역별 주제 분류 및 민속-신화적 모티프 구분'에서 인디언들에게서 채록한 그레이트플레인스, 북부 안데스, 중앙 아마존에

---

13) Коджоджаш: Эпос / Б.: Шам, 1996. – с. 65.

관한 이야기들을 예로 들었는데 〔http://www.ruthenia.ru/folklore/ berezkin/〕, 이 이야기들의 모티프의 전개 방향이 서사시『에르 툐쉬튜크』와 동일하다.

『에르 툐쉬튜크』 이야기는 넓은 지역에 분포해 있는데, 미누신스크 지역의 타타르족(튜멘 타타르족)과 카자흐족 등의 다른 투르크-몽골 민족들에게도 존재한다. 『에르 툐쉬튜크』의 판본으로는 V. 라들로프가 편찬한『북부 투르크 민족의 민중문학 전형』의 제4권에 실린『이이르 토쉴르이크』가 있고, 키르기스 판본으로는 같은 책의 제 5권에 실려 있다14).

이처럼 서사시『에르 툐쉬튜크』는 유라시아 대륙과 미국에 정착한 수많은 민족들의 고유한 고대 세계관, 생활상, 신화, 물질문화와 정신문화 유산이 남아있는 가장 오래된 모티프들로 구성되어 있다. '에르 툐쉬튜크가 괴조 알프카라쿠쉬(이란과 중앙아시아의 서사시에서는 시무르그)의 새끼를 구해줌', '하계 여행과 그곳에서 벌어지는 일련의 사건들', '신비한 힘을 가진 말하는 기이한 말', '지하에서 올리는 주인공의 기도에 도움을 주는 알프카라쿠쉬', '예비식량이 떨어졌을 때 자신의 허벅지 살을 떼어내 알프카라쿠쉬를 먹임', '신성수 바이테레크', '주인공을 통한 삼계(천계-중간계-하계)의 연결', '젤모구즈(마녀, 바바야가) 형상' 등의 모티프들이 이 이야기가 아주 오랜 고대에 기원을 두고 있음을 말해주고 있다.

가장 유명한 서사시로는 Y. 아브드이라흐마노프와 K. 미프타코프가 채록한 사야크바이 카랄라예프의 판본15)과 잘 알려지지 않은 구연가에

---

14) Радлов В.В. Образцы народной литературы северных тюркских племен. – СПб, 1872. – т. IV.
15) Сырттан Төштүк (Айткан С.Каралаев) / Жазган Ы.Абдырахманов. – КРУИА

게서 채록한 V.V. 라들로프의 판본이 있는데, 이 판본은 영웅소설을 시 형태로 구연한 것이다.

V.V. 라들로프가 채록한 서사시와 변형이 가장 적게 일어난 서사시 인 사야카바이 카랄라예프 판본에서 나타나는 신화적 요소를 살펴보기 로 하겠다. V.V. 라들로프가 채록한 판본에는 다음의 모티프들이 나타 난다: '삼계인 천계와 중간계, 하계에 대한 소개', '괴조 알프카라쿠쉬의 구조', '다리가 6-7개인 말의 등장', '거인에 대한 회상', '약혼녀 약탈 의 식', '날씨의 음모', '여러 세계로의 여행'.

서사시는 잘 알려진 모티프인 자식이 없는 부부에서 시작된다. 미래 의 영웅인 에르 툐쉬튜크의 아버지 엘레만은 자식이 없어서 신에게 아 들을 달라고 기도하였다. 바람(자연신)의 도움으로 엘레만과 천신의 접 촉이 이루어졌고, 또한 천신의 뜻을 엘레만에게 전해 줬다. 하지만 엘 레만은 하늘에 경배를 드리는 것을 잊은 채 하늘에 제물을 바쳤다. V.V. 라들로프의 판본에서는 좀 더 고대의 천신 숭배 사상이 나타나있 다. 거기에는 이슬람교적 색채로 인한 변형이 나타나지 않는다.

서사시에는 삼분화된 세계가 명확하게 표현되어있다. 이 세계들 간 의 이동은 이야기 전반에 걸쳐 이루어진다. 각각의 세계에서 에르 툐쉬 튜크는 부인을 얻게 된다.

천계	베크 토로
중간계	켄제케
하계	쿠이테케와 아크 체넘

КФ инв. № 18, 48, 54.; Эр Төштүк: Эпос. – Б.: Шам, 1996.

천계에서 이루어진 에르 툐쉬튜크와 선녀 베크 토로의 조우장면은 의미심장하다. V.V. 라들로프 판본에서는 다양한 고대 특징을 갖고 있는 베크 토로의 모습을 볼 수 있다. 그녀가 에르 툐쉬튜크에게 처음 나타났을 때 미녀와는 거리가 먼, 아주 못생긴 처녀의 모습이었다. 그녀는 그런 볼썽사나운 모습으로 주인공의 진짜 성품을 확인해 보고 싶었기 때문이었다. 에르 툐쉬튜크는 그녀의 추악한 외모에 관심을 두지 않았으며, 허름한 집에서 하루를 묵어가라는 그녀의 요청으로 그곳에서 하룻밤을 보냈다. 에르 툐쉬튜크는 미녀로 변한 베크 토로의 사랑을 얻었다. 이것은 바로 신비한 변모가 나타나는 장면이다.

등장인물들의 환영인사에서도 아주 오랜 고대의 특성들을 찾아볼 수 있는데, 이것이 현재에는 완전히 그 의미를 잃어버렸기 때문에 단지 추측만 할 뿐이다.

> 다리가 여섯 개인 이상하게 걷는(같은 쪽 앞뒤 발을 동시에 쳐들면서 걷는-역자주) 말을
> 너는 힘껏 때렸다
> 너는 벨벳으로 네 개의 다리를 동여맸다
> 다리가 일곱 개인 이상하게 걷는 밤색 말을
> 너는 힘껏 때렸다
> 너는 철사로 네 개의 다리를 동여맸다
> 아주 먼 곳에서 온 여행자여! (S. 카이으이포프 번역)16),17).

라들로프 판본에는 고대의 양식이 남아있는데, 그 주요 특징으로 다

---

16) Кайыпов С. Т. Проблемы поэтики эпоса «Эр Тёштюк» – Фрунзе: Илим, 1990. – 242 с.
17) Там же, 180 с.

리가 여섯 개 또는 일곱 개인 말이 언급되었다. 술라이만 카이으이포프는 다리가 여러 개 달린 말에 대해 다음과 같이 설명하였다: "이것에 관한 최초의 의미는 알 수가 없다. 고대 투르크 문자로 쓰인 예니세이 비문에도 다리가 여덟 개인 가축에 관한 이야기가 적혀있다"[18]. 아마도 구연자 자신도 그 말의 의미를 모른 채 관습적으로 이 문구를 사용해 구연하였던 것 같다.

중요한 모티프 중 하나가 에르 툐쉬튜크의 아버지인 엘레만과 젤모구즈(마녀, 바바야가)의 조우이다. 이 만남에서 그는 젤모구즈에게 잡혀 줄칼에 갇혀있던 자기 아들의 영혼을 구한다. 물건과 영혼의 상관관계에 대해서는 서사시의 또 다른 등장인물이며, 하계에 살고 있는 쵸인 쿨라카에 대한 묘사에서도 살펴 볼 수 있다. 쵸인 쿨라카의 영혼은 서로 상하로 연결되어 있거나 또는 마트료쉬까의 제작 원리처럼 큰 것이 작은 것들을 겹겹이 품고 있는 형식으로 만들어진 여러 층으로 구성된 물건 안에 보관되어 있었다. 오직 영혼을 소멸시켜야만 쵸인 쿨라카를 죽일 수 있다.

『에르 툐쉬튜크』의 주요 모티프는 매년 괴조 알프카라쿠쉬의 새끼를 잡아먹는 용으로부터 새끼 괴조를 구하는 것이다. 알프카라쿠쉬는 그 보답으로 에르 툐쉬튜크를 지상으로 데려다 준다. 알프카라쿠쉬는 이란 신화에서 시무르그(simurgh)라는 이름으로 존재하는데, 이것은 세계 신화에서 매우 널리 알려진 형상이다.

서사시에서 에르 툐쉬튜크의 조력자로 탈 쿠이루크라는 이름의 말이 등장하는데, 신비한 힘을 지니고 있다. 이 말은 에르 툐쉬튜크가 쵸인

---

18) Там же, 289 с.

쿨라크에 의해 죽임을 당했을 때 그를 다시 살리는 역할을 하였다.

이처럼, 서사시『에르 툐쉬튜크』는 고대 신앙의 흔적이 가장 많이 남아있는 작품이다. 이것은 전통적인 구술성 때문이다.

이처럼, 키르기스 민족의 서사문화 유산인 영웅 서사시『마나스』와 고대 서사시『코드조드자쉬』,『에르 툐쉬튜크』에는 고대 키르기스인들의 전통적인 세계관이 반영되어 있음을 알 수 있다. 굿을 하거나 영(靈)의 세계와 살아있는 인간 세계의 중재자 역할을 하는 샤먼 등의 고전적인 형태의 샤머니즘은 예술적인 형태로 표현되었기 때문에 서사적인 작품 속에서는 나타나지 않는다. 그러나 키르기스인들의 고대 신앙, 즉 하늘 숭배, 영혼 경배, 삼분화된 세계 등의 텡그리 신앙과 텡그리적 세계관, 그리고 인간과 자연계의 조화로운 공생의 믿음이 충분히 반영되어 있다.

🗗 참고문헌

1. Березкин Ю.Е. «Тематическая классификация и распределение фольклорно-мифологических мотивов по ареалам» [Электронный ресурс] – Режим доступа: http://www.ruthenia.ru/folklore/berezkin/.

2. Йиртүшлүк // В.В. Радлов. Образцы народной литературы тюркских племен, живущих в Южной Сибири и дзунгарской степи. Ч. IV. Наречие барабинцев, торских, тобольских и тюменских татар. – СПб., 1872.

3. Кайыпов С. Т. Проблемы поэтики эпоса «Эр Тёштюк» – Фрунзе: Илим, 1990. – 320 с. – 526-589.

4. Коджоджаш: Эпос / Б.: Шам, 1996. – с.65.

5. Короглы Х. Сказительство у тюрков / Рукописный Фонд Кыдырбаевой Р.З.

6. Короглы Х. Шаман, полководец, озан. – Советская тюркология. – 1972. – №3.; Короглы Х. Сказительство у тюрков/ Рукописный Фонд Кыдырбаевой Р.З.

7. Краткий словарь этнографических и фольклорных понятий и терминов. Горно-Алтайск, 2011

8. Лорд А.Б. Сказитель. – М.: Издательская фирма «Восточная литература» РАН, 1994.

9. Малов С.Е. Памятники древнетюркской письменности. Тексты и исследования. – Москва-Ленинград, 1952.

10. Мелетинский Е.М. Киргизский эпос о Манасе / История всемирной литературы. – Т.3. – М.:Наука, 1985.

11. Радлов В.В. Образцы народной литературы северных тюркских племен. – СПб, 1872. – т. IV.

12. Радлов В.В. Образцы народной литературы северных тюркских племен. Ч.5. Наречие дикокаменных киргизов. / В.В.Радлов. – СПб.: [б.и.], 1885. – 599 с.

13. Сырттан Төштүк (Айткан С.Каралаев)/Жазган Ы.Абдырахманов. – КРУИА КФ инв.№ 18, 48, 54.

14. Эр Төштүк: Эпос/Баш сөзүн жаз. Р.Сарыпбеков, М.Мукасов, А. Акматалиевдин жалпы редакциясы менен / Түз. Р.Сарыпбеков, иллюстрациясы Т.Курмановдуку Кырг. улут. И. А. ж.б. – 2-т. – Б.: Шам, 1996.

■

РЕЛИКТЫ ШАМАНИЗМА В ФОЛЬКЛОРЕ КЫРГЫЗОВ

THE RELICTS OF SHAMANISM IN THE KYRGYZ FOLKLORE

Исаева Асель Кенешбековна

кандидат филологических наук,
заведующая Рукописным Фондом
Института языка и литературы им. Ч.Айтматова
Национальной академии наук Кыргызской Республики

Фольклор кыргызского народа является неотъемлемой частью духовной жизни кыргызского народа, его самоопределения и самоидентификации. Устное наследие кыргызов является разветвленным, многоплановым и разнообразным. Богатство фольклора объясняется тем, что весь его накопленный опыт, религиозные, философские, этические и эстетические представления о мире, моральные нормы создавались, сохранялись и передавались в устном слове, которое воплощалось в самых разных формах.

Представления кыргызов о высшем разуме, о мироздании, то есть, то, что мы называем религиозными представлениями были связаны с верой в Тенгри. Шаманизм был частью этого глобального мировоззрения.

Цивилизационное развитие кыргызского народа претерпело много драматичных моментов в своем развитии, вместив в себя взлеты и падения. Создание Кыргызского каганата или великодержавия в IX веке стало вершиной его государственного устройства. С цивилизационным взлетом кыргызов связано и развитие письменности. Руническая письменность, которая сейчас рассматривается как общетюркское наследие, была важным компонентом развития кыргызского народа в период с V по XV века. Известный исследователь С.Е. Малов в книге «Памятники древнетюркской письменности», характеризуя ее, говорит: «... язык енисейских памятников письменности V в. представляет собой древний киргизский язык»[1]. Аргументируя этот тезис С.Е. Малов отмечает, что кыргызское государство того времени было очень сильным: «Киргизы был сильным енисейским государством, соперничавшим с уйгурами. ... Киргизы здесь господствовали»[2].

Но, несмотря на параллельное развитие письменности, фольклор не ощутил ее влияния. Древняя руническая письменность выполняла другую функцию, а именно – эпитафийной хроники. Носителем для письменности являлись каменные блоки, которые в силу своей ограниченности размеров не могли вместить весь

---

1) Малов С.Е. Енисейская письменность тюрков: Тексты и переводы. Москва-Ленинград, 1952. – с.8

2) Малов С.Е. Енисейская письменность тюрков, с.7

объем художественного текста. При этом устная форма существования фольклора отвечала на все запросы общества и не нуждалась в фиксации. Известный американский фольклорист А. Лорд отмечает в этой связи: «Само наличие письменности не предполагает непременно наличия письменной литературы, а если таковая и существует, она не обязательно оказывает влияние на устную традицию»[3].

Таким образом, устное творчество продолжало лидировать и занимать все нишу духовных потребностей кыргызского народа, справляясь со всеми основными функциями его духовного развития.

В общем виде классификация кыргызского фольклора включает в себя следующие виды:

- Устно-поэтические сказания (эпос)

- Мифы, сказания, предания

- Лирические произведения (песни – трудовые, обрядовые, любовные; терме, санат-насыят, айтыш, арман, кошоки)

- Прозаические (сказки, несказочная проза)

- Ритмоорганизованные малые произведения (пословицы, поговорки; загадки; небылицы)

- Благословения (бата), благопожелания, проклятия, заговоры.

Для раскрытия темы нашего выступления мы обратимся к

---

3) Лорд А.Б. Сказитель. – М.: Издательская фирма «Восточная литература» РАН, 1994. – с. 153.

жанру эпоса, в которых сохранились следы шаманизма. Это, прежде всего, эпос «Манас» – центральное произведение кыргызского фольклора. Важное место в кыргызском фольклоре занимают архаические эпосы – «Эр Тоштюк», «Кожожаш». Время зарождения этих эпосов относится к далекому прошлому, поэтому в их содержании сохранилось реликты шаманизма и древних представлений о Вселенной и мироздании. Важными свидетелями древних представлений являются мифы и предания кыргызского народа. Жанром, в котором практически напрямую содержатся древние религиозные представления тенгрианства и, в частности, шаманизма, являются малые жанры: благословения, благопожелания, проклятия, а также заговоры.

Тенгрианство было господствующей религией для многих народов Евразийского континента. Поклонение небу, а также представление о делении Вселенной на три мира – верхний, средний и нижний, было единым для всех. Остаточные, реликтовые свидетельства поклонения культу неба сохранились до настоящего времени.

Центральным, наиболее значимым произведением устного эпического творчества кыргызов является эпос «Манас», объединяющий весь народ. Это произведение устно-поэтического творчества является поистине общенародным, так как «Манас» сказывался на всей территории проживания кыргызского народа, независимо от племенной и родовой принадлежности. Это его свойство отличает его от так называемых «малых эпосов», которые создавались в рамках одного племени и рода. Эпос «Манас» принадлежит только кыргызскому народу, известный фольклорист Е.Мелетинский по этому поводу говорил, что «"Манас" – эпос исключительно киргизский, и особенности его содержания определяются историческими судьбами киргизского народа»[4].

Развиваясь на протяжении длительного исторического периода эпоса «Манас» вобрал в себя разностадиальные этапы развития – от архаики до героического эпоса. Видимо, долгое развитие эпоса объясняет, в определенной мере, большой объем эпоса, который в исполнении Саякабая Каралаева достиг полумиллиона поэтических строк. Это наибольший зафиксированный вариант на настоящий момент.

Отличительной характеристикой эпоса является его эпопейная завершенность, которая базируется на сформировавшейся у древних кыргызов государственности. Этот тезис подтверждает российский ученый С.Неклюдов, который утверждает, что героические сюжеты эпосов возникают у народов, прошедших фазу государственной консолидации. В них дается изображение исторических врагов народа, создающего эпос и, соответственно они являются отражением исторических войн.

---

4) Мелетинский Е.М. Киргизский эпос о Манасе / История всемирной литературы. – Т. 3. – М.: Наука, 1985. – с. 583.

Эпос «Манас» представляет из себя трилогию, он строится по принципу генеалогической циклизации. Основу сюжетного развития составляет повествование о нескольких поколениях богатырей – Манаса, его сына Семетея, внука Сейтека.

Несмотря на множество вариантов (38 вариантов – от трилогии до фрагментарных записей), хранящихся в фондах Рукописного фонда Национальной академии наук Кыргызской Республики, эпос «Манас. Семетей. Сейтек» представляет собой единое произведение. Это подтверждается единством сюжетной системы, тематики и образов. Произведение скреплено единой идейной направленностью, в нем присутствуют сходные художественные формулы, имеющие традиционный, устойчивый характер. В народной среде издавна сложилось представление об основных сюжетных компонентах эпического повествования, центральных событиях, составляющих стержень эпической фабулы.

Переходя к анализу шаманских элементов в эпосе «Манас», необходимо начать с природы сказительского искусства, природа которого является общей для всех народов. Видный фольклорист Х.Короглы[5] считает, что шаманы были у истоков устной эпической традиции, подтверждая тем самым, что первоначальное предназначение фольклора было связано с определенными ритуальными, сакральными функциями. Ученый поясняет: «… у

---

5) Короглы Х. Шаман, полководец, озан. – Советская тюркология. – 1972. – №3.; Короглы Х. Сказительство у тюрков / Рукописный Фонд Кыдырбаевой Р.З.

киргизов, казахов и узбеков это слово (баксы, бакшы) означало знахаря, колдуна, народного лекаря, магической песнью и игрой на дутаре изгонявшего злой дух. …. Следовательно… в отдаленном прошлом у тюрков искусству певца приписывалась магическая сила и профессия сказителя эпических песен была связана с народно-обрядовым песенным репертуаром. …. Когда шаманство было вытеснено исламом и шаман как культовый жрец, уступил место мулле, у бахши остались атрибуты шаманства: музыка и пение»[6]. Подтверждение этим словам Х.Короглы находим в свидетельствах о том, что некоторые манасчи (Келдибек) обладали также и целительским даром, кроме того, в прошлом часто практиковалось исполнение эпоса в доме больного с целью его исцеления. Таким образом, вероятно, существует связь между сказительским искусством и некими сакральными силами, покровительствующими манасчи. До сих пор, у кыргызов бытует представление о том, что своим сказительством манасчи может излечивать больных людей и скот.

«Манас» вобрал в себя большое количество древних мотивов, которые сближают его с эпическими произведениями тюрко-монгольских народов. Так, в «Манасе» выявляется мотивы – бездетности, добывания невесты, сражения с одноглазым великаном – широко распространенные в мировом эпосе. Многие

---

6) Короглы Х. Сказительство у тюрков / Рукописный Фонд Кыдырбаевой Р.З.

архаические мотивы в эпосе в результате последующего его развития и неминуемой трансформации сюжета оказались размытыми, но их первичный смысл восстановим. Например – женитьба на Каныкей (древняя богатырская женитьба).

В силу того, что к нашему времени эпос «Манас» дошел в виде героического жанра, то в нем на первый план выступает героическая тематика. Манас сражается не столько с мифическими существами (аярами, балбанами-великанами), но, преимущественно, с реальными, историческими врагами – кытаями (в последующем в связи с ойратскими войнами в эпос вклинивается дополнительный враг – калмаки).

Архаический слой, несмотря на героизацию сюжета, а также на последующую исламизацию эпоса, занимает большое место в «Манасе» и легко выявляется. В клятве Манаса перед сражением используется следующая формульная фраза, которая относит нас к эпохе тенгрианства как древней религии с ее культом неба и природы в целом, как образа верховного божества:

Пусть покарает меня лохматогрудая земля,
Пусть покарает меня высокое бездонное небо.

Присутствие древних анимистических верований кыргызов находит свое отражение в изображении животных, которые сопровождают Манаса. Согласно трехмерному делению мира животные также делятся на три группы: представитель верхнего мира – птица Алпкаракуш (Симург), представители среднего мира – львы и тигры, представитель нижнего мира – Ажыдаар (дракон).

...Жетимиш кулач ажыдаар,	*Дракон, длиной в семьдесят мер,...*
Азуулуу арстан жолборстон	*Зубастый тигр*
Алты жолборс байлатып,...	*Связал других шестерых тигров,...*
Алп кара куш айлантып,	*Алп каракуш кружась,*
Токой көчкөн эмедей,	*Над лесами,*
Тоо жыгылган немедей...	*Падает с неба как рушащиеся горы,...*
Айбатын көргөн адамдар	*Люди, которые видят животных,*
Алыстан карап жарданып...[7]	*Издали видя их, пугаются...*

Образы животных в эпосе несут в себе древнюю функцию защитников героя. В отличие от богатырской сказки, где животные играют определяющую роль в защите героя от враждебных сил, в героическом эпосе их роль оказывается более сниженной. Герой эпоса становится более самостоятельным, а мифологический пласт отходит на второй план. Но, тем не менее, присутствие мифологических животных в эпосе «Манас» оказывается все еще значимым, донося до современного слушателя древние реликты веры в могущественных защитников, представленных в виде животных – как реальных, так и

---

7) Манас: Кыргыз элинин баатырдык эпосу. 8- жана 9-китеп: Сагымбай Орозбак уулунун айтуусу 6-ча академиялык бас. / Түзгөн жана даярдаган С.Мусаев. – Б.: Турар, 2014. – 234 б.

мифологических.

В эпосе большое место занимают этнографические описания древнего образа жизни кыргызов, когда они жили на берегах Енисея. Так, в завещании хана Кокетея приводится описание процесса древнего похоронного обряда, который давно вышел из практики и забылся. Один из героев эпоса – хан Кокетей в своем завещании наставляет своих потомков, чтобы его мертвое тело обскоблили острым кинжалом, а оставшиеся кости промыли кумысом:

… Кылыч менен кырдырып,   …*Соскоблите (мое тело) кинжалом*
Кымыз менен жуудуруп…   *Омойте (мое тело) кымызом…*[8]

Здесь упоминается древний обряд кыргызов, когда в землю закапывали только кости умершего. Значение этого забытого ритуала сохранилось в языке («сөөк көйү»), то есть в буквальном смысле «похоронить» на кыргызском языке переводится как «захоронить кости».

Доказательством веры в верховных покровителей в эпосе являются мифологические образы – чилтены. Они занимают важное место в эпосе, являясь покровителями Манаса. Так, еще в детстве героя, они осуществляют обряд посвящения Манаса в батыры, предсказывая ему его геройское будущее. По существу

---

8) Манас: Кыргыз элинин баатырдык эпосу. 8- жана 9-китеп, 16 б.

они представляют из себя оборотней, которые могут принимать любое обличье. Чилтены, являясь наяву только Манасу, тем самым подчеркивают его избранность и особая роль. Они дают возможность Манасу увидеть его будущую дружину, во главе которой он стоит:

Алды-артына караса,	*Куда не посмотришь,*
Көз жеткен жердин баарында	*Везде, куда достает взгляд*
Көп-көк темир кийинген	*Стоят войска вплотную друг к другу*
Көп аскер курчап туруптур.	*Одетые в железные доспехи.*
Алтындуу таажы башында,	*В золотой короне,*
Агала сакал бирөө тур	*С белой бородой*
Аскеринин кашында.	*Впереди войска стоит один.*[9]

Одним из важных героев эпоса является побратим Манаса, его дружинник – Алмамбет. Он играет важную роль в эпосе, составляя такую же дуальную пару с Манасом, как Гилгамеш и Энкиду в шумерском эпосе «Гильгамеш». В эпосе ему отводится роль воина, который обладает магической силой, знания о которой были получены им от дракона. В многочисленных сражениях Алмамбету не раз приходится применять свои умения. Одним из магических действий, которые использует Алмамбет, являются преобразования погоды с помощью «жай-таша» – волшебного

---

9) Манас: Сагымбай Ор-озбак уулунун варианты боюнча. – I китеп. – Ф.: Кыргызстан, 1978. – 120 б.

камня, который может влиять на природные явления:

...Калмакча кара дуба жат окуп,	*Прочитав заклинания на калмыцком,...*
Кытайча дуба нече окуп,	*Несколько раз прочитав заклинания на китайском,...*
Сууга жай таш салганы.	*Опустил жай-таш в воду.*
Ачып көздү-жумганча,	*Пока глаза зажмурили,...*
Жаканын баары жамгырлап,	*Пошел дождь,*
Мөндүр түштү дабырлап.	*Начал падать град,...*
Туурадан туман дүркүрөп,	*Все окутало туманом...*[10]

Данный пример наглядно представляет магию, которая была связана с верой в сверхъестественное воздействие человека, наделенного особыми качествами на природу. С помощью ритуальных обрядов, герои эпоса воздействуют на сверхъестественные силы для получения определенного результата в ходе ведения боевых сражений.

Не менее интересен другой реликт древнего шаманистского представления, а именно непорочное зачатие, или партеногенез. Партеногенез, как известно, заключает в себе древние представления о зачатии девушкой ребенка без участия мужчины, которые основываются на архаических тотемических верованиях. Алмамбет, герой эпоса «Манаса» являет собой пример такого рождения. Факт рождения героя от нура – небесного луча –

---

10) Манас: Кыргыз элинин баатырдык эпосу. 8- жана 9-китеп, 105 б.

распространенный мотив в тюрко-монгольских эпосах, в эпосе «Манас» объясняет поведение героя в дальнейшем развитии сюжета, в частности, в эпизоде убийства своего земного отца (Соорундука).

Важное место в эпосе заняло такое древнее поверье в оберег как «охранительное имя». Одному из героев в эпосе дается имя «Бокмурун», что буквально переводится как «сопливый нос». У многих народов такие имена давались с целью обмануть «нечистую силу» – злых духов, похищающих детей. Для этого выбирались имена со значениями «вонючий» и с другими отталкивающими качествами. Поэтому единственному сыну Кокетея и было дано такое имя – «сопливый, сопляк».

Присутствует в эпосе «Манас» и реликты народной медицины, которая основывалась на многовековом опыте лечения травами, частями животных, минералами, а также посредством людей, наделенных особыми качествами – эмчи, которые владели профессиональными медицинскими секретами. Наиболее ярко использование народной медицины продемонстрировано в эпизоде лечения раненного Манаса его женой Каныкей. В нем описывается какие средства применяет Каныкей, чтобы вернуть к жизни своего мужа.

Как видим из приведенных примеров, эпос «Манас» сохранил много реликтов шаманизма и тенгрианской религии, несмотря на последующую миграцию кыргызов с Алтая на Тянь-Шань и последующее вхождение в ислам. Это события оказались определяющими факторами ослабления шаманизма и его практик, стирания, угасания шаманистских элементов в фольклоре. Только благодаря традиционности и устойчивости эпического сказания, реликты древнего мировоззрения в нем сохранились.

Рассмотрим другие эпосы кыргызского народа, которые условно носят название «малых эпосов» из-за соотношения своего объема к эпосу «Манас» на наличие в них реликтов шаманизма. Одним из архаических эпосов кыргызского народа является эпос «Коджоджаш», мотивы которого имеются также и у других народов – грузинов (грузинский охотничий эпос), карачаево-балкарцев («Бийнёгер»).

Эпос повествует об удачливом и успешном охотнике, уважаемом в своем роду, который в какой-то момент преступает черту и уничтожает животных больше, чем положено. Охотник нарушает существующий негласный договор между покровителем животных и человеком, регулирующий их взаимоотношения.

Мотив об охотнике, который вызывает гнев покровителя горных животных и наказывается им, является архаичным, прежде всего потому, что охота являлась древней формой деятельности человека. Охота была всеобщей и первичной формой организации человеческого труда, способом его выживания. Следовательно, ей приписывались различные мистические ритуалы. Неудачи на охоте означали вероятность гибели человека, его семьи и рода. Для достижения успеха на охоте, человек соблюдал ряд табу, а также проводил различные ритуалы по умилостиванию покровителя животных и охоты на них.

По свидетельству Е.Б.Вирсаладзе верховное божество покровительствовало какому-то одному виду животных – парнокопытным животным, лесным, водным. Фольклорист так характеризует верховное божество: « ... владыка, или ангел зверей, их пастух, – зооморфен по своей природе. Это самка горного тура – джейрана или оленя, птица, кабан»[11]. В виде самки горной козы выступает и покровительница парнокопытных животных в кыргызском эпосе «Коджоджаш», представляющая высшее божество Кайберен. Образ Сур эчки уводит в древние времена матриархата, являя собой образ покровительницы в женском обличье.

Сур эчки, являясь земным воплощением верховного божества Кайберен, и объясняя охотнику свое положение в этом мире, говорит:

Кайберен энең мен элем,	*Мать-покровительница Кайберен – это я,*
Билбедиң мерген баркымды[12].	*Не смог ты, охотник, оценить моей благодати.*

---

11) Вирсаладзе Е.Б. Грузинский охотничий миф и поэзия. – М., 1976. – с. 33.
12) Коджоджаш: Эпос / Б.: Шам, 1996. – с. 128.

Кайберен – это общий образ высшего божества, невидимого для человека, тогда как Сур эчки – это земное его воплощение. В кыргызском варианте у Сур эчки есть спутник – горный козел Алабаш. Алабаш представляет собой мужское начало в эпосе, представляющее отношение к верховному божеству.

Алабаш в кыргызском эпосе выступает только спутником покровительницы животных, что уже ставит его на одну линию с Сур эчки, не давая ему преобладающей роли над ней. В сюжете «Коджоджаша» Алабаш изображается как персонаж, изначально занимающий пассивную роль, во всем привыкшем подчиняться Сур эчки, которая определяет маршруты кочевок своего стада, места для их обитания. В момент ясновидения (после увиденного вещего сна) Сур эчки обращается к Алабашу с просьбой о том, чтобы он нашел безопасное место, где их не мог бы найти охотник Коджоджаш. Алабаш не справляется с поставленной задачей охраны своего потомства, он не может спасти даже свою жизнь для возрождения будущего племени. Сур эчки, потерявшая всех своих детей, питает надежду возродить род Кайберен, если останется Алабаш, поэтому она просит Коджоджаша сохранить ему жизнь. Но охотник вопреки мольбам Сур эчки, не оставляет ей шанса на продление ее рода и, тем самым, вызывает ее гнев и проклятие.

Эпос «Коджоджаш» донес до настоящего времени архаику древних анимистических и тотемных верований человека, сохранив их практически без трансформаций. В нем также хорошо сохранилась вера в могущество верховных сил, которые воплотились в образе Сур эчки, которой подвластно становится недосягаемой для пуль охотника Коджоджаша:

Бир ордунан он атты,	Сделав с одного раза десять выстрелов,
Ондун бири тийген жок.	Не достиг он цели.
Кереметин Эчкинин,	Силы магии Сур эчки,
Кожожаш мерген билген жок[13].	Не понял охотник Коджоджаш.

Во власти Сур эчки менять восприятие реальности у человека, благодаря чему, Коджоджаш оказывается на вершине неприступной скалы, с которой человеку невозможно спуститься.

Эпос «Эр Тёштюк», наравне с другими архаическими эпосами («Кокул», «Коджоджаш») несет в себе ценные свидетельства об историческом прошлом кыргызского народа. Общеизвестно также, что «Эр Тёштюк» имеет общие типологические связи с эпосами других тюркских народов. Повсеместное бытование эпического сказания у тюркских народов, объясняется их общим историческим прошлым и тесными экономическими, политическими, культурными взаимосвязями, временем и местом их общего происхождения и проживания в Сибири и на Алтае.

Современные исследования значительно расширяют диапазон

---

13) Коджоджаш: Эпос / Б.: Шам, 1996. – с. 65.

распространения мотивов эпоса. Так, они были обнаружены у индейцев Америки. В «Тематической классификации и распределении фольклорно-мифологических мотивов по ареалам» Ю.Е.Березкина [http://www.ruthenia.ru/folklore/berezkin/] приводятся тексты, записанные от индейцев Великих равнин, Северных Анд, Центральной Амазонии, которые имеют те же мотивные линии, что и в эпосе «Эр Тёштюк».

О широком хождении сказания об «Эр Тёштюке» среди других тюрко-монгольских народов – минусинских татар (тюмёндюк татар), казахов – свидетельствуют имеющиеся записи. Среди них запись варианта «Эр Тёштүка», сделанная В.Радловым под названием «Иир Тошлык» и опубликованным им в 4 томе «Образцов народной литературы северных тюркских племен». Им же была записана и кыргызская версия этого эпоса и опубликована в 5 томе вышеуказанного труда[14].

Эпос «Эр Тёштюк» таким образом, отражает наиболее архаичные сюжетные мотивы, которые изображают древнее мировоззрение, образ жизни, мифологию, свидетельства материальной и духовной культуры, свойственные целому ряду народов, населявших территорию Евразии и Америки. Мотивы спасения птенцов птицы Алпкаракуш (Симург в иранском, центрально-азиатском эпосах) Эр Тёштюком; путешествие в

---

14) Радлов В.В. Образцы народной литературы северных тюркских племен. – СПб, 1872. – т. IV.

подземелье и приключения там; сказочный говорящий конь, обладающий магическими силами; помощь Алпкаракуш по вызволению героя из-под земли; кормление Алпкаракуш мясом со своего бедра, когда заканчиваются все припасы; священное дерево байтерек; связь трех миров посредством героя – нижнего, среднего и верхнего; образ джелмогуз (ведьмы, бабы-яги) – все они являются доказательством того, что это сказание по своей природе имеет очень древние корни, неся в себе древний архаический пласт.

Наибольшую популярность получил вариант Саякбая Каралаева, записанный Ы.Абдырахмановым и К.Мифтаковым[15], который наряду с вариантом, записанным В.В.Радловым от неизвестного сказителя, представлен в поэтической форме героического эпоса.

Остановимся на мифологическом пласте эпоса, записанного В.В.Радловым и который представляет собой вариант эпоса, наименее подвергшегося последующим трансформациям в исполнении Саякбая Каралаева. В варианте, записанном В.В.Радловым представлены следующие мотивы: представления о трех мирах – верхнем, среднем и нижнем; спасение птенцов Алпкаракуш; представления о 6-7-ногих конях; воспоминания о великанах; обряд добывания невесты; заговор погоды; путешествия между мирами.

---

15) Сырттан Төштүк (Айткан С.Каралаев)/Жазган Ы.Абдырахманов. – КРУИА КФ инв.№ 18, 48, 54.; Эр Төштүк: Эпос. – Б.: Шам, 1996.

Эпос начинается с распространенного эпического мотива бездетности. Отец будущего героя – Эр Тёштюка, бездетный Элеман, обращается к высшим силам с мольбой о наследнике. Его общение происходит при посредничестве ветра (сила природы), который доносит до него высшую волю. Элеман, забывший о поклонении верховному небу, должен провести обряд тюло («түлө») – жертвоприношение. Вариант, записанный В.В.Радловым сохранил древнее тенгрианское поклонение небу, в нем нет последующих трансформаций, привнесенных мусульманской религией.

В эпосе четко и наглядно изображается деление вселенной на три мира, которые представлены своими героями. Градация трех миров отчетливо прослеживается на протяжении всего произведения. В каждом из миров у Эр Тёштюка имеется предназначенная ему жена:

Верхний мир	Бек Торо
Средний мир	Кенжеке
Нижний мир	Куйтеке и Ак Ченем

Сцена встречи Эр Тёштюка с пери (фея) Бек Торо из верхнего мира является показательной. В варианте В.В.Радлова Бек Торо несет в себе много архаических черт. При первом своем появлении она далеко не красавица, а, наоборот, девушка с отталкивающими внешними данными. Такой непривлекательный образ проверял истинные качества героя. Эр Тёштюк, несмотря на ее внешнее уродство, остается по ее просьбе ночевать в ее жалком доме. Эр Тёштюк был награжден за свое человеческое отношение любовью Бек Торо, преобразившейся в красавицу. Здесь налицо сказочные перевоплощения.

Очень древние черты несет в себе форма приветствия героев, значение которого в настоящее время утрачено и может быть восстановлено только гипотетически.

Алт' аяктуу ала жорго арыттын,	*Шестиногого пегого иноходца выбил из сил ты,*
Төрт алгын макмал менен чылыттын,	*Четыре ноги макмалом опутал ты,*
Жет' аяктуу жерде жорго арыттын,	*Семиногого рыжего иноходца выбил из сил ты,*
	Четыре ноги его железом опутал ты,
Алыстан келген жооочы![16]	*Путник, приехавший издалека!*
	(Пер. С.Кайыпова)[17].

В радловском варианте сохранен архаичный стиль, главной

---

16) Кайыпов С. Т. Проблемы поэтики эпоса «Эр Тёштюк» – Фрунзе: Илим, 1990. – 242 с.
17) Там же, 180 с.

отличительной чертой которого является упоминание шестиногого и семиногого коней. Сулайман Кайыпов дает следующий комментарий к многоногим коням: «Первоначальное значение этого понятия неизвестно... Любопытно, что в енисейских памятниках древнетюркской письменности встречается понятие о восьминогом скоте»[18]. Значение формулы, возможно, было не понятно уже самим сказителям, но в силу традиционности оно сохранилось и было использовано в сказании.

Одним из центральных мотивов является встреча отца Эр Тёштюка – Элемана с Желмогуз (ведьма, баба-яга), во время которой он откупается от ее плена душой своего сына, которая хранится в напильнике. О связи предмета и души мы находим упоминание и при описании другого героя эпоса, обитателя нижнего мира – Чоин Кулака. Душа Чоин Кулака хранится в многоярусных предметах, имеющих отношение друг к другу или заключенных один в другом по принципу «матрешки». Только уничтожив душу, можно убить самого Чоюна.

Центральным мотивом «Эр Тёштюка» является спасение птенцов Алпкаракуш от ажыдаара (дракона), пожирающего их каждый год и не дающего сохранить потомство гигантской птице. Алпкаракуш имеет параллели в иранской мифологии, где она известна под названием птицы Симург. Это широко

---

18) Там же, 289 с.

распространенный образ в мировой мифологии. Алпкаракуш в благодарность выносит Эр Тёштюка на поверхность земли.

Роль помощника Эр Тёштюка в эпосе играет его конь Чал Куйрук, наделенный магическими качествами. Он возвращает жизнь Эр Тёштюку после умерщвления его Чоин Кулаком.

Как видим, эпос «Эр Тёштюк» оказался богатейшим средоточием архаических реликтов древних верований, которые сохранились благодаря традиционному сказительству.

Таким образом, обзорный анализ эпического наследия кыргызского народа, представленного героическим эпосом «Манас» и архаическими эпосами «Коджоджаш» и «Эр Тёштюк» показывает, что традиционное мировоззрение древних кыргызов нашло в них свое воплощение. При этом, шаманизм в своем классическом виде с камланиями, образом шамана как посредника между миром духов и миром живых, не сохранился в эпических произведениях, преобразовавшись в художественные образы. Если же говорить в целом о древних верованиях кыргызов, то представленные эпосы в полной мере отражают веру в Тенгри, тенгрианское мировоззрение с его культом неба, поклонению духам, делением вселенной на три мира, а также гармоничное сосуществование человека с миром природы.

⊞ Список литературы

1. Березкин Ю.Е. «Тематическая классификация и распределение фольклорно-мифологических мотивов по ареалам» [Электронный ресурс: http://www.ruthenia.ru/folklore/ berezkin/.

2. Йиртүшлүк // В.В. Радлов. Образцы народной литературы тюркских племен, живущих в Южной Сибири и дзунгарской степи. Ч. IV. Наречие барабинцев, торских, тобольских и тюменских татар. – СПб., 1872.

3. Кайыпов С. Т. Проблемы поэтики эпоса «Эр Тёштюк» – Фрунзе: Илим, 1990. – 320 с. – 526-589.

4. Коджоджаш: Эпос / Б.: Шам, 1996. – 65 с.

5. Короглы Х. Сказительство у тюрков / Рукописный Фонд Кыдырбаевой Р.З.

6. Короглы Х. Шаман, полководец, озан. – Советская тюркология. – 1972. – №3.; Короглы Х. Сказительство у тюрков / Рукописный Фонд Кыдырбаевой Р.З.

7. Краткий словарь этнографических и фольклорных понятий и терминов. Горно-Алтайск, 2011.

8. Лорд А.Б. Сказитель. – М.: Издательская фирма «Восточная литература» РАН, 1994.

9. Малов С.Е. Памятники древнетюркской письменности. Тексты и исследования. – Москва-Ленинград, 1952.

10. Мелетинский Е.М. Киргизский эпос о Манасе / История всемирной литературы. – Т.3. – М.:Наука, 1985.

11. Радлов В.В. Образцы народной литературы северных тюркских племен. – СПб, 1872. – т. IV.

12. Радлов В.В. Образцы народной литературы северных тюркских племен. Ч.5. Наречие дикокаменных киргизов. / В.В.Радлов. – СПб.: [б.и.],

1885. – 599 с.

13. Сырттан Төштүк (Айткан С.Каралаев) / Жазган Ы.Абдырахманов. – КРУИА КФ инв. № 18, 48, 54.

14. Эр Төштүк: Эпос / Баш сөзүн жаз. Р.Сарыпбеков, М. Мукасов, А. Акматалиевдин жалпы редакциясы менен / Түз. Р.Сарыпбеков, иллюстрациясы Т.Курмановдуку Кырг. улут. И. А. ж.б. – 2-т. – Б.: Шам, 1996.

■

말하는 영웅
−제주 조상본풀이에 나타난 영웅의 죽음과 말을 중심으로−

조현설
서울대 국문과 교수

> "나에게 당신이 어떻게 죽을지 말해 달라,
> 그러면 당신이 누구인지 말하겠노라."
> (Octavio Paz, El laberinto de la soledad)

1. 영웅 서사시의 결말과 영웅의 말

영웅은 공동체의 운명을 위해 자신을 바치는 인물이다. 영웅서사시들의 주인공들은 대부분 집단의 생존과 지속을 위해 목숨을 걸고 적들과 맞선다. 싸움의 결과 최종적 승리를 통하여 행복한 결말을 이룩하거나 죽음에 이르는 비장한 최후를 맞이한다. 이 마지막 순간 영웅은 세계를 향해 심중을 토로한다. 서사시의 결말은 영웅의 성격을 재는 바로미터이다. 결말의 유언은 영웅의 정체성을 보여주는 증언이다.

중앙아시아 3대 서사시의 하나인 몽골서사시 <게세르>의 주인공 게세르는 인간 세상을 구원하기 위해 천상에서 내려온 존재이다. 인간 부모의 몸을 통해 태어나지만 그는 천상에 속한 존재로 지상에 하강한 악한 세력들과 무수한 전투를 벌여 승리한다. 그는 마침내 지상의 모든 악을 물리치지만 천상으로 돌아가지 않고 지상에 남아 인간들의 평화와 행복을 수호하겠다고 선언한다. 게세르는 죽지 않고 몽골의 수호신으로 지상에 좌정한다.[1]

게세르와 달리 키르기스탄 영웅서사시 <마나스>의 주인공 마나스는 전쟁 영웅답게 전투에서 죽는다. 마나스는 태어날 때부터 한 손에 피를 쥐고 나온 인물이었고 무수한 전투에서 승리한다. 한때는 독이 묻은 도끼에 찍혀 죽음의 상태에 이르렀다가 성스러운 강물에 목욕을 하여 되살아나기도 했지만 결국은 죽음에 이른다. 조력자들의 조언을 무시하고 숙적 쿤우르에 집착하여 베이징까지 쳐들어갔다가 그의 독도끼에 머리가 찍혀 최후를 맞는다. 마나스는 패배와 죽음을 통해 전쟁 영웅으로 지상에 좌정한다.[2]

제주도 영웅서사시의 주인공들은 어떠한가? 제주 출신 영웅 궤네깃 또는 용왕국을 거쳐 강남천자국에서 이름을 떨친 후 고향에 돌아와 김녕리 궤네기당 당신으로 좌정하고, 한양 출신 금상님은 왕이 어쩌지 못하는 무적의 영웅이었지만 제주에 들어와 세화리 본향당 당신으로 좌정한다. 집안에서, 고향에서 배척당하기는 했지만 전투에서의 패배는 없다. 그 점은 일반신본풀이의 여성 영웅들도 다르지 않은 것 같다. 예컨대 여성 영웅의 대표격인 <세경본풀이>의 자청비는 온갖 수난을 극복

---

1) 유원수 옮김, 『몽골 대서사시 게세르 칸』, 사계절, 2007; 일리야 N. 마다손 채록,
   양민종 옮김, 『바이칼의 게세르 신화』, 솔, 2008 참조.
2) 조현설, 「마나스. 키르기스 전쟁영웅의 행로」, 『세계의 영웅신화』, 동방미디어,
   2002.

하고, 그 공적으로 지상에 좌정하여 농경신이 된다.

그런데 제주의 무속서사시 가운데 결말이 특이한 서사시들이 있다. 조상신본풀이인 <양이목사본>과 <부대각본>이 그것이다. 이 신화의 주인공들은 모두 적과의 싸움에서 패배한 뒤 죽음에 이른다. 죽음에 이르는 과정은 다르지만 비극적 죽음을 통해 조상신으로 좌정하는 점은 동일하다. 죽지 않고 신이 되는 서사시의 주인공들이 삶의 행로를 통해 의미를 드러낸다면 이들은 패배를 통해 의미를 드러낸다. 그리고 이들은 죽음에 이르러 입을 열어 유언을 남긴다. 마지막 말은 이들의 존재성을 집약한다.[3]

동시에 이들 서사시는 일월조상굿이라는 의례를 통해 재현된다. 굿을 통해 양이목사나 부대각의 신화는 과거의 사건이 아니라 현재의 사건으로 실현된다. 이 사건화를 통해 의례에 참여하는 씨족 집단은 자신들의 정체성을 구현하고 구성한다. 조상신의 과거를 이야기할 뿐만 아니라 후손들의 현재를 반복적으로 이야기한다. 우리가 이들 조상신본풀이에 관심을 기울여야할 이유, 특히 영웅의 죽음과 말에 주목해야할 이유가 여기에 있다.

2. 양이목사와 부대각의 죽음과 말의 형식

2.1. 양이목사는 본풀이 속에서 어떻게 죽었는가? 양이목사는 금부도

---

3) Dean A. Miller는 *THE EPIC HERO* (Baltimore: The Johns Hopkins University Press, 2000, pp.230~241.)에서 영웅의 말하기에 대해 장을 할애하여 논의하고 있다. 그러나 밀러가 다루고 있는 서사시의 영웅들의 말과 조상신본풀이의 영웅들의 말은 차이가 있다.

사와의 대결에서 패배하여 죽음에 이른다. 양이목사는, 이름대로 한양 조정에서 임명한 제주도의 목사인데 왜 조정에서 파견된 금부도사와 대결했는가? 문제는 조정이 제주에 요구한 백마 백 필이라는 과도한 진상품, 그리고 진상에 대한 양이목사의 태도에 있었다. 양이목사는 자신의 직무에 반하는 행동을 한다. 백마 백 필을 싣고 한양에 올라와 진상을 하는 대신 시장에 팔아 물품으로 바꾼다. 일종의 공금 횡령을 시도한다.

양이목사의 이런 일련의 행위에 대해 필자는 '타고난 영웅이 아니라 변화·발전하는 영웅의 형상'이라고 평가한 바 있다.4) 양이목사는 최초에는 "백마(白馬) 벡필에 탐심(貪心)이 나 양이목ᄉ(梁牧使)가, '벡마(白馬) 벡필을 진상(進上) 올리민 제줏백성(濟州百姓)이 곤경(困境)에 빠져 어느 마장(馬場)이나 탄복(歎服)과 근심을 아닐 수 엇습네다.' 상시관(上試官)에 진정(陳情)을 올려두고 '진상(進上) 가는 몰이주마는 상시관(上試官)보다 내 믄저 먹으민 어쩌리….'라는 마음을 먹었다가 "잉금이 먹는 벡마 벡필 진상(白馬百匹進上) 나도 훈번 먹어 보저 입을 벌려 먹었더니, 벡마 벡필 다 생키도 못ᄒ고 제주(濟州) 풀쌍ᄒ고 굶는 백성 생각ᄒ니, 산 짐승이 목에 걸려 목 알레레 느리질 않더라. ᄒ단 ᄒ단 벡마 벡필(白馬百匹)을 육지(陸地) 모든 백성안티 갈라주고 우리 제주서 귀중(貴重)훈 물품을 얻어 제줏 벡성을 도웬 이 내 몸이다."5)라고 개심했기 때문이다.

이 비현실적인 개심으로 인해 조정에서 임명한 관리가 조정에 도전하는 역설이 구축된다. 역설은 대결을 낳는다. 자객을 동반한 금부도사와 양이목사의 1차 대결에서는 양이목사가 승리를 거두지만 잠깐 사이

---

4) 조현설, 「외부의 부당한 억압이 만들어 낸 비극적 남성 영웅」, 『우리 고전 캐릭터의 모든 것 3』, 휴머니스트, 2008, 41~44면.
5) 김헌선·현용준·강정식, 『제주도 조상신본풀이 연구』, 보고사, 2006, 256~261면.

벌어진 2차 대결에서는 돛대에 상투가 매달린 뒤 목이 잘린다.

그런데 우리는 죽음에 이르는 일련의 과정에서 두 가지 사태에 주목할 필요가 있다. 하나는 양이목사를 태우고 가던 고사공 고동지영감이 금부도사가 양이목사의 상투를 돛대에 매다는 데 협력했다는 사실이고, 다른 하나는 포박된 양이목사가 스스로 '내 목을 베라'고 요구했다는 사실이다. 전자의 경우 '돛대 줄을 당기라'는 금부도사의 명령을 거스르지 못한 측면이 있기는 하지만 적극적으로 거부하거나 양이목사의 편을 들지 않았기 때문에 '협력'한 것이라고 봐야 한다. 후자의 경우는 양이목사의 강력한 저항의지의 표현이다. 같은 제주민이지만 고동지는 부당한 요구를 하는 조정에 협력했고, 양이목사는 저항했다.[6] 양이목사와 금부도사의 대립만이 아니라 양이목사와 고동지의 대조적 인물형상이 양이목사의 죽음을 더욱 부각시킨다.

그러나 이 두 가지 사실보다 더 주목해야 할 부분이 양이목사의 말이라고 생각한다. 머리에서 잘려나간 몸은 바다에 떨어지고 머리로만 남은 양이목사는 입을 열어 두 가지 말을 한다. 하나는 고동지에게 하는 말이다.

> 혼고향(還故鄉) 들어가건, 영평(永平) 팔년(八年) 을축(乙丑) 삼월
> (三月) 열사을(十三日) 즈시생(子時生)은 고의왕(高爲王) 축시생(丑時

---

6) 양이목사의 출신에 대해 정진희는 "제주 출신의 인물로 단언하기 어렵다."(「제주도 조상본풀이 <양이목사본>의 한 해석」, 『제주도연구』 32집, 2009, 211면)라고 했다. 구술되는 문맥 안에 출신에 대한 분명한 언급이 없고, 조상본풀이의 조상은 혈통상의 조상이 아니라 굿에서 호명되는 상징적인 조상이라는 점 등에 근거를 둔 판단이다. 그러나 제주 출신이 아니라고 단언할 근거도 없다. 성(姓)을 앞세운 조상본풀이의 남성주인공인 부대각, 고대장, 윤대장, 이만경 등의 경우 모두 제주 출신으로 벼슬살이를 크게 하거나 집안을 크게 일으킨 인물들이다. 이런 맥락에서 보면 양이목사도 제주 출신 양씨로 벼슬을 한 인물로 설정되어 있다고 보는 것이 적절하지 않을까 생각한다.

生)은 양의왕(梁爲王) 인시생천(寅時生天) 부의왕(夫爲王) 삼성(三姓)
가온데, 토지관(土地官) 탐라 양씨(耽羅梁氏) ᄌ손만데(子孫萬代)ᄭ
지 데데전손(代代傳孫)을 헤야 신정국을 내풀리고 이 내 역ᄉ상(歷史
上)을 신풀어 난산국을 신풀민 우리 ᄌ손덜에 만데유전(萬代遺傳) 시
겨 주마.[7]

이 고동지에게 남기는 유언은 당부이자 일종의 '계약'이다. '마지막 소
원'이 조건문(~해주면 ~해주겠다)의 형식으로 되어 있기 때문이다. 나를
일월조상신으로 모시고 내 내력을 풀어주면 자손들이 대대로 이어지게
해주겠다는 말이다.

그런데 흥미로운 바는 이 계약의 당사자가 양이목사와 탐라 양씨 명
월파 집안이라는 점이다. 고동지는 양이목사의 말을 받기는 했지만 계
약의 당사자가 아니라 중개자일 뿐이다. 그렇다면 왜 이런 형식을 취한
것일까? 형식적으로는 계약을 전할 중개인이 고동지밖에 없었기 때문
이겠지만 내용적으로는 얼마든지 다른 '감응방식'[8]으로 명월파 후손들
한테 강림할 수 있다. 그럼에도 불구하고 굳이 고동지를 경유한 것은
이 말이 고동지로 표상되는 제주의 특정 세력에게도 전해지기를 '소원'
했기 때문일 것이다. 영웅의 죽음을 초래한 공마(貢馬) 문제는 명월파만
의 문제가 아니라 제주도민들의 공안(公案)이 아니었던가. 동시에 고동

---

7) 김헌선 외, 앞의 책, 262면.
8) 예컨대 <광청아기본풀이>의 경우 제주 송동지 영감과 결연을 맺은 충청도 여산
   광청마을 여동지 따님아기가 임신을 한 상태에서 제주로 가기 위해 배에 올랐다
   가 사고로 바다에 빠져 죽게 되는데 죽은 광청아기의 혼이 오합상자에 담긴 옷에
   실려 따라와 제주에 있던 송동지의 딸 삼형제 가운데 막내딸에 실려 신병("忽然狂
   症")을 일으킨다. 망자의 혼령이 살아 있을 때 입던 옷에 붙어 감응하는 방식이라
   고 할 수 있다.

지의 '전언'을 통해 양이목사의 죽음에 고동지의 책임이 없지 않음을 간
접적으로 비판하고자 했던 것이 아니겠는가.

다른 하나는 임금을 대리하는 상시관에게 하는 말이다. 이 말은 본풀
이에서 직접적으로 구술되지는 않는다. 말은 "금부도ᄉ 양이목ᄉ 목을
바찌옵고 양이목ᄉ 모든 ᄉ실(事實)을 상시관(上試官)에 여쭈와 양이목ᄉ
혼몸의 히성(犧牲)으로 제주(濟州) 어려운 마장(馬場) 벅마 벅필(白馬百匹)
진상(進上)을 도면(圖免) 홉데다"9)라는 간접화법 뒤에 숨어 있다. 양이목
사의 머리가 상시관 앞에서 백마 백 필 진상의 가혹함을 진술했고, 그
결과 공마 진상을 면제를 받았다는 것이다.

이렇게 보면 양이목사는 싸우는 영웅이기보다는 '말하는 영웅'이다.
자신의 목숨을 희생의 제물로 내놓고 그 제단 위에서 말하는 영웅이다.
양이목사에게 중요한 것은 전투 자체가 아니었다. 금부도사와의 1차 싸
움에서 양이목사는 가볍게 이긴다. 자객의 칼을 순식간에 빼앗아 수급
을 베고 소리를 지르며 창검을 휘두르는 금부도사의 무릎을 꿇린다. 이
런 양이목사의 위력은 그가 2차 결투에서도 질 수 없으리라는 것을 암
시한다. 대부분의 종교적 영웅들이 그러했다. 양이목사는 질 수 없는데
짐으로써, 자신의 목을 상시관 앞에 던짐으로써 말했고, 말을 함으로써
뜻을 이루었다. 양이목사에게는 말이 가장 큰 저항이었다. <양이목사
본>은 유언으로 주인공의 영웅성을 증명하는 무속서사시이다.

2.2. 부대각은 어떻게 죽었는가? <부대각본>은 유일본인 <양이목사
본>(안사인 심방 구연)과 달리 아기장수전설의 한 유형으로도 전승되고

---

9) 김헌선 외, 위의 책, 262면.

있고, 무속서사시(조상신본풀이) 형태로 전승되고 있기도 하다.10) 그 가운데 양창보 심방 구연본에 따르면 부대각은 아기장수로 태어난 삼형제 가운데 막내이다. 두 형은, 아들들이 아기장수인 것을 안 아버지에 의해 겨드랑이의 날개가 지져져 살해된다. 살아남아 성장한 막내는 국마(國馬)로 상징되는 한양 조정의 위기를 해결하고 상급으로 군사 삼천, 군함 서른 세 척을 받는다.

> "무엇 허겠느냐?"
> "훈번 대국(大國)을 치겠습니다."
> "그걸 그럴라면 흐는 수 엇이 다 출려주마(차려주마)."11)

한양에서 큰 공을 세운 부대각이 대국을 치겠다는 선언을 하는 것도 심상치 않지만 조정이 대국을 치겠다는 부대각에게 하는 수 없다며 군사와 군함을 지원해 주는 것도 수상하기 짝이 없다. 어쨌든 부대각의 죽음은 결국 이 선언에서 초래된다.

부대각은 군사를 거느리고 출발하여 바로 대국을 치지 않고 자손의 도리를 내세워 선조 묘소에 먼저 참배를 하려고 제주로 귀환한다. 그런데 이 '자손의 도리'라는 윤리의식이 부대각의 발목을 잡는다. 부대각의 귀환 소식을 들은 평대리 부씨 집안 사람들이 부대각을 그냥 두었다가는 집안이 망할 것으로 여겨 부대각의 힘의 근원이 되는 선산 뒤 장군 바위를 방망이로 부숴버린다. 이 대목에서 <부대각본풀이>는 여지없이 아기장수전설의 주제의식으로 귀환한다. 가장 가까운 사람들에 의해 제

---

10) 부대각 관련 전승의 자세한 내용은 김규래, 「아기장수형 부대각 설화 연구」(서울대 대학원 석사학위논문, 2014)를 참조할 것.
11) 김헌선 외, 위의 책, 329면.

거되는 아기장수의 비극적 운명이라는 주제의식이 그것이다.

장군바위 훼손 이후 대국으로 출발하려는 부대각의 배를 안개가 가로막는다. 안개는 한 달이 지나도 걷히지 않는다. 부대각은 곧 안개가 아니라 산의 영기(靈氣) 때문에 내 눈이 어두워져 버렸다는 자각에 이른다. 그러자 부대각은 독백과 명령을 섞어 다음과 같이 말한다.

> 영 허여, 아이고 이 군사덜은 믄(모두) 굶어죽게 뒈난, '나부떠 죽어부러야 이 군사덜이 살아날 거니, 죽어보자.' 허여, 죽젠 허연 옥황(玉皇)에 등소(等訴) 등장(等狀)을 드는 게, "무쉐설캅을 내리와 줍서." 방석을 떡 내리우난(내리니), 물 우에 무쉐방석이 둥들둥글 뜨난, 그 부대각 하르방은 펏짝허니 그 무쉐방석드레 떡 앚아, 그래도 물 알르레(아래로) 내려가질 아녀니(아니 하니), "나를 누군 줄 아느야. 어서 물 알러레(아래로) 인도(引導)허라." 영 허여 서르르 하게 이제는 물 알러레 굴라앚아(가라앉아).[12]

부대각은 군사들을 살리기 위해 자신을 희생물로 삼기로 결정한다. 그런데 이 수장(水葬) 제의의 과정에서 주목해야 할 대목은 두 가지다. 하나는 수장이 스스로 결정한 일종의 희생 제의라는 것이다. 양이목사처럼 부대각도 죽시 않을 수 있는 능력이 있는데 죽음을 선택한다. 물 아래로 내려가기 위해 하늘에 기원하여 구한 무쇠방석이 물에 뜨자 '내가 누군 줄 아느냐'라는 호통으로 자신의 존재성을 강조하며 내려가라고 명령한다. 자신을 죽음의 세계로 인도하라고 명령하는 것이다. 다른 하나는 물 아래로 내려가는 이유가 단지 죽기 위해서가 아니라 옥황에 '등소/등장'을 하기 위한 행위라는 사실이다. 등소와 등장은 같은 말로

---

12) 김헌선 외, 위의 책, 330~331면.

여럿이 연명하여 관청에 억울한 사정을 호소하는 문서, 또는 호소하는 행동을 지칭한다. 부대각은 옥황상제한테 사태의 부당함을 따지기 위해 물 아래로 내려간 것이다.

이런 맥락에서 보면 부대각 또한 '말하는 영웅'이다. 부대각은 한 번도 전투를 벌인 적이 없다. 사람을 해치는 국마와 맞닥뜨렸을 때도 '내가 누군 줄 아느냐?'고 호통 한번 쳤을 뿐이다. 부대각은 소리치는 영웅이다. 옥황상제 앞에서 소리치기 위해 물 아래로 내려간 부대각은 올라오지 않았다. 형식적으로 보면, 아직 올라오지 않았으니 그의 등소와 등장의 말은 지금도 계속되고 있는 것이다. 신체를 찾지 못한 부씨 집안에서 헛봉분을 쓰고, 비를 세워 해마다 묘제(墓祭)를 드린다고 <부대각본>은 구술을 이어간다. 이 묘제는 부대각의 억울한 죽음을 위로하는 행위일 수도 있고, 부씨 집안 후손들이 자신들의 행위에 대한 참회 또는 하소연일 수도 있겠지만 더 긴요한 부분은 여전히 등장을 계속하고 있는 일월조상 부대각에 대한 기념이 아닐까 생각한다. 부씨 집안의 집단의식 속에 그것이 자각되든 아니든 말이다.

2.3. 그런데 두 영웅의 말은 차이를 보인다. 양이목사는 자신의 역사를 기억하고 기념해달라고 후손들에게 당부한다. 물론 고동지를 경유한 당부이기는 하지만. 이렇게 요구하고 당부하는 것이 당신이든 조상신이든 제주 신들의 일반적인 좌정 형식이다. 그러나 부대각은 그런 요구조차 하지 않았다. 부대각은 물 아래로 등장하러 내려갔을 따름이다. 왜 이런 차이가 발생했을까?

이런 차이는 일월조상신과 집안의 관계에서 비롯된 것일 가능성이 높다. 양이목사의 죽음에 탐라 양씨 명월파 집안은 연루되어 있지 않다.

책임이 있다면 고동지로 대표되는 고씨 집안에 있다. 고동지는 금부도
사와 협력하여 양이목사를 죽음에 이르게 한 당사자가 아니던가. 그러
나 부대각의 죽음에는 부씨 집안이 깊이 연루되어 있다. 부대각의 눈을
병들게 한 장본인이 부씨 집안이다. 부씨 집안은 부대각의 죽음이라는
비극적 사건의 공범자들이다. 따라서 탐라 양씨 집안과 달리 이 집단에
는 자신들의 일월조상에 대한 공동의 부채의식이 존재한다. 때문에 부
대각은 '역사의 기념'과 같은 발언을 전혀 하지 않았지만 부씨 집안은 그
를 기념하지 않을 수 없었던 것이 아닐까? 심방의 다음과 같은 말이 본
풀이의 마지막을 장식하고 있는 것은 그런 부채의식의 표현일 것이다.

> 일본도 부칩이 주손덜이 만이 가고 육지에도 많이 잇고, 부산에도
> 많이 잇고, 울산에도 부칩이 많이 삽니다. 허나, 그 집집마다 굿을 헐
> 때는 그 하르바님을 위로적선을 아니 허면은 덕을 못 받는 법이라.13)

<양이목사본>이 고동지를 경유하여 말함으로써 탐라 양씨 명월파
집안과 탐라 고씨 집안에 동시에 말하는 효과를 발휘하고 있다면
<부대각본>은 심방의 입을 통해 말함으로써 어디서든 굿을 할 때 '부
대각하르바님'을 모셔야 한다는 '굿법'을 제정하고 있다. 말이 전해지
는 방법은 다르지만 말을 통해 의례의 제정에 이르렀다는 점에서는
다르지 않다. 조상신본풀이는 일월조상의 말을 통해 법을 만든다.

---

13) 김헌선 외, 위의 책, 331면.

3. 조상본풀이의 의례적 재현과 정체성의 구성

주지하듯이 <양이목사본>은 탐라 양씨 명월파 집안의 일월조상의 신화이고, <부대각본>은 평대리 중심의 제주 부씨 집안의 일월조상의 신화이다. 여기서 일월조상이란 혈통의 조상이 아니라 무속에서 모시는 조상, 다시 말해 상징적 조상이다. 말하자면 단군신화의 단군왕검과 같은 상징적 조상이다. 이 말은 단군왕검이 '민족'을 구성하는 상징적 중심이 된 역사적 경과가 있듯이[14] 일월조상 양이목사나 부대각은 '집안'의 정체성을 구성하는 상징적 중심이 될 수 있다는 뜻이다.

그런데 <양이목사본>이나 <부대각본>과 같은 조상신본풀이는 과거의 서사가 아니다. 과거 어느 시점에 벌어진 사건에 관한 이야기지만 이들 이야기들은 현재에 관여하는 과거의 이야기이다. 왜냐하면 조상신본풀이는 굿을 할 때, '지금 여기서' 다시 재현되는 신화이자 서사시이기 때문이다. 이 점은 <마나스>가 키르기스인들의 결혼식이나 장례식과 같은 의례적 자리에서 여전히 불리는 현상과 다르지 않다.[15] 따라서 우리는 이 무속서사시들이 재현하는 '오늘의 이야기'도 주목하지 않을 수 없다.

<양이목사본>의 경우 이 서사시에 보이는 저항성에 대해 그것이 제주도 전체의 문제가 아니라 특정 집안의 문제라는 견해가 있다.[16] 이런 문제의식은 이 텍스트가 제주민 일반의 저항성을 드러낸다는 기존의 견해를 반박하면서 제출된 것이다. 이는 <양이목사본>이 탐라 양씨 명월

---

14) 조현설, 「근대계몽기 단군신화의 탈신화화와 재신화화」(『민족문학사연구』 32, 민족문학사연구소, 2006) 참조.
15) 조현설, 앞의 논문(2002), 173면.
16) 정진희, 앞의 논문 참조.

파 집안의 굿에서 재현되는 '제한된 이야기'라는 관점에 근거한 주장이
다. 그래서 "<양이목사본>은 한반도 국가 권력의 지배와 탐라 양씨 집
안의 정치적 영향력 상실이라는 역사적 사건을 탐라 양씨의 시각에서
재진술하면서, 역사의 변화 속에서 발생하는 문제를 해결해 주는 인물
을 자기 집단의 일월조상으로 자리매김하는 언술이라고 할 수 있다."17)
<양이목사본>이 탐라 양씨 가문의 위상을 높이는 담론이라는 이 주장
에 동의한다. 하지만 동시에 다른 국면, 즉 가문의 특별함을 강조하기
위해 죽지 않을 수도 있는 양이목사를 죽음으로 몰고 가는 과정에 동원
된 고동지의 역할을 심각하게 고려할 필요가 있다고 생각한다.

　고동지는 조상신본풀이에 몇 차례 등장한다.18) 그러나 <양이목사
본>에서처럼 특별한 역할을 수행하는 경우는 없다. 앞서 논의했듯이 고
동지는 금부도사와 '협력하여' 양이목사를 죽음으로 몰고 간다. 그 이전
에 '유람'을 빙자하여 도피하는 양이목사를 태우고 가다가 울돌목에서
금부도사와 맞닥뜨렸을 때 그는 양이목사를 숨기지 않고 '제주 양이목
사 유람 가는 배요'라며 이실직고하여 이미 밀고자 내지 협력자가 된 바
있다. 이 협력의 구도에서 고동지는 그저 '고씨 성을 가진 사공'이 아니
다. 고사공은 제주 토착세력 가운데, 지역의 헤게모니를 잡고 있으면서
한양 조정과 협력관계를 유지했던 고씨 일문을 표상한다.

---

17) 정진희, 위의 논문, 221면.
18) <안관관(安判官)본풀이>의 경우, 안씨집에서 모시던 조상신(부군)이 고씨 심방을
　　초청해 굿을 할 때 안관관이 제주판관이라는 낮은 벼슬을 한다고 탄식하자 서운
　　해 하면서 고씨 심방을 따라 고씨 집안 조상신으로 옮겨간 뒤 고씨 심방이 큰굿
　　을 하자 고동지(高同知), 고첨지(高僉知)로 벼슬이 올라갔다고 노래할 때 '고동지'
　　가 등장한다. <윤대장(尹大靜)본풀이>의 경우, 윤대정이 벼슬을 하러 한양 궁전
　　에 올라갈 때 '배질'(배의 키질)을 잘하는 인물로 칠머리의 '고사공'이 등장하는
　　데 <양이목사본>의 고동지 영감도 고사공으로 불리므로 서로 연결된다.

고동지의 성격이 그러하다면 '금부도사-고동지-양이목사'로 구성된 삼각구도 내에서는 두 가지 적대가 존재한다. 하나는 '금부도사와 양이 목사의 적대'이다. 이는 수탈자와 피수탈자, 중앙 권력과 지방민의 적대 라는 전형적인 적대관계이다. 다른 하나는 '양이목사와 고동지의 적대' 라는 제주 내부의 적대관계이다. 전자가 겉으로 드러난 적대관계라면 후자는 속에 감춰진 적대관계이다. 전자가 심방이 굿을 할 때 드러내놓 고 말하는 적대관계라면 후자는 굿에 참례하는 탐라 양씨 명월과 집안 의 구성원들이 은연중에 공감하고 있는 적대관계라고 할 수 있을 것이 다. 굿을 할 때마다 반복 재현되는 이런 공감의 정치를 통하여 명월과 집안사람들은 양이목사에 대한 자부심과 동시에 현실 권력에서는 패배 하고 소외되었지만 정신적으로는 승리했다는 일종의 '집단기억 (Collective Memory)'[19]을 구축하게 된다. 이 집단기억을 통해, 나아가 기 억의 재현을 통해 개인과 집단은 스스로의 정체성을 구성해 나가는 것 이다.

<양이목사본>의 고동지와 같은 위치에 있는 것이 <부대각본>의 '평 대 부집 사람들'이다. 부대각이 지닌 힘의 원천인 장군바위를 깨버린 바 로 그 집단이다. 이 행위로 인해 부씨 집안사람들은 대국과 협력관계를 구축하고, 그 결과 부대각과는 적대관계에 놓이게 된다. 그런데 이 협

---

19) '집단기억'은 모리스 알박스의 개념이다.[Halbwachs, M., *La topographie légendaire des évangiles en terre sainte: Etude de mémoire collective; Les cadres soiaux de la mémoire*, Coser, L. A. (Trans.), *On Collective Memory*, The University of Chicago Press, 1992.] 모리스 알박스는 에밀 뒤르켐의 제자로 뒤르켐의 '집단표상'의 개 념을 발전시켜 이 개념을 제안했는데 그는 개인의 기억이란 사회 구조와 제도(관 습, 관례) 안에서 구축된다고 보았다. 이런 시각에서 보면 탐라 양씨 명월과 집단 의 굿과 본풀이는 개인의 기억을 구성하는 집안의 관습인 셈이다. 개인의 기억과 집단기억은 끊임없이 '되먹임(feedback)'되는 관계라고 할 수 있다.

력관계는 이미 서사시의 첫머리에 한 차례 나타난 바 있다. 부대각의 아버지가 "이것덜 낫당은(놔두었다가는) 우리 부씨(夫氏) 가문(家門)이 망할 거난"[20] 하여 두 아들을 살해했기 때문이다. 물론 이때 아버지가 협력한 상대방은 대국은 아닐 것이다. 역적으로 몰아 부씨 가문을 망하게 할 수 있는 현실의 국가 권력, 텍스트 내부의 용어를 사용하면 '한양' 권력이다. 이 협력관계가 텍스트의 후반에 와서는 '대국-부씨 집안'으로 변형된 것이다. 한양과 대국은 환유 관계에 의한 변형인 셈이다.

여기서 굿이나 제사와 같은 부씨 집안의 의례와 관련하여 주목해야 할 부분은 부대각의 억울한 죽음에 '집안'이 협력했다는 일종의 '원죄의식'이 아닐까 생각한다. 부대각이 출전하면 대국을 쳐 승리를 거둘 수도 있지만 실패하면 가문이 망한다. 따라서 가문을 지키려면 부대각을 주저앉히고 현실의 권력에 협력해야 한다는 가문보존의식이 의례를 통해 반복적으로 강조되지만 동시에 의식의 뒷면에는 이를 위해서는 누군가 희생될 수밖에 없기 때문에 부대각을 희생시켰다고 하는 공모자들의 죄책감이 깔려 있을 수 있다는 것이다. 부대각의 '등장' 모티프는 이 죄책감을 '물 아래로 숨기는' 장치로 취택된 것일 수 있다. 이 지점에서 영웅을 희생시킬 수밖에 없었지만 우리가 희생시킨 영웅을 기억하자는 역설이 발생한다. 그 영웅은 지금도 자신을 주저앉힌 옥황상제(사실은 부씨 집안)를 찾아가 '나(우리)는 억울하다'는 등소를 하고 있다고 말함으로써 죄책감을 씻으려고 하는 것이다.

탐라국 건국신화에 등장하는 제주의 토착 세력인 고·양·부, 세 성씨는 역사적으로 경쟁관계에 있었는데 경쟁은 첫 자리를 다투는 고씨와

---

20) 김헌선 외, 위의 책, 328면.

양씨 사이에 주로 조성되어 있었던 것으로 보인다. 고씨 집안 족보의 일부인『영주지(瀛洲誌)』계열의 문헌들21)이 고씨를 앞세우고 있는데 반해『고려사·지리지』의 신화는 양씨를 맨 앞자리에 기록하고 있다는 데서 이른 시기 두 집단의 경쟁 상황을 짐작할 수 있다. 양씨와 고씨는 최근에도 사적지인 삼성혈(三姓穴)의 제사를 담당하는 '고양부삼성사재 단(高良夫三聖祠財團)'의 '고양부' 서차 문제를 두고 법적 소송까지 벌인 바 있다.22) <양이목사본>에 보이는 고동지와 양이목사의 은밀한 적대적 관계는 이런 현실의 경쟁 관계가 암묵적으로 표현된 것이다.

그런데 부씨는 늘 이런 경쟁의 주변부에, 소외된 위치에 있었다. 따라서 부씨 집안의 문제는 고씨·양씨와의 경쟁 또는 적대 관계가 아니었다. 그보다는 부대각이 한양에서 '국마'를 처리하는 큰 공을 세우고 부대각이라는 벼슬을 얻었을 뿐만 아니라 군사와 군함을 지원 받아 대국을 치려는 대단한 포부를 가지고 있었다는 이야기를 하고 싶었던 것이다. 이런 이야기라면 부씨 집안은 고씨·양씨 집안이 상대가 되지 않을 정도로 대단한 집안이 된다. 이는 <양이목사본>이 의례를 통해 높이려고 하는 양씨 가문의 위상과는 유사하면서도 다른 방식으로 부씨 가문의 위상을 드높이는 방식인 것이다.

개인이든 집단이든 존재를 지속시키려면 존재를 위협하는 힘에 대해 경우에 따라서는 저항도 해야 하고 협력도 해야 한다. <양이목사본>은 저항을, 말의 저항을 찬미했고, 협력을 비판했다. 저항은 자기 집안의

---

21) 자세한 것은 정진희,「朝鮮初 濟州 <三姓神話>의 문자화 양상과 그 의미」(『한국 고전문학』 30, 한국고전문학회, 2006.)를 참조.

22) http://www.jejusori.net/?mod=news&act=articleView&idxno=132049;
    http://www.jejusori.net/?mod=news&act=articleView&idxno=144720

선의적 행위로 표현했고, 협력은 경쟁 관계에 있는 다른 집안의 악의적 행동으로 묘사했다. <부대각본>은 부씨 집안 내의 저항과 협력의 문제를 다뤘다. 부대각은 저항했고, 집안사람들은 권력에 협력했다. 그래서 <양이목사본>이 구연되는 굿의 현장에서는 탐라 양씨 명월과 집안사람들의 집단적 자부심은 내부로, 적대의식은 외부를 향해 발산되지만 <부대각본>이 구연되는 현장에서는 평대리 부씨 집단사람들의 자부심도 내부로, 적대의식도 내부로 발산된다. 자부심과 스스로에 대한 적대의식(곧 죄책감)이 <부대각본>의 재현 현장에는 공존하고 있는 것이다. 그래서인지 <양이목사본>에서 구현되는 집단적 정체성은 선명하지만 <부대각본>에서의 그것은 불분명하고 불안해 보인다.

4. 마무리

'영웅은 천의 얼굴을 지니고 있다.'[23] 어떤 얼굴을 지니든 서사시 또는 신화의 영웅은 집단을 위해 자신을 희생한다. <양이목사본>의 양이목사는 제주민의 공마 헌상 문제를 해결하기 위해 자신을 희생했다. <부대각본>의 부대각은 집안의 보존을 도모한 '부집' 사람들에 의해 희생당했다. 희생을 통해 제주의 두 조상신본풀이는 제주민들이 기억하고자 하는 영웅의 형상을 제시한다.

그런데 제주의 두 영웅은 희생에 즈음하여 후손들에게 '마지막 말'을 투척한다. 둘의 발언 형식은 다르지만, 요컨대 '나의 희생을 기억하고

---

23) 조지프 캠벨, 이윤기 옮김, 『천의 얼굴을 가진 영웅』, 민음사, 2004.

기념하라'는, 같은 유언이다. 제주의 일월조상굿은 이 유언을 재현하는, 다시 말해 영웅의 말을 반복하는 의례이다. 조상신본풀이를 반복적으로 기억하고 향유하는 굿의 장을 통하여 양이목사와 부대각은 지금도 말을 하는 영웅들이다.

하지만 일월조상신-영웅의 말과 이야기를 통해 본 제주민들의 목소리와 정체성은 동일하지 않다. 조상신본풀이를 포함한 제주신화에는 '외부의 힘'에 대한 자의식이 강하게 표현되어 있는데24) 이 외력에 대해 조상신본풀이의 인물들은 저항하기도 하고 협력하기도 한다. 저항의 경우, 양이목사처럼 현실의 권력에 칼로 맞서는 저항도 있지만 부대각처럼 목숨을 내걸고 신에게 등장하는 저항도 있다. 협력의 경우, 고동지처럼 권력에 편에 기꺼이 동조하는 협력도 있지만 부집 사람들처럼 스스로를 가두는 수동적인 협력도 있다. 제주 조상신본풀이에 나타난 이런 주연과 조연들의 모습은 제주민만의 형상은 아닐 것이다.

* 참고문헌은 각주로 대신함.

---

24) 이 문제에 대해 자세한 것은 조현설, 「제주 무속신화에 나타난 이중의 외부성과 젠더의 얽힘」(『한국고전여성문학연구』 18, 한국고전여성문학회, 2009) 참조.

아시아학술연구총서 11
알타이학시리즈 6

유라시아와 알타이 인문학

초판 인쇄 2017년 12월 20일
초판 발행 2017년 12월 28일
지은이 김선자, 궈수윈, 메틴 투란, 쇼미르자 투르디모프, 아셀 이사예바, 조현설
펴낸이 이대현 | **편집** 홍혜정 | **디자인** 안혜진
펴낸곳 도서출판 역락 | **등록** 제303-2002-000014호(등록일 1999년 4월 19일)
주소 서울시 서초구 동광로 46길 6-6(반포동 문창빌딩 2F)
전화 02-3409-2058, 2060 | **팩시밀리** 02-3409-2059 | **전자우편** youkrack@hanmail.net
ISBN 979-11-6244-124-4 94900
        978-89-5556-053-4 (세트)